2024

Realschulabschluss
Original-Prüfungsaufgaben

Hessen

Mathematik · Deutsch · Englisch

LÖSUNGEN

Inhalt

Mathematik

Deutsch

Englisch

Autorinnen:
Mathematik: Simone Studebaker
Deutsch: Susanne Falk
Englisch: Tamara Roßdeutsch

Vorwort

Liebe Schülerin, lieber Schüler,

dieses Buch ist der Lösungsband zu dem Sammelband *Original-Prüfungsaufgaben Hessen* (Best.-Nr. D061S0). Es enthält ausführliche kommentierte Lösungen zu den Original-Prüfungsaufgaben der schriftlichen Realschulabschlussprüfungen ab 2020 in Mathematik, Deutsch und Englisch. Alle Lösungen wurden von kompetenten und erfahrenen Lehrerinnen verfasst.

Die Lösungen zu den Abschlussprüfungen 2023 in allen drei Fächern findest du auf der Plattform MyStark (Zugangscode vgl. Umschlaginnenseite).

Versuche stets, jede Aufgabe zunächst selbstständig zu lösen, und sieh nicht gleich in der Lösung nach. Solltest du nicht weiterkommen, helfen dir die grau markierten ⬩ **Hinweise und Tipps** vor der jeweiligen Lösung, die dir die Vorgehensweise erläutern. Arbeite dann unbedingt selbstständig weiter. Am Schluss solltest du deine Lösung in jedem Fall mit der Lösung in diesem Buch vergleichen. Hast du eine Aufgabe nicht richtig gelöst, lohnt es sich, sie sich zu einem späteren Zeitpunkt nochmals vorzunehmen.

Arbeitest du alle Aufgaben auf diese Weise Schritt für Schritt durch, kann dir in der Prüfung keiner mehr etwas vormachen!

Mathematik

Aufgabe P 1

P 1a

✎ Um die Zahl in der Mitte zu finden, musst du die beiden Zahlen addieren und die
✎ Summe halbieren. Achte dabei auf die Vorzeichen.
✎ Alternativ kannst du auch die Zahlen auf der Zahlengeraden darstellen und die
✎ Zahl in der Mitte ablesen.

Lösung: Zahl in der Mitte von -4 und 2:

$$x = \frac{-4+2}{2} = \frac{-2}{2} = \mathbf{-1}$$

Alternative Lösung durch Darstellen auf der Zahlengeraden:

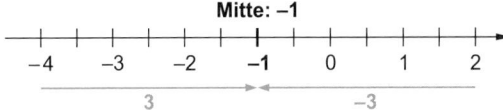

P 1b 1

✎ Eine passende Zahl zur Lösung der Ungleichung ist auf jeden Fall die Zahl,
✎ die genau in der Mitte von 3,14 und 3,15 liegt.
✎ Alternativ kannst du die Zahlen auf der Zahlengeraden darstellen und die
✎ dazwischenliegenden Zahlen als Lösungen dieser Ungleichung ablesen.

Lösung: Zahl in der Mitte von 3,14 und 3,15:

$$x = \frac{3,14+3,15}{2} = \frac{6,29}{2} = \mathbf{3,145}$$

Alternative Lösung durch Darstellen auf der Zahlengeraden:

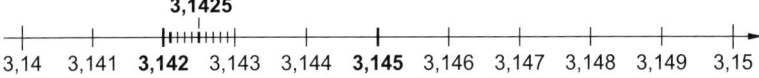

Alle Zahlen $x \neq 3,14$ und $x \neq 3,15$, die auf der Zahlengeraden zwischen
den beiden Zahlen liegen, sind Lösungen für $3,14 < x < 3,15$:
z. B. $x = \mathbf{3,142}$ *oder* $x = \mathbf{3,145}$ *oder* $x = \mathbf{3,1421}$ *oder* $x = \mathbf{3,1425}$

P 1b 2

Eine passende Zahl zur Lösung der Ungleichung ist wieder die, die in der Mitte von $\frac{1}{10}$ und $\frac{2}{5}$ liegt.

Alternativ kannst du die Brüche zunächst gleichnamig machen und dann einen dazwischenliegenden Zähler suchen.

Eine weitere Möglichkeit ist die Lösung der Ungleichung durch Ablesen auf der Zahlengeraden.

Lösung: Zahl in der Mitte von $\frac{1}{10}$ und $\frac{2}{5}$:

$$y = \frac{1}{2}\left(\frac{1}{10}+\frac{2}{5}\right) = \frac{1}{2}\cdot\left(\frac{1}{10}+\frac{4}{10}\right) = \frac{1}{2}\cdot\frac{1+4}{10} = \frac{1}{2}\cdot\frac{5}{10} = \frac{5}{20} = \frac{1}{4} = \mathbf{0,25}$$

Alternative Lösung durch Gleichnamigmachen des Nenners:

$$\frac{2}{5} = \frac{4}{10} \quad\Rightarrow\quad \frac{1}{10} < y < \frac{4}{10}$$

z. B. $\mathbf{y = \dfrac{2}{10} = 0,2}$ *oder* $\mathbf{y = \dfrac{3}{10} = 0,3}$

Beachte: Suche für den Zähler eine Zahl zwischen 1 und 4 (Nenner bleibt gleich).

Alternative Lösung durch Darstellen am Zahlenstrahl:

Tipp: Wandle die Zahlen zuvor in Dezimalzahlen um, um sie einfacher am Zahlenstrahl darstellen zu können.

$$\frac{1}{10} = 0,1; \quad \frac{2}{5} = \frac{4}{10} = 0,4$$

Mögliche Lösungen für $\frac{1}{10} < y < \frac{2}{5}$:

z. B. $\mathbf{y = 0,2}$ *oder* $\mathbf{y = 0,25}$ *oder* $\mathbf{y = 0,3}$ *oder* $\mathbf{y = 0,31}$

P 1c 1

Beachte: 1 min = 60 s

Lösung: $1\frac{1}{4}$ min $= 1\frac{1}{4}\cdot 60$ s $= \frac{5}{4}\cdot\frac{60}{1}$ s $= \frac{300}{4}$ s $= \mathbf{75\,s}$

Alternative Lösung mit dem Dreisatz:

Zeit in Minuten	Zeit in Sekunden
1 min	60 s
$\frac{1}{4}$ min	15 s
$1\frac{1}{4}$ min	**75 s**

(:4 und ·5 auf beiden Seiten)

P 1c 2

✐ *Beachte:* $1\,\ell = 1\,000\,m\ell$

Lösung: $\quad \frac{1}{8}\,\ell = \frac{1}{8} \cdot 1\,000\,m\ell = \mathbf{125\,m\ell}$

Alternative Lösung mit dem Dreisatz:

Volumen in Liter	Volumen in Milliliter
$1\,\ell$	$1\,000\,m\ell$
$\frac{1}{8}\,\ell$	**$125\,m\ell$**

(:8 auf beiden Seiten)

P 1c 3

✐ *Beachte:* $1\,\text{kg} = 1\,000\,\text{g} \;\Rightarrow\; 1\,\text{g} = 0{,}001\,\text{kg}$

Lösung: $\quad 65\,\text{g} = 65 \cdot 0{,}001\,\text{kg} = \mathbf{0{,}065\,kg}$

Alternative Lösung mit dem Dreisatz:

Masse in Gramm	Masse in Kilogramm
$1\,000\,\text{g}$	$1\,\text{kg}$
$5\,\text{g}$	$\frac{1}{200}\,\text{kg}$
$65\,\text{g}$	**$0{,}065\,\text{kg}$**

(:200 und ·13 auf beiden Seiten)

Aufgabe P 2

P 2a

/ Gegeben ist der Anteil des Zuckers am Gesamtgewicht des Joghurts als Bruch.
/ Der Bruchteil einer Größe ist das Produkt aus Anteil und dem Ganzen der Größe.
/ Alternativ kannst du den Bruch in Hundertstel umrechnen und ihn somit als Pro-
/ zentwert darstellen. Durch Anwenden der Lösungsformel der Prozentrechnung
/ erhältst du das Ergebnis.

Lösung: $400 \text{ g} \cdot \dfrac{7}{50} = \dfrac{400 \text{ g} \cdot 7}{50} = 8 \text{ g} \cdot 7 = \mathbf{56 \text{ g}}$

Der Joghurt enthält 56 g Zucker.

Alternative Berechnung mit der Lösungsformel:

$$\frac{7}{50} = \frac{14}{100} = 14 \,\%$$

geg.: Grundwert G = 400 g; Prozentsatz p % = 14 %
ges.: Prozentwert P

$$P = \frac{G \cdot p}{100}$$

$$P = \frac{4\,00 \text{ g} \cdot 14}{1\,00}$$

P = 56 g

Der Joghurt enthält 56 g Zucker.

P 2b

/ Berechne zunächst mithilfe des Dreisatzes den Zuckergehalt des 500-g-Bechers.
/ Durch Division deines Ergebnisses durch die Masse eines Zuckerwürfels erhältst
/ du die gesuchte Anzahl der Zuckerstücke.

Lösung: Berechnung der Masse an Zucker im Joghurtbecher mit dem Dreisatz:

Joghurt	Zuckergehalt
·5 (100 g	15 g) ·5
500 g	75 g

Ein 500-g-Becher enthält 75 g Zucker.

Berechnung der Anzahl der Zuckerwürfel:
1 Zuckerwürfel $\triangleq$ 3 g
75 g : 3 g = **25**

25 Stück Würfelzucker entsprechen der Masse an Zucker im 500-g-Becher Joghurt.

P 2c

Um den Zuckergehalt beider Joghurtsorten vergleichen zu können, kannst du den jeweiligen Prozentsatz an Zucker berechnen. Nutze dazu die Lösungsformel der Prozentrechnung oder die Bruchrechnung.
Alternativ kannst du mithilfe des Dreisatzes den Zuckeranteil direkt vergleichen.

Lösung: Berechnung mit der Lösungsformel:

geg.: Kirsch-Joghurt: Grundwert G = 250 g; Prozentwert P = 30 g
Erdbeer-Joghurt: Grundwert G = 200 g; Prozentwert P = 28 g

ges.: Prozentsatz p % für beide Sorten

Kirsch-Joghurt: Erdbeer-Joghurt:

$$p \% = \frac{P \cdot 100 \%}{G} \qquad\qquad p \% = \frac{P \cdot 100 \%}{G}$$

$$p \% = \frac{30 \text{ g} \cdot 100 \%}{250 \text{ g}} \qquad p \% = \frac{28 \text{ g} \cdot 100 \%}{200 \text{ g}}$$

$$p \% = 12 \% \qquad\qquad p \% = 14 \%$$

Der **Kirsch-Joghurt** hat einen geringeren Anteil an Zucker.

Alternative Lösung mithilfe der Bruchrechnung:

Kirsch-Joghurt: $\dfrac{30 \text{ g}}{250 \text{ g}} = \dfrac{6}{50} = \dfrac{12}{100} = 0{,}12 = 12 \%$

Erdbeer-Joghurt: $\dfrac{28 \text{ g}}{200 \text{ g}} = \dfrac{7}{50} = \dfrac{14}{100} = 0{,}14 = 14 \%$

Der **Kirsch-Joghurt** hat einen geringeren Anteil an Zucker.

Alternative Lösung mit dem Dreisatz:

Kirsch-Joghurt	Zucker
:5 (250 g	30 g) :5
·4 (50 g	6 g) ·4
200 g	24 g

200 g Erdbeer-Joghurt enthalten 28 g Zucker. Der **Kirsch-Joghurt** hat also einen geringeren Zuckeranteil.

Oder analog für den Erdbeer-Joghurt:

Erdbeer-Joghurt	Zucker
:4 (200 g	28 g) :4
·5 (50 g	7 g) ·5
250 g	35 g

250 g **Kirsch-Joghurt** enthalten nur 30 g Zucker und damit weniger als der Erdbeer-Joghurt.

Alternative Lösung:

Du kannst den Dreisatz auch nutzen, um zu berechnen, wie viel Gramm Zucker jeweils in 100 g Joghurt vorkommen.

Kirsch-Joghurt	Zucker
:5 (250 g	30 g) :5
·2 (50 g	6 g) ·2
100 g	12 g

Auf 100 g Kirsch-Joghurt kommen 12 g Zucker.

Erdbeer-Joghurt	Zucker
:2 (200 g	28 g) :2
100 g	14 g

Auf 100 g Erdbeer-Joghurt kommen 14 g Zucker.

Der **Kirsch-Joghurt** hat also einen geringeren Anteil an Zucker.

Aufgabe P 3

P 3a

Die Anzahl der Hybridautos im Jahr 2016 setzt sich aus der Anzahl der Autos im Jahr 2015 und deren Zuwachs um 21 % zusammen. Somit entspricht die Anzahl der Autos im Jahr 2016 genau 121 % der Anzahl der Autos im Jahr 2015.

Lösung: Berechnung der Anzahl der Autos 2016:
$$107\,700 \cdot 121\,\% = 107\,700 \cdot \frac{121}{100} = 107\,700 \cdot 1,21 = \mathbf{130\,317}$$

Im Jahr 2016 gab es 130 317 Hybridautos.

Alternative Berechnung mit dem Dreisatz:

Prozentsatz	Autos
100 %	107 700
1 %	1 077
121 %	**130 317**

$:100$ (... $\cdot 121$ (... $):100$ ... $)\cdot 121$

Im Jahr 2016 gab es 130 317 Hybridautos.

Alternative Berechnung mit der Lösungsformel:

geg.: Grundwert G = 107 700; Prozentsatz p % = 121 %
ges.: Prozentwert P

$$P = \frac{G \cdot p}{100}$$

$$P = \frac{107\,700 \cdot 121}{100}$$

$$\mathbf{P = 130\,317}$$

Im Jahr 2016 gab es 130 317 Hybridautos.

Alternative Lösungsmöglichkeit:

Berechne zunächst die Anzahl der von 2015 bis 2016 neu hinzugekommenen Autos und addiere diesen Wert zum Wert von 2015.

Lösung: Berechnung mit dem Dreisatz:

Prozentsatz	Autos
100 %	107 700
1 %	1 077
21 %	**22 617**

(: 100 und · 21 auf beiden Seiten)

Anzahl der Hybridautos im Jahr 2016:
107 700 + 22 617 = **130 317**

Im Jahr 2016 gab es 130 317 Hybridautos.

Alternative Berechnung der Anzahl der Autos mit der Lösungsformel:

geg.: Grundwert G = 107 700; Prozentsatz p % = 21 %
ges.: Prozentwert P

$$P = \frac{G \cdot p}{100}$$

$$P = \frac{107\,700 \cdot 21}{100}$$

$$P = 22\,617$$

Anzahl der Hybridautos im Jahr 2016:
107 700 + 22 617 = **130 317**

Im Jahr 2016 gab es 130 317 Hybridautos.

P 3b

Gesucht ist der Prozentsatz. Verwende zur Lösung entweder die Lösungsformel der Prozentrechnung, den Dreisatz oder den Wachstumsfaktor.

Berechne bei der Verwendung der Prozentformel zunächst den Prozentwert.

Dieser entspricht der Anzahl der Autos, die von 2015 bis 2017 hinzugekommen sind. Runde abschließend das Ergebnis auf ganze Prozent.

Lösung: Durch Berechnung mit der Lösungsformel:
Prozentwert P = 165 400 − 107 700 = 57 700

geg.: Grundwert G = 107 700; Prozentwert P = 57 700
ges.: Prozentsatz p %

$$p\% = \frac{P}{G} \cdot 100\%$$

$$p\% = \frac{57\,700}{107\,700} \cdot 100\%$$

$$p\% = 53{,}57\ldots\% \approx \mathbf{54\,\%}$$

Die Anzahl der Hybridautos ist um 54 % gestiegen.

Alternative Berechnung mit dem Dreisatz:

Autos	Prozentsatz %
107 700	100 %
1	$\frac{100\%}{107\,700}$
165 400	154 %

: 107 700, · 165 400 (Autos); : 107 700, · 165 400 (Prozentsatz %)

154 % bedeuten eine Steigerung um **54 %**, da 100 % dem Ausgangswert (der Anzahl der Hybridautos 2015) entsprechen.

Alternative Berechnung mit dem Wachstumsfaktor:

$$107\,700 \cdot x = 165\,400 \qquad |:107\,700$$

$$x = \frac{165\,400}{107\,700}$$

$$x \approx 1{,}54$$

Es gilt: $\text{Wachstumsfaktor} = 1 + \dfrac{\text{Wachstumsrate in }\%}{100\,\%}$

Somit entspricht der Wachstumsfaktor von 1,54 einer Wachstumsrate von **54 %**.

Aufgabe P 4

P 4a

🖉 Es gilt: $\text{Wahrscheinlichkeit eines Ereignisses} = \dfrac{\text{Anzahl der günstigen Ergebnisse}}{\text{Anzahl der möglichen Ergebnisse}}$

🖉 Bestimme zunächst die Anzahl der Chips mit der Ziffer 2 (günstige Ergebnisse)

🖉 und die Gesamtzahl der Chips (mögliche Ergebnisse).

Lösung: Anzahl der Chips mit der Ziffer 2: 10
Anzahl aller Chips im Beutel: 15

Wahrscheinlichkeit, einen Chip mit der Ziffer 2 zu ziehen:

$$P(\text{Ziffer 2}) = \frac{\text{Anzahl der Chips mit der Ziffer 2}}{\text{Anzahl aller Chips}} = \frac{10}{15} = \frac{2}{3} \approx 0,667 = 66,7\,\%$$

Die Wahrscheinlichkeit, einen Chip mit der Ziffer 2 zu ziehen, beträgt 66,7 %.

P 4b 1

✏ Da zweimal gezogen wird, handelt es sich um ein zweistufiges Zufallsexperiment. Nutze ein Baumdiagramm zur Veranschaulichung und wende die 1. Pfadregel an.
✏ *Beachte:* Es geht um einen Zufallsversuch ohne Zurücklegen, d. h., die Anzahl der Chips und damit die Wahrscheinlichkeiten verändern sich bei jeder Ziehung.

Lösung: Mithilfe eines Baumdiagramms:

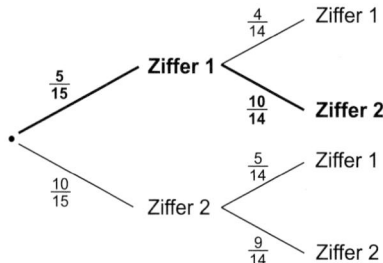

Wahrscheinlichkeit, beim 1. Ziehen eine „1" zu ziehen: $\dfrac{5}{15}$

Wahrscheinlichkeit, beim 2. Ziehen eine „2" zu ziehen: $\dfrac{10}{14}$

Wahrscheinlichkeit, eine „12" zu ziehen (ohne Zurücklegen):

$$P(\text{„12"}) = \frac{5}{15} \cdot \frac{10}{14} = \frac{50}{210} = \frac{5}{21} \approx 0,238 = 23,8\,\%$$

P 4b 2

✏ Um zu berechnen, ob die Wahrscheinlichkeit, die Zahl „12" zu ziehen, höher beim Ziehen mit oder beim Ziehen ohne Zurücklegen ist, kannst du beide Wahrscheinlichkeiten berechnen und vergleichen.
✏ Alternativ kannst du eine Begründung formulieren.

Lösung: durch Berechnung:

P(„12") ohne Zurücklegen $\approx 23{,}8\ \%$ (vgl. Teilaufgabe P 4b 1)

P(„12") mit Zurücklegen:

$$P(\text{„12"}) = \frac{5}{15} \cdot \frac{10}{15} = \frac{50}{225} = \frac{2}{9} \approx 0{,}222 = 22{,}2\ \%$$

Die Wahrscheinlichkeit, eine „12" zu ziehen, ist beim **Ziehen mit Zurücklegen** kleiner.

Alternative Begründung in Worten:

Durch das Zurücklegen sind beim zweiten Zug mehr Chips enthalten. Die „1" wird zurückgelegt und somit besteht die Chance, sie wieder zu ziehen. Folglich wird die Wahrscheinlichkeit für das Ziehen der Ziffer 2 kleiner. Die Gesamtwahrscheinlichkeit, eine „12" zu ziehen, ist also beim **Ziehen mit Zurücklegen** kleiner.

Aufgabe P 5

P 5a 1

Die Nullstellen einer Funktion sind die x-Werte, an denen der zugehörige y-Wert 0 ist. Setze also $y = 0$ in die Funktionsgleichung ein und löse sie nach x auf.

Lösung: Einsetzen von $y = 0$ in die Funktionsgleichung $y = 0{,}5x + 3$:

$$0 = 0{,}5x + 3 \quad | -3$$
$$-3 = 0{,}5x \quad | : 0{,}5$$
$$\mathbf{x = -6}$$

Die lineare Funktion $y = 0{,}5x + 3$ hat bei $x = -6$ eine Nullstelle.

P 5a 2

Um zu überprüfen, ob ein Punkt P auf einer Geraden liegt, setzt man seine x- und seine y-Koordinate in die Funktionsgleichung der Geraden ein. Ein Punkt liegt nur dann auf der Geraden, wenn eine wahre Aussage entsteht.

Lösung: Einsetzen der Koordinaten von P(–12,4|–2,8) in die Funktionsgleichung:
$$y = 0,5 \cdot x + 3$$
$$-2,8 \overset{?}{=} 0,5 \cdot (-12,4) + 3$$
$$-2,8 \overset{?}{=} -6,2 + 3$$
$$-2,8 \neq -3,2 \quad \text{(falsch)}$$

Der Punkt P(–12,4|–2,8) **liegt nicht** auf der Geraden f.

P 5a 3

Den Schnittpunkt der Geraden f und g kannst du aus dem Koordinatensystem ablesen.

Lösung: Ablesen aus dem Koordinatensystem:

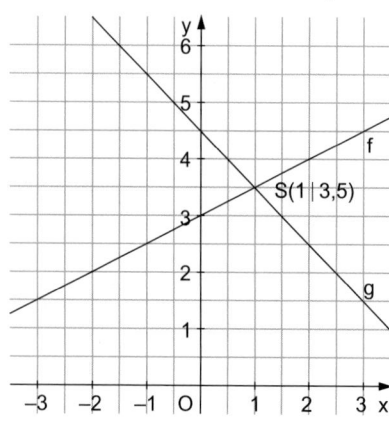

Beide Geraden schneiden sich im Punkt **S(1|3,5)**.

Alternative Berechnung durch Gleichsetzen der Funktionsterme:
Du kannst den Schnittpunkt zweier Funktionen berechnen, indem du die Funktionsterme gleichsetzt, in diesem Fall die von g und f, und die so entstehende Gleichung nach x auflöst. Die y-Koordinate des Schnittpunktes erhältst du durch Einsetzen von x in eine der beiden Funktionsgleichungen. Für diese (deutlich schwierigere) Möglichkeit benötigst du den Funktionsterm der Geraden g (vgl. nächste Teilaufgabe).

f: $y = 0,5x + 3$
g: $y = -x + 4,5$ (vgl. P 5a 4)

Gleichsetzen der Funktionsterme von f und g:

$0,5x + 3 = -x + 4,5 \quad | + x - 3$
$\qquad 1,5x = 1,5 \qquad |:1,5$
$\qquad\quad x = 1$

x einsetzen in eine der Funktionsgleichungen:
x einsetzen in f: $y = 0,5x + 3$ liefert:
$y = 0,5 \cdot 1 + 3$
$y = 0,5 + 3$
$y = 3,5$
$\Rightarrow$ **S(1 | 3,5)**

Somit ergibt sich der Punkt S(1 | 3,5) als Schnittpunkt der Geraden.

P 5a 4

Eine lineare Funktion wird durch die Funktionsgleichung $y = mx + b$ beschrieben. Dabei gibt m die Steigung der Geraden an und b ist der Achsenabschnitt auf der y-Achse. Bestimme die Steigung m mit einem Steigungsdreieck.

Lösung: $y = mx + b$
Bestimmung von m mit dem Steigungsdreieck:

$m = \frac{-1}{1} = -1$

Ablesen der Schnittstelle der Geraden
mit der y-Achse:
b = 4,5
Zusammen ergibt sich:
$y = -1x + 4,5$
$y = -x + 4,5$

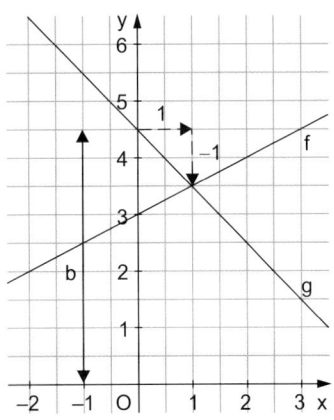

P 5b

Du kannst dir zur besseren Vorstellung eine Gerade und die an der x-Achse gespiegelte Gerade in ein Koordinatensystem zeichnen.

Eine Spiegelung an der x-Achse bedeutet, dass sich das Vorzeichen aller y-Werte der Geraden umkehrt. Folglich ändert sich auch das Vorzeichen der Steigung m.

Aus dem Schnittpunkt $P(0\,|\,b)$ mit der y-Achse wird $P'(0\,|\,{-b})$. Der Betrag der Größen b und −b bleibt gleich.

Lösung: Aus $y = mx + b$ wird durch Spiegelung an der x-Achse $y = -mx - b$. Eine ursprünglich steigende Gerade fällt also, eine ursprünglich fallende Gerade hat jetzt eine positive Steigung. Der Schnittpunkt mit der y-Achse wechselt sein Vorzeichen.

Aufgabe P 6

P 6a

Du kannst das lineare Gleichungssystem mit dem Einsetzungs-, Gleichsetzungs- oder Additionsverfahren lösen. Da die 2. Gleichung bereits nach x umgestellt ist, bietet sich das Einsetzungsverfahren an.

Lösung: Mithilfe des Einsetzungsverfahrens:

I. $2x - 4y = -32$
II. $x = y - 4$

$x = y - 4$ in I. einsetzen:

$$2(y - 4) - 4y = -32 \quad | \text{ausmultiplizieren}$$
$$2y - 8 - 4y = -32 \quad | \text{zusammenfassen}$$
$$-2y - 8 = -32 \quad | +8$$
$$-2y = -24 \quad | : (-2)$$
$$y = 12$$

Einsetzen von $y = 12$ in II.:
II. $x = 12 - 4$
$x = 8$

Lösungsmenge $\mathbf{L = \{(8\,|\,12)\}}$

Tipp: Mit einer Probe kannst du überprüfen, ob das Ergebnis korrekt ist. Setze dazu x und y in die Gleichungen ein.

P 6b

Die erste Gleichung des gesuchten Gleichungssystems beschreibt den ersten
Einkauf und die zweite Gleichung den zweiten Einkauf.
Überlege dir zunächst für jeden Einkauf, wie viele Apfeltaschen und wie viele
Brezeln gekauft wurden und welcher Betrag dafür ausgegeben wurde. Beachte
die in der Aufgabenstellung vorgegebenen Variablenbezeichnungen:
a: Preis für eine Apfeltasche
b: Preis für eine Brezel

Lösung: Gleichungssystem:
   I. $3a + 6b = 10,80$ €
   II. $2a + 3b = 5,95$ €

P 6c

Gesucht ist eine Gleichung, die $x = 10$ und zugleich $y = 15$ als mögliche Lösung
hat. Da es keine weiteren Bedingungen gibt, sind unzählige Lösungen möglich.

Lösung: Bedingung:
   $x = 10$ und $y = 15$ als mögliche Lösung der Gleichung

Mögliche Gleichungen:	Probe:
z. B. **x + y = 25**	$10 + 15 = 25$
oder **x + 5 = y**	$10 + 5 = 15$
oder **2x − y = 5**	$2 \cdot 10 - 15 = 5$
oder **15x = 10y** *etc.*	$15 \cdot 10 = 10 \cdot 15$

Aufgabe P 7

P 7a

Um den Flächeninhalt der grau gefärbten Fläche angeben zu können, musst du
zunächst den Flächeninhalt des Kreises und den des Dreiecks berechnen. Vom
Flächeninhalt des Kreises subtrahierst du dann den Flächeninhalt des Dreiecks.
Der Radius r des Kreises ergibt sich aus dem Durchmesser $d = \overline{AB} = 32$ cm.
M ist der Mittelpunkt des Kreises und hat zu allen Punkten, die auf dem Kreis-
rand liegen, den Abstand $r = \frac{32}{2}$ cm $= 16$ cm. Somit ist auch die Strecke $\overline{MC}$, die
der Höhe des Dreiecks entspricht, 16 cm lang.

Lösung: Berechnung des Flächeninhalts des Kreises:

$$A_{\text{Kreis}} = \pi \cdot r^2 = \pi \cdot (16\,\text{cm})^2 \approx 804,2477\,\text{cm}^2$$

Berechnung des Flächeninhalts des Dreiecks:

$$A_{\text{Dreieck}} = \frac{g \cdot h}{2} = \frac{32\,\text{cm} \cdot 16\,\text{cm}}{2} = 256\,\text{cm}^2$$

Berechnung des Flächeninhalts der grau gefärbten Fläche:

$$A_{\text{graue Fläche}} = A_{\text{Kreis}} - A_{\text{Dreieck}} = 804,2477\,\text{cm}^2 - 256\,\text{cm}^2 \approx \mathbf{548\,cm^2}$$

Der Flächeninhalt der grau gefärbten Fläche beträgt etwa 548 cm².

P 7b

- Um die Länge der Strecke $\overline{AC}$ berechnen zu können, musst du das Dreieck ABC in zwei rechtwinklige Dreiecke zerlegen, indem du die Strecke $\overline{CM}$ einzeichnest.
- Betrachte das Dreieck AMC, das im Punkt M einen rechten Winkel hat.
- Die Längen der Katheten $\overline{AM} = 16\,\text{cm}$ und $\overline{MC} = 16\,\text{cm}$ sind bekannt, sodass du den Satz von Pythagoras anwenden kannst.
- Alternativ kannst du den Satz des Thales und die Gleichschenkligkeit des Dreiecks ABC nutzen oder mithilfe der trigonometrischen Funktionen die Länge der Strecke $\overline{AC}$ berechnen.

Lösung: Über das Hilfsdreieck AMC:

Mit dem Satz von Pythagoras ergibt sich:

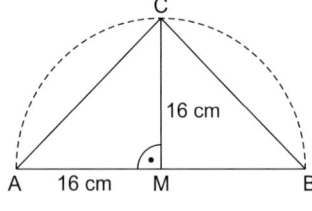

$$\overline{AM}^2 + \overline{MC}^2 = \overline{AC}^2$$
$$(16\,\text{cm})^2 + (16\,\text{cm})^2 = \overline{AC}^2$$
$$\overline{AC}^2 = 512\,\text{cm}^2 \quad | \sqrt{}$$
$$\overline{AC} \approx 22,627\,\text{cm}$$
$$\mathbf{\overline{AC} \approx 226\,mm}$$

Alternative Lösung mit dem Satz des Thales im gleichschenkligen Dreieck ABC:

- Der Satz des Thales besagt: Ein Dreieck ist am Punkt C rechtwinklig, wenn seine Basis $\overline{AB}$ den Durchmesser eines Kreises bildet, auf dem C liegt. Dadurch weißt du, dass $\gamma = 90°$ sein muss.
- Zudem handelt es sich um ein gleichschenkliges Dreieck, sodass $\overline{AC} = \overline{BC}$ ist.
- In diesem Fall kannst du den Satz von Pythagoras anwenden.

Mit $\overline{AC} = \overline{BC}$ folgt:

$$\overline{AC}^2 + \overline{BC}^2 = (32\,\text{cm})^2$$
$$\overline{AC}^2 + \overline{BC}^2 = 1\,024\,\text{cm}^2$$
$$2 \cdot \overline{AC}^2 = 1\,024\,\text{cm}^2 \quad |:2$$
$$\overline{AC}^2 = 512\,\text{cm}^2 \quad |\sqrt{}$$
$$\mathbf{\overline{AC} \approx 226\,mm}$$

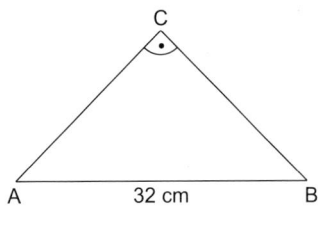

Alternative Lösung mithilfe der trigonometrischen Funktionen:

In einem rechtwinkligen Dreieck gilt:

$$\text{Sinus eines Winkels} = \frac{\text{Gegenkathete}}{\text{Hypotenuse}}$$

Da nach dem Satz des Thales $\gamma = 90°$ ist und es sich um ein gleichschenkliges Dreieck handelt, gilt nach dem Innenwinkelsummensatz:

$$\alpha = \beta = \frac{180° - 90°}{2} = 45°$$
$$\sin 45° = \frac{\overline{AC}}{\overline{AB}}$$
$$\sin 45° = \frac{\overline{AC}}{32\,\text{cm}} \quad | \cdot 32\,\text{cm}$$
$$\overline{AC} = \sin 45° \cdot 32\,\text{cm}$$
$$\overline{AC} \approx 22{,}63\,\text{cm} \approx \mathbf{226\,mm}$$

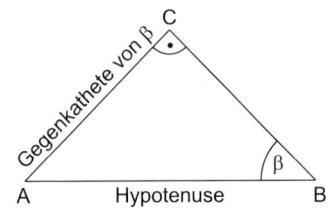

P 7c

Da der Punkt C auf dem Halbkreis über $\overline{AB}$ liegt, gilt der Satz des Thales. Dieser besagt: Wenn der Punkt C eines Dreiecks auf einem Halbkreis über der Strecke $\overline{AB}$ liegt, hat das Dreieck im Punkt C einen rechten Winkel. Da das Dreieck ABC gleichschenklig ist, sind die Winkel α und β gleich groß.

Lösung: Über den Satz des Thales folgt:

$\gamma = 90°$

Durch die Gleichschenkligkeit des Dreiecks und nach dem Innenwinkelsummensatz ergibt sich:

$$\alpha = \frac{180° - 90°}{2} = \mathbf{45°}$$

Aufgabe P 8

P 8a

Berechne zunächst das Volumen eines Würfels. Bestimme dann die Masse eines Würfels (1 cm³ Kupfer wiegt 8,96 g).

Lösung: *geg.:* Würfelseite a = 1,5 cm

Kupfer: 1 cm³ wiegt 8,96 g $\Rightarrow$ $\rho = 8,96 \dfrac{g}{cm^3}$

ges.: m

Berechnung des Volumens eines Würfels:

$V_{Würfel} = a^3 = (1,5\,cm)^3 = 3,375\,cm^3$

Bestimmung der Masse eines Würfels:

$m = \rho \cdot V_{Würfel} = 8,96 \dfrac{g}{cm^3} \cdot 3,375\,cm^3 = \mathbf{30,24\,g}$

Ein Würfel hat eine Masse von 30,24 g.

P 8b

Berechne zunächst das Gesamtvolumen aller sechs eingeschmolzenen Würfel. Dieses Volumen entspricht dem Volumen der Kugel. Durch Einsetzen der bekannten Größen in die Formel zur Volumenberechnung einer Kugel kannst du den Radius berechnen. Achte auch auf das korrekte Runden auf Millimeter.

Lösung: Volumen der Kugel:

$V_{Kugel} = V_{alle\ Würfel} = 6 \cdot V_{Würfel} = 6 \cdot 3,375\,cm^3 = 20,25\,cm^3$

Berechnung des Radius:

$V_{Kugel} = \dfrac{4}{3} \cdot \pi \cdot r^3$

$20,25\,cm^3 = \dfrac{4}{3} \cdot \pi \cdot r^3$

$20,25\,cm^3 \approx 4,189 \cdot r^3 \quad |:4,189$

$4,834\,cm^3 \approx r^3 \quad |\sqrt[3]{\ }$

$1,69\,cm \approx r$

$\mathbf{r \approx 17\,mm}$

Der Radius der Kugel beträgt ca. 17 mm.

Aufgabe W 1

W 1 a 1

In einem gleichschenkligen Dreieck sind die Winkel, die den beiden gleich langen Schenkeln gegenüberliegen, gleich groß. Bestimme den Winkel γ über den Innenwinkelsummensatz im Dreieck ABC.

Lösung: Mit dem Innenwinkelsummensatz im Dreieck ABC gilt:
$$\gamma = 180° - 2 \cdot 70° = \mathbf{40°}$$

Der Winkel γ beträgt 40°.

W 1 a 2

In einem gleichschenkligen Dreieck ist die Höhe h zur Basis zugleich eine Mittelsenkrechte.
Tipp: Verschiebe die Höhe h in das Dreieck, sodass sie die Strecke $\overline{AB}$ teilt und durch C verläuft. Ihr Fußpunkt M halbiert dann die Seite $\overline{AB}$. Mithilfe der trigonometrischen Funktionen kannst du die Höhe h berechnen.

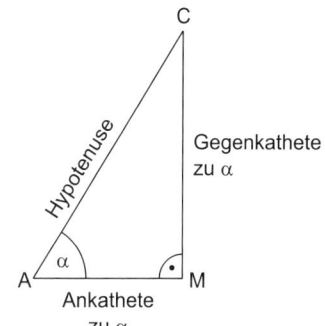

Lösung: $\overline{AM} = \dfrac{\overline{AB}}{2} = \dfrac{18{,}7\,\text{cm}}{2} = 9{,}35\,\text{cm}$

$$\tan \alpha = \frac{\text{Gegenkathete}}{\text{Ankathete}}$$

$$\tan 70° = \frac{h}{9{,}35\,\text{cm}} \qquad | \cdot 9{,}35\,\text{cm}$$

$$h = \tan 70° \cdot 9{,}35\,\text{cm}$$

$$\mathbf{h \approx 25{,}7\,\text{cm} = 257\,\text{mm}}$$

W 1b

Zur Berechnung der Strecke x musst du das allgemeine Dreieck ABD und das rechtwinklige Dreieck BCD betrachten.

Den Überstand von 1,7 cm, der in der Strecke x enthalten ist, kannst du im letzten Schritt addieren, sodass du zur Berechnung der Strecke y zunächst die trigonometrischen Beziehungen im rechtwinkligen Dreieck BCD ausnutzen kannst.
Zur Berechnung von y wird die Länge von a benötigt, die du durch Anwendung des Sinussatzes im Dreieck ΔABD ermitteln kannst. Ermittle zunächst die fehlenden Winkel.
Achte beim Endergebnis auf das Runden auf Millimeter.

Lösung: Berechnung der fehlenden Winkel:

Berechnung von β über den Nebenwinkel β':
$$\beta = 180° - \beta' = 180° - 30,3° = 149,7°$$

Berechnung von δ über den Innenwinkelsummensatz im Dreieck:
$$\delta = 180° - \beta - 17,9° = 180° - 149,7° - 17,9° = 12,4°$$

Berechnung der Strecke $\overline{BD} = a$ mit dem Sinussatz im Dreieck ABD:

geg.: $\alpha = 17,9°$; $\beta = 149,7°$; $\delta = 12,4°$; $d = 11\,\text{cm}$
ges.: a

$$\frac{a}{\sin\alpha} = \frac{d}{\sin\delta}$$

$$\frac{a}{\sin 17,9°} = \frac{11\,\text{cm}}{\sin 12,4°} \qquad |\cdot \sin 17,9°$$

$$a = \frac{11\,\text{cm} \cdot \sin 17,9°}{\sin 12,4°}$$

$$a \approx 15,74\,\text{cm}$$

M 2020-20

Berechnung der Strecke $\overline{CD} = y$ mit dem Sinus im rechtwinkligen Dreieck BCD:

geg.: a = 15,74 cm ($\hat{=}$ Hypotenuse); $\beta' = 30,3°$
ges.: y

$$\sin\beta' = \frac{\text{Gegenkathete}}{\text{Hypotenuse}}$$

$$\sin 30,3° = \frac{y}{15,74\ \text{cm}} \qquad | \cdot 15,74\ \text{cm}$$

$$\sin 30,3° \cdot 15,74\ \text{cm} = y$$

$$7,94\ \text{cm} \approx y$$

Berechnung der Länge von x durch Addition des Überstandes:
x = y + 1,7 cm = 7,94 cm + 1,7 cm = 9,64 cm ≈ **9,6 cm = 96 mm**

Aufgabe W 2

W 2a 1

✎ Setze x = 12 in die Funktionsgleichung ein, um den Flächeninhalt zu berechnen.
✎ Achte darauf, dass du das Ergebnis in der geforderten Einheit (cm^2) angibst.

Lösung: Mit x = 12 ergibt sich:

$$A = 4 \cdot x^2 + 560 \cdot x = 4 \cdot 12^2 + 560 \cdot 12 = \textbf{7\,296}\,[\textbf{cm}^2]$$

W 2a 2

✎ Mit x^2 wird der Flächeninhalt eines Quadrats an einer Ecke berechnet
✎ (A = x · x = x^2). Es gibt vier Quadrate an den Ecken der Tischplatte.

Lösung: Die Ahornfläche lässt sich in vier Rechtecke und ein Quadrat in jeder Ecke zerlegen. Die Seitenlänge eines Quadrats wird dabei mit x bezeichnet. Da alle vier Quadrate gleich groß sind, gilt: A = 4 · x · x = 4 · x^2

W 2a 3

✎ Die Fläche aus Nussholz entspricht dem grauen Rechteck in der Abbildung.
✎ Die Gleichung für die Fläche aus Ahornholz ist mit A = 4 · x^2 + 560 · x gegeben.
✎ Setze x = 28,5 in diese Gleichung ein und vergleiche beide Flächeninhalte.

Lösung: Flächeninhaltsformel Rechteck:

$$A = a \cdot b$$

Daraus folgt:

$$A_{Nussholz} = a \cdot b = 160 \, cm \cdot 120 \, cm = 19\,200 \, cm^2$$

Flächeninhalt Umrandung:

$$A_{Ahornholz} = 4 \cdot x^2 + 560 \, cm \cdot x$$

Mit $x = 28,5 \, cm$ folgt:

$$A_{Ahornholz} = 4 \cdot (28,5 \, cm)^2 + 560 \, cm \cdot 28,5 \, cm = 19\,209 \, cm^2$$

Die Flächeninhalte unterscheiden sich lediglich um $9 \, cm^2$ und sind daher annähernd gleich groß.

W 2b

Um die Länge x für den Tisch zu erhalten, musst du den gegebenen Wert $A_{Gesamtfläche} = 32\,000 \, cm^2$ in die quadratische Gleichung einsetzen und diese nach x auflösen.

Die x-Werte einer quadratischen Gleichung berechnest du mithilfe der

p-q-Formel: $x_{1/2} = -\dfrac{p}{2} \pm \sqrt{\left(\dfrac{p}{2}\right)^2 - q}$

Beachte, dass die quadratische Gleichung zum Anwenden der p-q-Formel in der Normalform ($0 = x^2 + px + q$) stehen muss.

Lösung: Berechnung der Länge x mithilfe der p-q-Formel:

$$A_{Gesamtfläche} = 4 \cdot x^2 + 560 \cdot x + 19\,200$$

$$32\,000 = 4 \cdot x^2 + 560 \cdot x + 19\,200 \qquad | -32\,000$$

$$0 = 4 \cdot x^2 + 560 \cdot x - 12\,800 \qquad | :4$$

$$0 = x^2 + 140 \cdot x - 3\,200$$

$$x_{1/2} = -\frac{140}{2} \pm \sqrt{\left(\frac{140}{2}\right)^2 - (-3\,200)}$$

$$x_{1/2} = -70 \pm \sqrt{8\,100}$$

$$x_{1/2} = -70 \pm 90$$

$$x_1 = 20 \, [cm]$$

$$x_2 = -160 \, [cm]$$

Da die Seitenlänge nicht negativ sein kann, entfällt Lösung x_2 und ein Tisch mit einer Gesamtfläche von $32\,000 \, cm^2$ hat die Länge $x = 20 \, cm$.

W 2c

Du kannst die Lösung durch Herleiten, startend bei der ursprünglichen Funktionsgleichung $A = 4 \cdot x^2 + 560 \cdot x$, ermitteln. Überlege dir dazu, woher die Zahl „560" in dieser Gleichung kommt.

Alternativ kannst du den Flächeninhalt der Umrandung für den zweiten Tisch mithilfe von Quadraten und Rechtecken berechnen.

Lösung: Durch Herleitung:

$$A = 4 \cdot x^2 + 560 \cdot x$$

Die Zahl 560 in der Funktionsgleichung lässt sich aus dem Umfang des ursprünglichen Rechtecks herleiten:

$$\text{"560"} \, cm = 160 \, cm + 120 \, cm + 160 \, cm + 120 \, cm$$
$$= 2 \cdot 160 \, cm + 2 \cdot 120 \, cm$$
$$= 560 \, cm$$

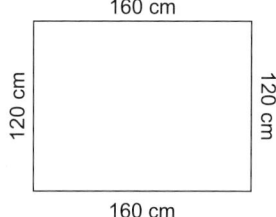

Da die neue Fläche quadratisch sein soll mit einer Seitenlänge von 160 cm, ändert sich die Gleichung wie folgt:

$$U_{neu} = 160 \, cm + 160 \, cm + 160 \, cm + 160 \, cm$$
$$= 640 \, cm$$

$$A = 4 \cdot x^2 + 4 \cdot 160 \cdot x$$
$$A = 4 \cdot x^2 + 640 \cdot x$$

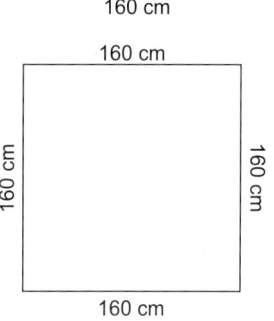

Alternative Lösung durch Betrachtung der Teilstücke:

Umrandung:

$4 \cdot x$ ▢ $\quad \Rightarrow \quad 4 \cdot x^2$
     x

$4 \cdot x$ ▭ $\quad \Rightarrow \quad 4 \cdot 160 \cdot x = 640 \cdot x$
    160 cm

Daraus ergibt sich die neue Flächeninhaltsformel für die Umrandung:

$$A = 4 \cdot x^2 + 640 \cdot x$$

Aufgabe W 3

W 3a 1

Als Spannweite R bezeichnet man die Differenz aus dem größten und dem kleinsten gemessenen Wert (R = Maximum – Minimum).

Lösung: R = 221 – 102 = **119**

   Die Spannweite beträgt 119.

W 3a 2

In einer Rangliste werden die Werte nach ihrer Größe sortiert. Ob aufsteigend oder absteigend ist dabei irrelevant.

Zur Berechnung bzw. Bestimmung des Zentralwertes $\tilde{x}$ – auch Median genannt – musst du zunächst eine Rangliste erstellen. Der Zentralwert steht bei einer ungeraden Anzahl an Werten genau in der Mitte. Bei einer geraden Anzahl ist er der Mittelwert der beiden mittleren Werte.

Da insgesamt sechs Werte vorliegen, liegt der Zentralwert genau zwischen dem dritten und vierten Wert der Rangliste. Zur Berechnung addiert man diese beiden Werte und halbiert die Summe.

Lösung: Rangliste:

   102   152   164   186   207   221

   Zentralwert $\tilde{x}$ (Median):

   $$\tilde{x} = \frac{164 + 186}{2} = 175$$

W 3a 3

Zur Berechnung des arithmetischen Mittels (Durchschnitts) $\overline{x}$ bildest du die Summe aller Werte und dividierst diese durch die Anzahl aller Werte.

Lösung: $\underbrace{102 + 152 + 164 + 186 + 207 + 221}_{6\ \text{Werte}} = 1\,032$

   $\overline{x} = 1\,032 : 6 = 172$

   Die Seite wurde im Durchschnitt 172-mal pro Tag aufgerufen.

W 3a 4

Den Durchschnitt von 200 Aufrufen pro Tag rechnest du zunächst durch Multiplikation auf 7 Wochentage hoch.
Von diesem Wert subtrahierst du alle Aufrufe der vorausgegangenen 6 Tage. Die
Differenz ist die Anzahl der Aufrufe, die am Sonntag erreicht werden müssen, um
auf den Durchschnitt von 200 Aufrufen pro Tag zu kommen.

Lösung: $7 \text{ Tage} \cdot 200 \, \frac{\text{Aufrufe}}{\text{Tag}} = 1\,400 \text{ Aufrufe}$

Aufrufe Montag bis Samstag:
$152 + 102 + 207 + 186 + 221 + 164 = 1\,032$

$\quad 1\,400 \qquad - \qquad 1\,032 \qquad = \qquad \textbf{368}$

$[200 \, \frac{\text{Aufrufe}}{\text{Tag}} \times 7 \text{ Tage}] - [\text{Aufrufe Mo} - \text{Sa}] = [\text{Aufrufe So}]$

Am Sonntag müssen 368 Aufrufe getätigt werden, damit sich für die
Woche ein Durchschnitt von 200 Seitenaufrufen pro Tag ergibt.

W 3b 1

Unter einem Boxplot versteht man eine Form der grafischen Darstellung von
Häufigkeitsverteilungen. Die Box wird durch das obere und untere Quartil begrenzt, deren Werte ablesbar sind. Dabei entspricht die Box dem Bereich, in dem
die mittleren 50 % der Daten liegen. Das untere Quartil begrenzt also die darun-
terliegenden 25 %, während das obere Quartil die darüberliegenden 25 %
begrenzt.

Lösung: Ablesen der Werte aus dem Boxplot:

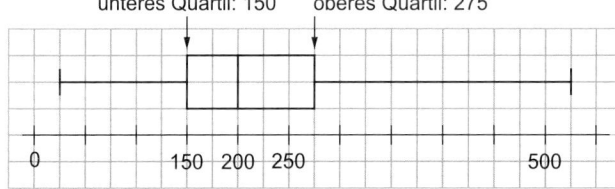

W 3b 2

Der Strich im Inneren der Box eines Boxplots gibt den Median an. 50 % aller Werte liegen jeweils über bzw. unter dem Median.

Lösung: **Tom hat nicht recht.**

Mögliche Begründung mithilfe des Medians:

Die Behauptung ist falsch, da der Median bei 200 und nicht bei 250 Aufrufen liegt.

Wenn an der Hälfte der Tage des Jahres die Homepage bereits häufiger als 250-mal aufgerufen worden wäre, müsste der Median entsprechend hoch ausfallen und bei mindestens 250 liegen. Er liegt aber nur bei 200.

Aufgabe W 4

W 4a 1

Zur Berechnung der Anzahl der Pakete, die man mit einem Klebeband verschließen kann, musst du die Länge des benötigten Klebebands für ein Paket berechnen.

Du kannst das Netz des Quaders zur Veranschaulichung skizzieren.

Dabei wird einmal um die Längsseite (senkrecht in der Skizze) und einmal um die Querseite (waagrecht) geklebt.

Dividiere die Länge des gesamten Klebebands (66 m) durch die benötigte Länge für ein Paket, um die Anzahl der verschließbaren Pakete zu erhalten.

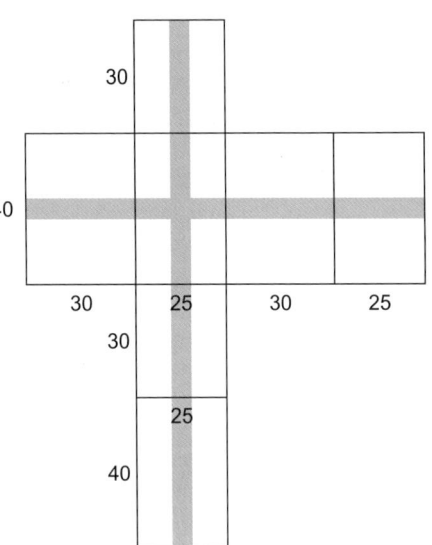

Lösung: Berechnung der benötigten Länge für ein Paket:

Längsseite:
$$30\,\text{cm} + 40\,\text{cm} + 30\,\text{cm} + 40\,\text{cm} = 2 \cdot 30\,\text{cm} + 2 \cdot 40\,\text{cm} = 140\,\text{cm}$$

Querseite:
$$30\,\text{cm} + 25\,\text{cm} + 30\,\text{cm} + 25\,\text{cm} = 2 \cdot 30\,\text{cm} + 2 \cdot 25\,\text{cm} = 110\,\text{cm}$$

Gesamt: $140 \, \text{cm} + 110 \, \text{cm} = 250 \, \text{cm}$

Berechnung der Anzahl der verschließbaren Pakete:
$66 \, \text{m} : 250 \, \text{cm} = 6\,600 \, \text{cm} : 250 \, \text{cm} = 26{,}4$

Es können mit 66 m Klebeband **höchstens 26** Pakete verschlossen werden.

W 4a 2

Um zu berechnen, ob die volle Klebebandrolle ausreicht, um $4 \, \text{m}^2$ zu bekleben, musst du das Klebeband abrollen und den Flächeninhalt dieses langen Rechtecks berechnen.
Beachte die Einheiten: $100 \, \text{cm} \, \hat{=} \, 1 \, \text{m} \;\Rightarrow\; 1 \, \text{cm} \, \hat{=} \, 0{,}01 \, \text{m}$

Lösung: Berechnung des Flächeninhalts des ausgerollten Klebebands:

$66 \, \text{m} \cdot 5 \, \text{cm} = 66 \, \text{m} \cdot 0{,}05 \, \text{m} = 3{,}3 \, \text{m}^2 < 4 \, \text{m}^2$

Nein, eine volle Rolle Klebeband reicht **nicht** aus, um eine $4 \, \text{m}^2$ große Fläche zu bekleben.

Alternative Lösung:

Berechnung der benötigten Länge des Klebebands:

$4 \, \text{m}^2 : 5 \, \text{cm} = 4 \, \text{m}^2 : 0{,}05 \, \text{m} = 80 \, \text{m} > 66 \, \text{m}$

Nein, eine volle Rolle Klebeband reicht **nicht** aus, um eine $4 \, \text{m}^2$ große Fläche zu bekleben.

W 4b

Um die Länge des Klebebands zu berechnen, musst du zunächst wissen, wie viele Lagen die Rolle hat. Schätze bzw. lies dazu die Dicke des Klebebands (Kreisringes) ab und dividiere durch die Dicke einer Lage (0,04 mm).
Multiplizierst du nun den mittleren Umfang der Rolle mit der Anzahl der Lagen, so erhältst du die Länge des Klebebands.
Zur Berechnung des Umfangs kannst du entweder die mittlere Breite der Kleberolle als Radius ablesen oder sie alternativ berechnen, indem du den Innen- und den Außenradius addierst und die Summe anschließend halbierst.

Lösung: Berechnung der Anzahl der Lagen:

Dicke des Kreisringes:
10 mm (abgelesen)

Mittlere Dicke des Kreisringes dividiert durch die Dicke einer Lage:
10 mm : 0,04 mm = 250 [Lagen]

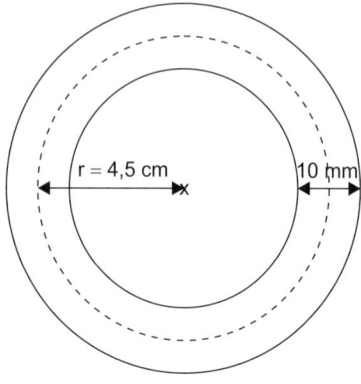

Berechnung des mittleren Umfangs der Rolle:
r = 4,5 cm   (abgelesen)

$U = 2 \cdot \pi \cdot r$
$U = 2 \cdot \pi \cdot 4,5 \text{ cm} \approx 28,274 \text{ cm}$

Berechnung der Länge des Klebebands:
$U \cdot 250 = 28,274 \text{ cm} \cdot 250 = 7\,068,5 \text{ cm} \approx \textbf{71 m}$

Die Länge des Klebebands beträgt ca. 71 m.

Hinweis: Der Radius kann alternativ auch als Mittelwert des äußeren (50 mm) und des inneren (40 mm) Radius der Rolle bestimmt werden.

Aufgabe W 5

W 5a

Es gilt: Wahrscheinlichkeit eines Ereignisses = $\dfrac{\text{Anzahl der günstigen Ergebnisse}}{\text{Anzahl der möglichen Ergebnisse}}$

Berechne die Wahrscheinlichkeit dafür, dass eine Kugel mit dem Buchstaben „T" herausfällt, indem du die Anzahl der Kugeln mit „T" durch die Anzahl aller Kugeln dividierst.

Lösung: Anzahl der Kugeln mit „T":   1
Anzahl aller Kugeln: 10

Wahrscheinlichkeit, dass eine Kugel mit „T" herausfällt:

$$P(\text{„T"}) = \frac{1}{10} = 0,1 = 10\,\%$$

W 5b

Berechne die Wahrscheinlichkeit dafür, dass eine Kugel herausfällt, auf der nicht „A" steht, indem du die Anzahl der Kugeln ohne „A" bestimmst und deren Anzahl durch die Anzahl aller Kugeln dividierst.

Lösung: Bestimmung der Anzahl der Kugeln ohne „A":

T   1× ⎫
O   2× ⎬ 6 Kugeln ohne „A"
M   3× ⎭

Anzahl aller Kugeln: 10

Wahrscheinlichkeit, dass eine Kugel ohne „A" herausfällt:

$$P(\text{kein „A"}) = \frac{6}{10} = 0{,}6 = 60\,\%$$

W 5c

Es handelt sich um ein zweistufiges Zufallsexperiment ohne Zurücklegen. Die Anzahl der möglichen Ergebnisse und die Wahrscheinlichkeiten ändern sich daher mit jeder herausfallenden Kugel.
Überlege zuerst, welche Buchstaben ohne Zurücklegen zweimal herausfallen können. Berechne dann für jeden möglichen Buchstaben die Wahrscheinlichkeit, dass zwei Kugeln mit diesem Buchstaben herausfallen, mit der 1. Pfadregel. Wende abschließend die 2. Pfadregel an, um die Gesamtwahrscheinlichkeit zu erhalten.

Lösung: Die Buchstaben „O", „A" und „M" können – ohne zurückgelegt zu werden – zweimal hintereinander herausfallen:

Anzahl der Kugeln: O: 2×   A: 4×   M: 3×

Anwenden der 1. Pfadregel:

$$P(\text{„OO"}) = \frac{2}{10} \cdot \frac{1}{9}$$

$$P(\text{„AA"}) = \frac{4}{10} \cdot \frac{3}{9}$$

$$P(\text{„MM"}) = \frac{3}{10} \cdot \frac{2}{9}$$

Anwenden der 2. Pfadregel, um die Wahrscheinlichkeit des Eintretens mehrerer möglicher Ergebnisse zu berechnen:

P(zwei gleiche Buchstaben) = P(„OO") + P(„AA") + P(„MM")

$$= \frac{2}{10} \cdot \frac{1}{9} + \frac{4}{10} \cdot \frac{3}{9} + \frac{3}{10} \cdot \frac{2}{9} = \frac{20}{90}$$

$$= \frac{2}{9} = 0{,}\overline{2} \approx 22\,\%$$

W 5d 1

Da die Lostrommel dreimal hintereinander betätigt wird, handelt es sich um ein dreistufiges Zufallsexperiment. Berechne die Wahrscheinlichkeit, dass die Buchstaben „T", „O", „M" genau in dieser Reihenfolge herausfallen, mithilfe der 1. Pfadregel.

Beachte: Es handelt sich um einen Zufallsversuch ohne Zurücklegen. Die Wahrscheinlichkeiten verändern sich bei jeder Betätigung der Lostrommel.

Lösung: Anzahl der Kugeln: T: $1\times$ O: $2\times$ M: $3\times$

Wahrscheinlichkeit, dass beim 1. Betätigen der Lostrommel ein „T" fällt:

$$P(\text{„T"}) = \frac{1}{10}$$

Wahrscheinlichkeit, dass beim 2. Betätigen der Lostrommel ein „O" fällt (nachdem das „T" gefallen ist):

$$P(\text{„O"}) = \frac{2}{9}$$

Wahrscheinlichkeit, dass beim 3. Betätigen der Lostrommel ein „M" fällt (nachdem das „T" und das „O" gefallen sind):

$$P(\text{„M"}) = \frac{3}{8}$$

Wahrscheinlichkeit, dass die Buchstaben „T", „O", „M" in der richtigen Reihenfolge fallen:

$$P(\text{„TOM"}) = \frac{1}{10} \cdot \frac{2}{9} \cdot \frac{3}{8} = \frac{6}{720} = \frac{1}{120} \approx 0{,}0083 = 0{,}83\,\%$$

W 5d 2

Um zu begründen, warum die Wahrscheinlichkeit, dass die passenden Kugeln fallen, größer ist, wenn die Reihenfolge beliebig ist, kannst du alle Kombinationen mit den Buchstaben „T", „O" und „M" notieren, um deren Anzahl zu ermitteln.

Alternativ lässt sich die Wahrscheinlichkeit, beim dreimaligen Betätigen der Lostrommel ohne Zurücklegen den Namen „TOM" in beliebiger Reihenfolge legen zu können, berechnen.

Lösung: Durch Notieren der Kombinationsmöglichkeiten:

TOM   TMO   OMT   OTM   MOT   MTO

Es gibt insgesamt 6 Möglichkeiten zum Legen des Namens „TOM", wenn die Reihenfolge beliebig ist, aber nur eine, wenn die Reihenfolge vorgegeben ist. Also ist die Wahrscheinlichkeit, dass die passenden Kugeln herausfallen, bei beliebiger Reihenfolge größer.

Alternative Lösung durch Berechnung der Wahrscheinlichkeit:

$$P(\text{„TOM"}) = \frac{1}{10} \cdot \frac{2}{9} \cdot \frac{3}{8} = \frac{1}{120}$$

$$P(\text{„TMO"}) = \frac{1}{10} \cdot \frac{3}{9} \cdot \frac{2}{8} = \frac{1}{120}$$

$$P(\text{„MOT"}) = \frac{3}{10} \cdot \frac{2}{9} \cdot \frac{1}{8} = \frac{1}{120}$$

$$P(\text{„MTO"}) = \frac{3}{10} \cdot \frac{1}{9} \cdot \frac{2}{8} = \frac{1}{120} \qquad 6 \cdot \frac{1}{120}$$

$$P(\text{„OTM"}) = \frac{2}{10} \cdot \frac{1}{9} \cdot \frac{3}{8} = \frac{1}{120}$$

$$P(\text{„OMT"}) = \frac{2}{10} \cdot \frac{3}{9} \cdot \frac{1}{8} = \frac{1}{120}$$

$$P(\text{„TOM" in beliebiger Reihenfolge}) = 6 \cdot \frac{1}{120} = \frac{6}{120} = \frac{1}{20} = 0{,}05 = 5\,\%$$

Die Wahrscheinlichkeit, „TOM" bei Nichtbeachten der Reihenfolge legen zu können, beträgt 5 % im Vergleich zu 0,83 % beim Beachten der Reihenfolge.

W 5e

Du kannst die Anzahl aller möglichen Kombinationen aus den vier Buchstaben „T", „M", „A" und „O" durch Überlegung systematisch aufschreiben. Alternativ kannst du die Anzahl der Kombinationen mithilfe der Kombinatorik bestimmen.

Lösung: Durch Aufschreiben der Kombinationen:

AOTM	OATM	TOAM	MATO
AOMT	OAMT	TOMA	MAOT
ATOM	OMTA	TAOM	MOTA
ATMO	OMAT	TAMO	MOAT
AMTO	OTMA	TMAO	MTOA
AMOT	OTAM	TMOA	MTAO

24 Kombinationen

Es können also 24 Kombinationen aus diesen vier Buchstaben gelegt werden.

Alternative Lösung mithilfe der Kombinatorik:

- Betrachte die Anzahl aller möglichen Kombinationen aus n = 4 verschiedenen Elementen.
- Für die erste Stelle gibt es n = 4 Möglichkeiten. Für die zweite Stelle nur noch n − 1 = 3, da ein Buchstabe bereits für die erste Stelle verbraucht wurde. Für die dritte Stelle sind es dementsprechend nur n − 2 = 2 Möglichkeiten und für die letzte Stelle bleibt nur noch 1 Möglichkeit übrig.
- Multipliziere anschließend die Möglichkeiten für die einzelnen Stellen, da diese frei kombiniert werden können (berechne die Fakultät).

Zahl der Kombinationen aus vier Elementen:

$$4 \cdot (4-1) \cdot (4-2) \cdot (4-3) = 4 \cdot 3 \cdot 2 \cdot 1 = \mathbf{24}$$

Es können also 24 Kombinationen aus diesen vier Buchstaben gelegt werden.

Aufgabe P 1

P 1a

📝 Wandle zunächst in eine gemeinsame Einheit um.
📝 *Beachte:* $1 \, € = 100 \, ct$

Lösung: Berechnung in Euro:
$78 \, ct = 0,78 \, €$
$3,50 \, € + 0,78 \, € = \mathbf{4,28 \, €}$

Alternative Berechnung in Cent:
$3,50 \, € = 350 \, ct$
$350 \, ct + 78 \, ct = \mathbf{428 \, ct}$

P 1b

📝 Wandle wieder in eine gemeinsame Einheit (kg oder g) um.
📝 Bei der Berechnung in Kilogramm kannst du mit Brüchen oder Dezimalbrüchen
📝 rechnen.
📝 *Beachte:* $1 \, kg = 1\,000 \, g$

Lösung: Berechnung in Kilogramm mit Brüchen:

$$1\frac{1}{4} \, kg - 750 \, g = \frac{5}{4} \, kg - 0,75 \, kg = \frac{5}{4} \, kg - \frac{3}{4} \, kg = \frac{2}{4} \, kg = \mathbf{\frac{1}{2} \, kg}$$

Alternative Berechnung in Kilogramm mit Dezimalbrüchen:

$$1\frac{1}{4} \, kg - 750 \, g = 1,25 \, kg - 0,75 \, kg = \mathbf{0,5 \, kg}$$

Alternative Berechnung in Gramm:

$$1\frac{1}{4} \, kg - 750 \, g = 1,25 \, kg - 750 \, g = 1\,250 \, g - 750 \, g = \mathbf{500 \, g}$$

P 1c

Du kannst entweder mit Stunden oder Minuten rechnen. Wandle entsprechend um.

Beachte: $1\,\text{h} = 60\,\text{min} \;\Rightarrow\; \dfrac{3}{4}\,\text{h} = \dfrac{3}{4} \cdot 60\,\text{min} = 45\,\text{min}$

Lösung: Berechnung in Minuten:

$$\dfrac{3}{4}\,\text{h} + 30\,\text{min} = 45\,\text{min} + 30\,\text{min} = 75\,\text{min} = 1\,\text{h} + 15\,\text{min} = 1\,\text{h}\;15\,\text{min}$$

(gemischte Schreibweise)

Alternative Berechnung in Stunden:

$$\dfrac{3}{4}\,\text{h} + 30\,\text{min} = \dfrac{3}{4}\,\text{h} + \dfrac{1}{2}\,\text{h} = \dfrac{3}{4}\,\text{h} + \dfrac{2}{4}\,\text{h} = \dfrac{5}{4}\,\text{h} = 1\dfrac{1}{4}\,\text{h}$$

P 1d

Der Bruchteil einer Größe ist das Produkt aus Anteil und dem Ganzen der Größe.

Du kannst zunächst $\dfrac{1}{5}$ von 17 km berechnen und dann auf $\dfrac{3}{5}$ schließen.

Alternativ kannst du den Dreisatz oder die Lösungsformel anwenden.

Beachte: $\dfrac{3}{5} = \dfrac{6}{10} = \dfrac{60}{100} \mathrel{\widehat{=}} 60\,\%$

Lösung: $17\,\text{km} \cdot \dfrac{1}{5} = 17\,\text{km} : 5 = 3,4\,\text{km}$ *oder:* $17\,\text{km} \cdot \dfrac{3}{5} = \dfrac{17\,\text{km} \cdot 3}{5} = \dfrac{51}{5}\,\text{km}$

$3,4\,\text{km} \cdot 3 = \mathbf{10,2\,km}$

Alternative Lösung mit dem Dreisatz:

Prozentsatz	Kilometer
100 %	17 km
1 %	0,17 km
60 %	**10,2 km**

: 100 ⟨ ... ⟩ : 100
· 60 ⟨ ... ⟩ · 60

Alternative Lösung mit der Lösungsformel:

geg.: Grundwert $G = 17\,\text{km}$; Prozentsatz $p\,\% = 60\,\%$

ges.: Prozentwert P

$$P = \dfrac{G \cdot p}{100}$$

$$P = \dfrac{17\,\text{km} \cdot 60}{100}$$

$$P = \mathbf{10,2\,km}$$

Aufgabe P 2

P 2a

Multipliziere zunächst die Klammer aus. Ordne, indem du alle Glieder mit der Variablen x auf eine Seite und die Glieder ohne Variable auf die andere Seite bringst. Löse dann nach x auf.

Lösung:
$$6 \cdot (x + 5) = 2x + 18$$
$$6x + 30 = 2x + 18 \quad | -2x$$
$$6x - 2x + 30 = 18$$
$$4x + 30 = 18 \quad | -30$$
$$4x = -12 \quad | :4$$
$$\mathbf{x = -3}$$

Anhand einer Probe kannst du überprüfen, ob dein Ergebnis richtig ist. Setze dazu x = −3 in die Ausgangsgleichung ein.

$$6 \cdot (-3 + 5) = 2 \cdot (-3) + 18$$
$$6 \cdot 2 = -6 + 18$$
$$12 = 12$$

P 2b

Ordne zunächst die Gleichung, indem du die Glieder ohne x auf die rechte Seite bringst. Um die Quadratwurzel zu beseitigen, musst du die gesamte Gleichung quadrieren.

Lösung:
$$\sqrt{x} + 0,4 = 2,4 \quad | -0,4$$
$$\sqrt{x} = 2 \quad | ^2$$
$$x = 2^2$$
$$\mathbf{x = 4}$$

P 2c

Du kannst das lineare Gleichungssystem mit dem Einsetzungs-, Gleichsetzungs- oder Additionsverfahren lösen. Da in einer Gleichung das Glied „−8y" und in der anderen Gleichung „+8y" vorkommt, bietet sich hier das Additionsverfahren an. Setze dann die so erhaltene Lösung für x oder y in eine der beiden Gleichungen ein, um die andere Variable zu berechnen.

Lösung: Mithilfe des Additionsverfahrens:

I. $2x - 8y = -89$
II. $4x + 8y = 110$ $| +$

$$6x = 21 \quad |:6$$
$$x = 3{,}5$$

Einsetzen von $x = 3{,}5$ in I. (Einsetzen in II. ist ebenfalls möglich):

$$2 \cdot 3{,}5 - 8y = -89$$
$$7 - 8y = -89 \quad |-7$$
$$-8y = -96 \quad |:(-8)$$
$$y = 12$$

Lösungsmenge L = {(3,5 | 12)}

Tipp: Mit einer Probe kannst du überprüfen, ob das Ergebnis korrekt ist. Setze dazu x und y in die Ausgangsgleichungen ein.

Alternative Lösungsmöglichkeit mit dem Gleichsetzungsverfahren:

I. $2x - 8y = -89$ $| -2x$
II. $4x + 8y = 110$ $| -4x$

I. $-8y = -89 - 2x$ $| \cdot (-1)$
II. $8y = 110 - 4x$

I. $8y = 89 + 2x$
II. $8y = 110 - 4x$

Gleichsetzen von I. und II.:

$$89 + 2x = 110 - 4x \quad |+4x$$
$$89 + 6x = 110 \quad |-89$$
$$6x = 21 \quad |:6$$
$$x = 3{,}5$$

Einsetzen von $x = 3{,}5$ in I. (Einsetzen in II. ist ebenfalls möglich):

$$2 \cdot 3{,}5 - 8y = -89$$
$$7 - 8y = -89 \quad |-7$$
$$-8y = -96 \quad |:(-8)$$
$$y = 12$$

Lösungsmenge L = {(3,5 | 12)}

P 2d

Ein lineares Gleichungssystem hat unendlich viele Lösungen, wenn die Geraden, die durch die Gleichungen beschrieben werden, identisch sind, also aufeinanderliegen. Zwei lineare Gleichungen beschreiben dieselbe Gerade, wenn sie Vielfache voneinander sind. Die gesuchte Gleichung ergibt sich also durch Multiplikation oder Division aus der Ursprungsgleichung.

Lösung: Alle Geraden, die identisch zur Geraden mit der Gleichung $y = 2x + 1$ sind, werden beschrieben durch Vielfache dieser Gleichung. Jede vielfache Gleichung von $y = 2x + 1$ stellt somit eine Lösung dar.

z. B.: I. $y = 2x + 1$ *oder:* I. $y = 2x + 1$

II. $\mathbf{3y = 6x + 3}$ II. $\mathbf{0{,}5y = x + 0{,}5}$

Aufgabe P 3

P 3a 1

Die Lösung erfolgt mit dem Dreisatz oder der Lösungsformel.

Lösung: Mit dem Dreisatz:

Prozentsatz	Anzahl Jugendliche
100 %	25
1 %	0,25
56 %	**14**

: 100 (...) : 100
· 56 (...) · 56

In der Klasse 10a gibt es 14 Mädchen.

Alternative Lösungsmöglichkeit mit der Lösungsformel:

geg.: Grundwert $G = 25$; Prozentsatz $p \% = 56 \%$

ges.: Prozentwert P

$$P = \frac{G \cdot p}{100}$$

$$P = \frac{25 \cdot 56}{100}$$

$$\mathbf{P = 14}$$

In der Klasse 10a gibt es 14 Mädchen.

P 3a 2

Beachte, dass bei solchen Behauptungen immer der zugrunde liegende Grundwert eine entscheidende Rolle spielt. Damit dem doppelten Prozentsatz auch der doppelte Prozentwert entspricht, muss der Grundwert gleich sein.

Lösung: 56 % ist das Doppelte von 28 %. Damit dem doppelten Prozentsatz auch die doppelte Anzahl an Mädchen entspricht, müssen beide Klassen die gleiche Anzahl an Schülerinnen und Schülern haben.

Die Klasse 10a und die Klasse 10b müssen also die gleiche Anzahl an Schülerinnen und Schülern haben.

Nur bei gleichem Grundwert ist ein Vergleich der Prozentsätze sinnvoll.

P 3b

Die Lösung erfolgt mit dem Dreisatz oder der Lösungsformel.

Lösung: Mit dem Dreisatz:

Prozentsatz	Anzahl Schülerinnen und Schüler
5 %	25
1 %	5
100 %	**500**

$:5$ $\cdot 100$ $:5$ $\cdot 100$

Die Schule hat insgesamt 500 Schülerinnen und Schüler.

Alternative Lösungsmöglichkeit mit der Lösungsformel:

geg.: Prozentsatz p % = 5 %; Prozentwert P = 25
ges.: Grundwert G

$$G = \frac{P \cdot 100}{p}$$

$$G = \frac{25 \cdot 100}{5}$$

$$\mathbf{G = 500}$$

Die Schule hat insgesamt 500 Schülerinnen und Schüler.

P 3c 1

🖊 Die Lösung erfolgt mit dem Dreisatz oder der Lösungsformel.

Lösung: Mit dem Dreisatz:

Anzahl Jugendliche	Prozentsatz
25	100 %
1	4 %
4	**16 %**

$\cdot$: 25 $\quad$: 25
$\cdot$ 4 $\quad$ $\cdot$ 4

16 % der Jugendlichen aus Klasse 10a haben zwei Geschwister.

Alternative Lösungsmöglichkeit mit der Lösungsformel:

geg.: Grundwert G = 25; Prozentwert P = 4
ges.: Prozentsatz p %

$$p\% = \frac{P}{G} \cdot 100\%$$

$$p\% = \frac{4}{25} \cdot 100\%$$

$$\mathbf{p\% = 16\%}$$

16 % der Jugendlichen aus Klasse 10a haben zwei Geschwister.

P 3c 2

🖊 Beachte, dass in einem Kreisdiagramm 100 % dem ganzen Kreis, also 360° ent-
🖊 sprechen. Z. B. entsprechen 25 % einem Viertelkreis und es gilt:
🖊 $25\% = \frac{25}{100} = \frac{1}{4} \quad \Rightarrow \quad \frac{1}{4} \cdot 360° = \frac{360°}{4} = 90°$
🖊 Du brauchst den darzustellenden Anteil also nur mit 360° multiplizieren, um die
🖊 entsprechende Winkelgröße zu erhalten.
🖊 Alternativ kannst du zur Berechnung der Winkelgröße zunächst mit dem Dreisatz
🖊 oder der Lösungsformel den Prozentsatz ausrechnen.

Lösung: Berechnung der Winkelgröße für „null Geschwister" anteilig am Kreis:

7 von 25 Jugendlichen haben null Geschwister.

$$\frac{7}{25} \cdot 360° = 100,8°$$

Die gewählte Winkelgröße von 7° ist **nicht korrekt**, da dem darzustellenden Anteil von 7 Jugendlichen ein Winkel von 100,8° entspricht.

Alternative Lösung durch Berechnung des Prozentsatzes:

Anzahl Jugendliche	Prozentsatz
25	100 %
1	4 %
7	28 %

$: 25$ ⟍ 25 ⟋ $: 25$
$\cdot 7$ ⟍ 1 ⟋ $\cdot 7$

Oder mithilfe der Lösungsformel:

geg.: Grundwert G = 25; Prozentwert P = 7
ges.: Prozentsatz p %

$$p \% = \frac{P}{G} \cdot 100 \%$$

$$p \% = \frac{7}{25} \cdot 100 \%$$

$$p \% = 28 \%$$

Umrechnung des Prozentsatzes in die Winkelgröße:

$$28 \% = \frac{28}{100} \quad \Rightarrow \quad \frac{28}{100} \cdot 360° = 100{,}8°$$

Oder mit dem Dreisatz:

Prozentsatz	Winkelgröße
100 %	360°
1 %	3,6°
28 %	100,8°

$: 100$ ⟍ ⟋ $: 100$
$\cdot 28$ ⟍ ⟋ $\cdot 28$

Die gewählte Winkelgröße von 7° ist **nicht korrekt**, da dem darzustellenden Anteil von 7 Jugendlichen ein Winkel von 100,8° entspricht.

Aufgabe P 4

P 4a

✎ Der Wert, der in einer Liste von Daten am häufigsten vorkommt, wird als
✎ Modalwert bezeichnet.

Lösung:

40	39	35	**37**	41	41	38	47	**37**	**37**

Modalwert: **37**

Die Zahl 37 kommt 3-mal und somit am häufigsten vor.

P 4b

In einer Rangliste werden die Werte nach ihrer Größe sortiert. Ob aufsteigend oder absteigend, ist dabei irrelevant.

Der Zentralwert (Median) x̃ steht bei einer ungeraden Anzahl an Werten genau in der Mitte der Rangliste. Bei einer geraden Anzahl ist er der Mittelwert der beiden mittleren Werte. Da hier insgesamt zehn Werte vorliegen, liegt der Zentralwert genau zwischen dem fünften und sechsten Wert der Rangliste. Zur Berechnung addiert man diese beiden Werte und halbiert die Summe.

Lösung: Rangliste:

35	37	37	37	**38**	**39**	40	41	41	47

Alternative Rangliste (absteigend):

47	41	41	40	**39**	**38**	37	37	37	35

Zentralwert (Median) x̃:

$$\tilde{x} = \frac{38+39}{2} = \mathbf{38,5}$$

P 4c

Zur Berechnung des arithmetischen Mittels (Durchschnitt) $\overline{x}$ bildest du die Summe aller Werte und dividierst anschließend durch die Anzahl aller Werte.

Lösung: $\underbrace{40 + 39 + 35 + 37 + 41 + 41 + 38 + 47 + 37 + 37}_{10 \text{ Werte}} = 392$

$$\overline{x} = \frac{392}{10} = \mathbf{39,2}$$

Aufgabe P 5

P 5a

Die Nullstellen einer Funktion sind die x-Werte, an denen der zugehörige y-Wert 0 ist. Setze also $y = 0$ in die Funktionsgleichung ein und löse sie nach x auf.

Lösung: Einsetzen von $y = 0$ in die Funktionsgleichung $y = -0{,}5x + 2{,}5$:

$$0 = -0{,}5 \cdot x + 2{,}5 \qquad |-2{,}5$$

$$-2{,}5 = -0{,}5 \cdot x \qquad |:(-0{,}5)$$

$$\mathbf{x = 5}$$

Die lineare Funktion $y = -0{,}5x + 2{,}5$ hat bei $x = 5$ eine Nullstelle.

P 5b

Um zu überprüfen, ob ein Punkt P auf einer Geraden liegt, setzt man seine x- und seine y-Koordinate in die Funktionsgleichung der Geraden ein. Ein Punkt liegt nur dann auf der Geraden, wenn eine wahre Aussage entsteht.

Lösung: Einsetzen der Koordinaten von $Q(79\,|\,{-36})$ in die Funktionsgleichung:

$$y = -0{,}5 \cdot x + 2{,}5$$

$$-36 \overset{?}{=} -0{,}5 \cdot 79 + 2{,}5$$

$$-36 \overset{?}{=} -39{,}5 + 2{,}5$$

$$-36 \neq -37 \qquad \text{(falsch)}$$

Der Punkt $Q(79\,|\,{-36})$ **liegt nicht** auf der Geraden f.

P 5c

Es gibt drei mögliche Lagebeziehungen zwischen zwei Geraden:
• Sie können sich schneiden.
• Sie können parallel verlaufen.
• Sie können identisch sein.

Wenn die zwei Funktionsgleichungen eine unterschiedliche Steigung besitzen, schneiden sich die Geraden in einem Schnittpunkt.

Beachte: $y = m \cdot x + b$ mit Steigung m

Lösung: Betrachte die Steigungen der beiden Geraden f und g:

f: $y = -0{,}5x + 2{,}5$ mit Steigung $m_f = -0{,}5$

g: $y = 5x - 2{,}5$ mit Steigung $m_g = 5$

Da die Steigungen beider Geraden verschieden sind, schneiden sich die Geraden f und g.

Aufgabe P 6

Das Viereck ABCD hat die Winkel $\alpha = 80°$ und $\beta = 100°$ vorgegeben. Addiert man die Winkel α und β, die an einer Vierecksseite liegen, so ergeben sich 180°. Zur Strecke $\overline{AB}$ ist außerdem eine Parallele $\overline{CD}$ zu zeichnen.

An diesen beiden Eigenschaften kann man bereits erkennen, dass es sich bei dem zu konstruierenden Viereck um ein Parallelogramm handelt.

Achte auf die korrekte Beschriftung.

Lösung:

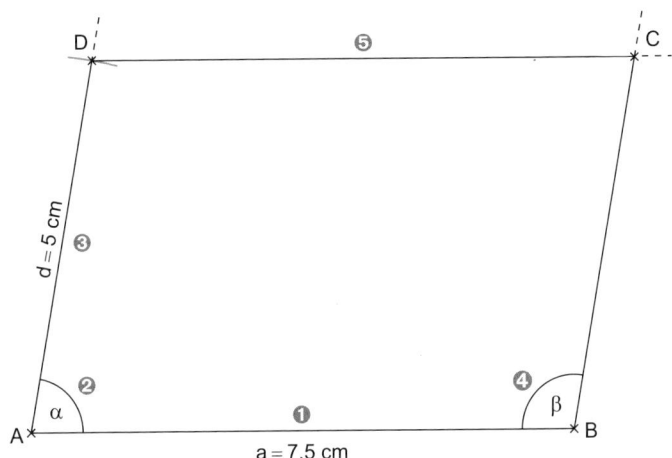

Aufgabe P 7

P 7a

Jedes Viereck hat eine Innenwinkelsumme von 360°.

Ziehe die bekannten Winkel von 360° ab, um die Größe von α zu erhalten.

Lösung: $\alpha = 360° - 90° - 90° - 133,6° = \textbf{46,4°}$

P 7b

Den Flächeninhalt eines Trapezes berechnet man mit der Formel $A = \dfrac{a+c}{2} \cdot h$.

Die Seiten a und c liegen dabei parallel zueinander.

Lösung: $A_{\text{Trapez}} = \dfrac{67,0\,\text{cm} + 17,0\,\text{cm}}{2} \cdot 52,5\,\text{cm} = \dfrac{84,0\,\text{cm}}{2} \cdot 52,5\,\text{cm} = \textbf{2 205 cm}^2$

P 7c

Den Umfang eines Vierecks berechnet man, indem man die Seitenlängen addiert:
$U = a + b + c + d$
Zur Berechnung der fehlenden Seitenlänge d zeichnet man eine Parallele zu b
durch den Punkt D ein, sodass ein rechtwinkliges Dreieck entsteht (vgl. Skizze).
Durch Anwendung des Satzes von Pythagoras im neu entstandenen Dreieck kann
man die Seitenlänge d als Hypotenuse berechnen.

Lösung: Mithilfe des Satzes von Pythagoras:

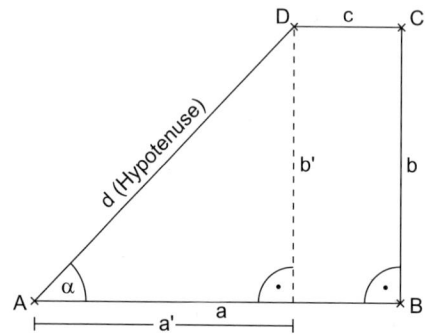

$b' = b = 52,5\ \text{cm}$

$a' = a - c$
$a' = 67,0\ \text{cm} - 17,0\ \text{cm}$
$a' = 50,0\ \text{cm}$

Berechnung der Seitenlänge d:
$d^2 = (a')^2 + (b')^2$
$d^2 = (50,0\ \text{cm})^2 + (52,5\ \text{cm})^2$
$d^2 = 5\,256,25\ \text{cm}^2 \qquad | \sqrt{}$
$d = 72,5\ \text{cm}$

Berechnung des Umfangs:
$U = a + b + c + d = 67,0\ \text{cm} + 52,5\ \text{cm} + 17,0\ \text{cm} + 72,5\ \text{cm} = \textbf{209 cm}$

Alternative Berechnung der Seitenlänge d mithilfe des Sinus oder Kosinus:

Den Sinus eines Winkels erhält man, indem man die Gegenkathete des Winkels
durch die Hypotenuse dividiert. Den Kosinus eines Winkels erhält man, indem man
die Ankathete des Winkels durch die Hypotenuse dividiert. Es wird nur die Rechnung mit dem Sinus ausgeführt; die Rechnung mit dem Kosinus verläuft analog.

$$\sin \alpha = \frac{\text{Gegenkathete}}{\text{Hypotenuse}}$$

$$\sin \alpha = \frac{b'}{d} \qquad | \ \alpha = 46,4° \ (\text{siehe Teilaufgabe P 7a})$$

$$\sin 46{,}4° = \frac{52{,}5 \text{ cm}}{d} \qquad | \cdot d$$

$$\sin 46{,}4° \cdot d = 52{,}5 \text{ cm} \qquad | : \sin 46{,}4°$$

$$d = \frac{52{,}5 \text{ cm}}{\sin 46{,}4°}$$

$$d = 72{,}5 \text{ cm}$$

Aufgabe P 8

P 8a

✎ Die Anzahl der Flächen erhält man,
✎ indem man sich das Netz des Werk-
✎ stücks vorstellt.
✎ Körperkanten entstehen, wenn Begren-
✎ zungsflächen aufeinanderstoßen.
✎ Kanten treffen sich in einer Ecke.
✎
✎
✎

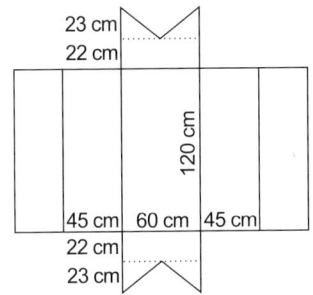

Lösung: Für das Werkstück ergibt sich:

Flächen: **f = 7**   (siehe Netz-Skizze)

Ecken:

e = 10

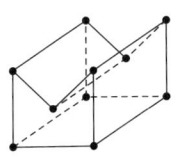

Kanten:
vorne und hinten jeweils 5 (s. Skizze),
plus 5 an den Seiten (Mantelfläche)
$\Rightarrow$ 5 + 5 + 5 = 15, also **k = 15**

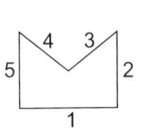

P 8b

✎ Es gibt verschiedene Möglichkeiten, das Volumen des Werkstücks zu berechnen.
✎ Man kann z. B. verwenden, wie das Werkstück entstanden ist (Quader, aus dem
✎ ein Dreiecksprisma herausgeschnitten wurde).
✎ Um alternativ das Volumen des Werkstücks als zusammengesetzten Körper be-
✎ rechnen zu können, muss der Körper zunächst in Teilkörper zerlegt werden.

Lösung: Berechnung des Volumens V des Werkstücks:

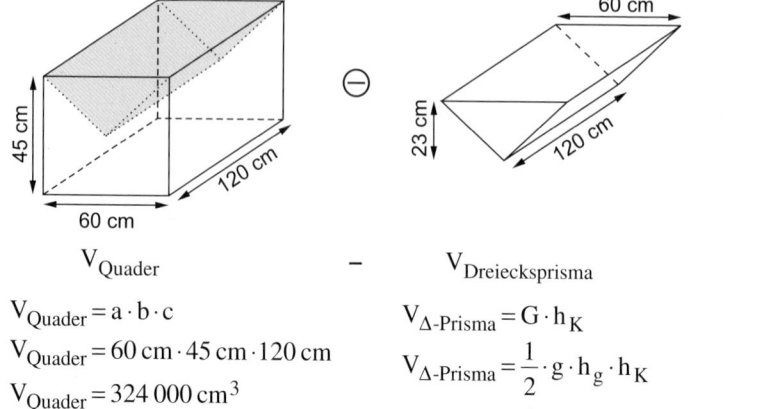

$$V_{Quader} \qquad - \qquad V_{Dreiecksprisma}$$

$V_{Quader} = a \cdot b \cdot c$

$V_{Quader} = 60 \, cm \cdot 45 \, cm \cdot 120 \, cm$

$V_{Quader} = 324\,000 \, cm^3$

$V_{\Delta\text{-Prisma}} = G \cdot h_K$

$V_{\Delta\text{-Prisma}} = \dfrac{1}{2} \cdot g \cdot h_g \cdot h_K$

$V_{\Delta\text{-Prisma}} = \dfrac{1}{2} \cdot 60 \, cm \cdot 23 \, cm \cdot 120 \, cm$

$V_{\Delta\text{-Prisma}} = 82\,800 \, cm^3$

$$V = V_{Quader} - V_{\Delta\text{-Prisma}} = 324\,000 \, cm^3 - 82\,800 \, cm^3 = \mathbf{241\,200 \; cm^3}$$

Alternative Berechnung über die Aufteilung in zwei trapezförmige Prismen:

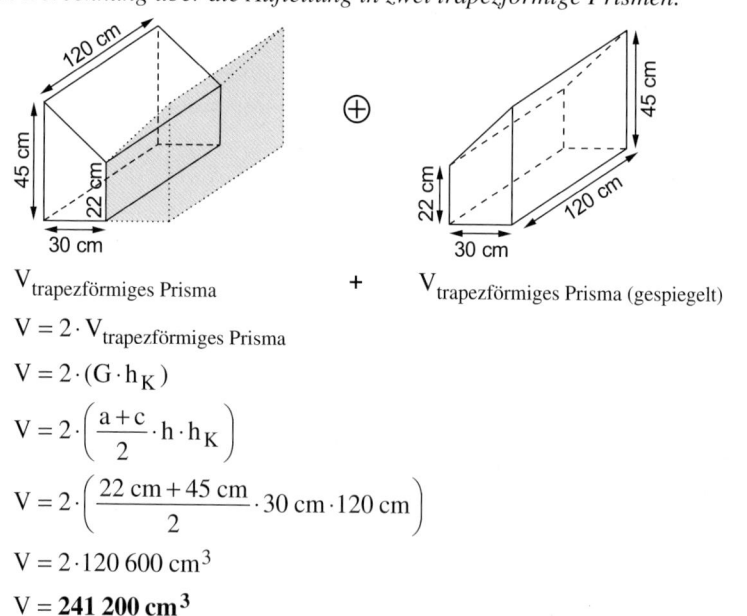

$$V_{\text{trapezförmiges Prisma}} \qquad + \qquad V_{\text{trapezförmiges Prisma (gespiegelt)}}$$

$V = 2 \cdot V_{\text{trapezförmiges Prisma}}$

$V = 2 \cdot (G \cdot h_K)$

$V = 2 \cdot \left(\dfrac{a+c}{2} \cdot h \cdot h_K \right)$

$V = 2 \cdot \left(\dfrac{22 \, cm + 45 \, cm}{2} \cdot 30 \, cm \cdot 120 \, cm \right)$

$V = 2 \cdot 120\,600 \, cm^3$

$V = \mathbf{241\,200 \; cm^3}$

Alternative Berechnung über die Aufteilung in einen Quader und zwei Prismen:

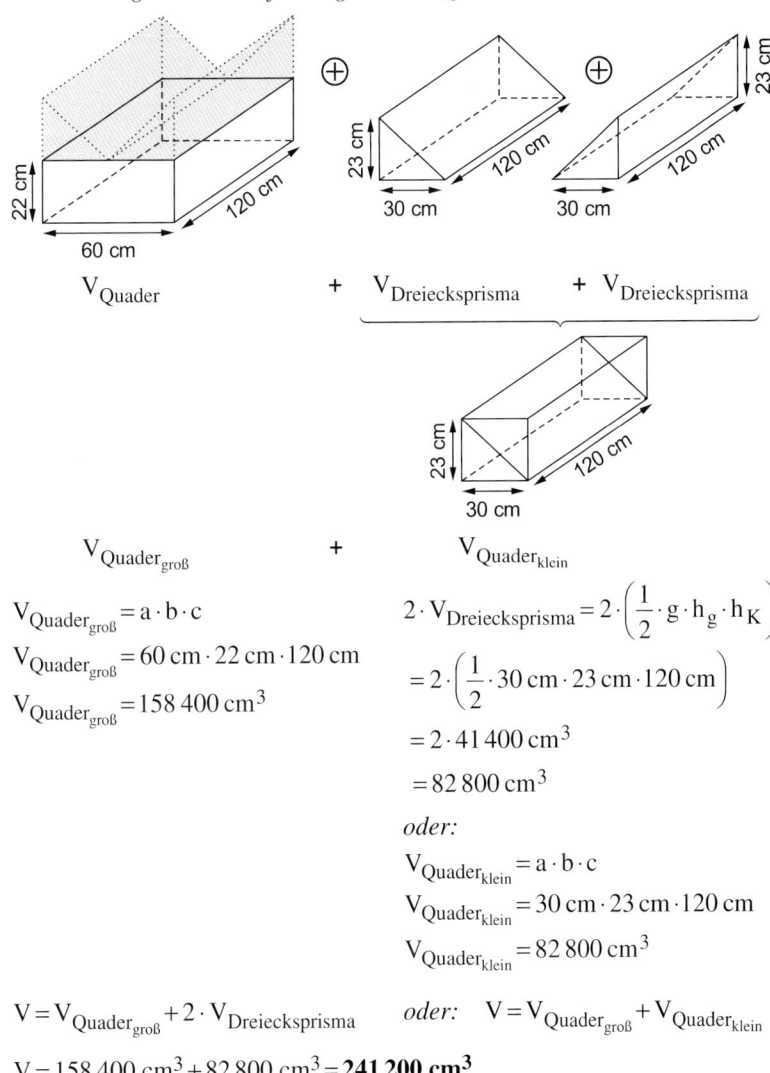

$$V_{Quader} \qquad + \qquad V_{Dreiecksprisma} \qquad + \qquad V_{Dreiecksprisma}$$

$$V_{Quader_{groß}} \qquad + \qquad V_{Quader_{klein}}$$

$V_{Quader_{groß}} = a \cdot b \cdot c$

$V_{Quader_{groß}} = 60\,cm \cdot 22\,cm \cdot 120\,cm$

$V_{Quader_{groß}} = 158\,400\,cm^3$

$2 \cdot V_{Dreiecksprisma} = 2 \cdot \left(\dfrac{1}{2} \cdot g \cdot h_g \cdot h_K \right)$

$\qquad = 2 \cdot \left(\dfrac{1}{2} \cdot 30\,cm \cdot 23\,cm \cdot 120\,cm \right)$

$\qquad = 2 \cdot 41\,400\,cm^3$

$\qquad = 82\,800\,cm^3$

oder:

$V_{Quader_{klein}} = a \cdot b \cdot c$

$V_{Quader_{klein}} = 30\,cm \cdot 23\,cm \cdot 120\,cm$

$V_{Quader_{klein}} = 82\,800\,cm^3$

$V = V_{Quader_{groß}} + 2 \cdot V_{Dreiecksprisma} \qquad$ *oder:* $\quad V = V_{Quader_{groß}} + V_{Quader_{klein}}$

$V = 158\,400\,cm^3 + 82\,800\,cm^3 = \textbf{241\,200 cm}^{\textbf{3}}$

Aufgabe W 1

W 1a

Das Dreieck ABE ist rechtwinklig. Da M Mittelpunkt der Strecke $\overline{BE}$ ist, ist $\overline{BM}$ genau halb so lang wie die Strecke $\overline{BE}$. Berechne also zunächst die Länge der Strecke $\overline{BE}$ mithilfe der trigonometrischen Beziehungen im rechtwinkligen Dreieck ABE.

Du kannst dazu sowohl den Kosinus des Winkels β als Quotient aus Ankathete und Hypotenuse anwenden als auch den Sinus des Winkels ε, der sich aus dem Quotienten der Gegenkathete und der Hypotenuse berechnet. Die Größe des Winkels ε erhältst du über den Innenwinkelsummensatz.

Alternativ kannst du die Länge der Strecke $\overline{BM}$ auch mithilfe der trigonometrischen Beziehungen im Dreieck M'BM berechnen; dafür halbierst du die Strecke $\overline{AB}$, sodass ein neues rechtwinkliges Dreieck entsteht (s. Skizze). Achte beim Ergebnis auf das richtige Runden.

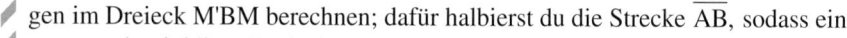

Lösung: Berechnung der Länge der Strecke $\overline{BE}$ mit dem Kosinus im Dreieck ABE:

$$\cos\beta = \frac{\text{Ankathete}}{\text{Hypotenuse}}$$

$$\cos 33° = \frac{16,9\,\text{cm}}{\overline{BE}} \qquad | \cdot \overline{BE}$$

$$\cos 33° \cdot \overline{BE} = 16,9\,\text{cm} \qquad | : \cos 33°$$

$$\overline{BE} = \frac{16,9\,\text{cm}}{\cos 33°}$$

$$\overline{BE} \approx 20,15\,\text{cm}$$

Berechnung der Länge der Strecke $\overline{BM}$:

$$\overline{BM} = \frac{\overline{BE}}{2} = \frac{20,15\,\text{cm}}{2} \approx \mathbf{10,1\,cm}$$

Alternative Lösungsmöglichkeit mit dem Sinus im Dreieck ABE:

Berechnung von ε über den Innenwinkelsummensatz im Dreieck:
$$\varepsilon = 180° - 90° - 33° = 57°$$

$$\sin \varepsilon = \frac{\text{Gegenkathete}}{\text{Hypotenuse}}$$

$$\sin 57° = \frac{16,9 \text{ cm}}{\overline{BE}} \qquad | \cdot \overline{BE}$$

$$\sin 57° \cdot \overline{BE} = 16,9 \text{ cm} \qquad | : \sin 57°$$

$$\overline{BE} = \frac{16,9 \text{ cm}}{\sin 57°}$$

$$\overline{BE} \approx 20,15 \text{ cm}$$

$$\Rightarrow \quad \overline{BM} = \frac{\overline{BE}}{2} = \frac{20,15 \text{ cm}}{2} \approx \mathbf{10,1 \text{ cm}}$$

Alternative Lösungsmöglichkeit über Berechnung am Dreieck M'BM (Kosinus):

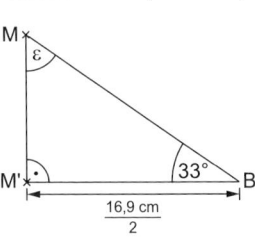

$$\cos 33° = \frac{\frac{16,9 \text{ cm}}{2}}{\overline{BM}} \qquad | \cdot \overline{BM}$$

$$\cos 33° \cdot \overline{BM} = 8,45 \text{ cm} \qquad | : \cos 33°$$

$$\overline{BM} = \frac{8,45 \text{ cm}}{\cos 33°}$$

$$\overline{BM} \approx \mathbf{10,1 \text{ cm}}$$

Hinweis: Die Berechnung mit dem Sinus im Dreieck M'BM erfolgt analog; dazu muss wie oben zunächst ε über den Innenwinkelsummensatz berechnet werden.

W 1b

Die Länge der Strecke $\overline{CE}$ kannst du durch Anwendung des Sinussatzes im beliebigen Dreieck AEC berechnen.
Dazu benötigst du die Größe des Winkels γ, die über den Innenwinkelsummensatz berechnet werden kann. Außerdem benötigst du die Länge der Strecke $\overline{AE}$.
Diese kannst du mithilfe der trigonometrischen Beziehungen im rechtwinkligen Dreieck ABE berechnen (der Tangens eines Winkels ist der Quotient aus Gegenkathete und Ankathete). Alternativ kannst du den Satz des Pythagoras im rechtwinkligen Dreieck ABE anwenden.

Alternativ kannst du die Länge der Strecke $\overline{CE}$ als Differenz der Strecken $\overline{BC}$ und $\overline{BE}$ berechnen. Die Länge der Strecke $\overline{BC}$ erhältst du mithilfe des Sinussatzes im Dreieck ABC.

Achte beim Ergebnis auf das richtige Runden.

Lösung: Berechnung von γ über den Innenwinkelsummensatz im Dreieck ABC:

$$\gamma = 180° - 90° - 30° - 33° = 27°$$

Berechnung der Länge der Strecke $\overline{AE}$ mit dem Tangens im rechtwinkligen Dreieck ABE:

$$\tan\beta = \frac{\text{Gegenkathete}}{\text{Ankathete}}$$

$$\tan 33° = \frac{\overline{AE}}{16{,}9\,\text{cm}} \qquad |\cdot 16{,}9\,\text{cm}$$

$$\tan 33° \cdot 16{,}9\,\text{cm} = \overline{AE}$$

$$\overline{AE} \approx 10{,}97\,\text{cm}$$

Alternative Berechnung der Länge der Strecke $\overline{AE}$ über den Satz des Pythagoras:

Mit dem Satz des Pythagoras im rechtwinkligen Dreieck ABE gilt:

$$\overline{AB}^2 + \overline{AE}^2 = \overline{BE}^2 \qquad |\ \overline{BE} = 20{,}15\,\text{cm (vgl. Teilaufgabe W 1a)}$$

$$(16{,}9\,\text{cm})^2 + \overline{AE}^2 = (20{,}15\,\text{cm})^2 \quad | -(16{,}9\,\text{cm})^2$$

$$\overline{AE}^2 \approx 406{,}02\,\text{cm}^2 - 285{,}61\,\text{cm}^2$$

$$\overline{AE}^2 = 120{,}41\,\text{cm}^2 \quad |\ \sqrt{\ }$$

$$\overline{AE} \approx 10{,}97\,\text{cm}$$

Berechnung der Länge der Strecke $\overline{CE}$ mit dem Sinussatz im Dreieck AEC:

$$\frac{\overline{CE}}{\sin 30°} = \frac{\overline{AE}}{\sin\gamma}$$

$$\frac{\overline{CE}}{\sin 30°} = \frac{\overline{AE}}{\sin 27°} \qquad |\cdot\sin 30°$$

$$\overline{CE} = \frac{\overline{AE}\cdot\sin 30°}{\sin 27°}$$

$$\overline{CE} = \frac{10{,}97\,\text{cm}\cdot\sin 30°}{\sin 27°}$$

$$\overline{CE} \approx \mathbf{12{,}1\,cm}$$

Alternative Lösungsmöglichkeit über die Differenz der Strecken $\overline{CB}$ und $\overline{BE}$:

Berechnung der Länge der Strecke $\overline{CB}$ mit dem Sinussatz im Dreieck ABC:

$$\frac{\overline{CB}}{\sin(30°+90°)} = \frac{\overline{AB}}{\sin\gamma}$$

$$\frac{\overline{CB}}{\sin 120°} = \frac{16,9\text{ cm}}{\sin 27°} \qquad |\cdot\sin 120°$$

$$\overline{CB} = \frac{16,9\text{ cm}\cdot\sin 120°}{\sin 27°}$$

$$\overline{CB} \approx 32,24\text{ cm}$$

Differenz bilden:

$$\overline{CE} = \overline{CB} - \overline{BE} = 32,24\text{ cm} - 20,15\text{ cm} \approx \mathbf{12,1\ cm}$$

W 1c 1

/ In einem gleichschenkligen Dreieck sind
/ zwei Seiten (genannt Schenkel) gleich lang.
/ Die dritte Seite nennt man Basis.
/ Die Basiswinkel sind gleich groß.

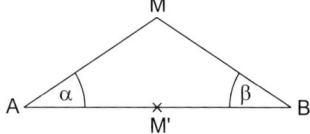

Lösung: Das gleichschenklige Dreieck mit der Basis $\overline{AB}$ hat zwei gleich lange
Schenkel: Strecke $\overline{AM}$ und Strecke $\overline{BM}$ (vgl. Skizze)

Folglich sind auch die zugehörigen Basiswinkel gleich groß.

Aus $\beta = 33°$ folgt deshalb $\boldsymbol{\alpha = 33°}$.

W 1c 2

/ Im gleichschenkligen Dreieck mit der Basis $\overline{AE}$ befinden sich die beiden gleich
/ großen Basiswinkel in den Punkten A und E, also bei α und ε.
/ Über die Innenwinkelsumme im Dreieck ABE und den gegebenen Winkel an der
/ Spitze, die gegenüber der Basis liegt, lässt sich der gesuchte Winkel berechnen.

Lösung: Innenwinkelsumme im Dreieck ABE:

$$\alpha + \varepsilon + 33° = 180° \qquad |-33°$$

$$\alpha + \varepsilon = 147°$$

Aus $\alpha = \varepsilon$ folgt: $\alpha = \varepsilon = \dfrac{147°}{2} = \mathbf{73,5°}$

Aufgabe W 2

W 2a 1

Der Scheitelpunkt S(d|e) ist der tiefste bzw. höchste Punkt der Parabel, je nachdem, ob die Parabel nach oben oder unten geöffnet ist.
Mithilfe der Koordinaten des Scheitelpunktes S(d|e) einer verschobenen Normalparabel kann man deren Scheitelpunktform $y = (x-d)^2 + e$ direkt angeben. Achte dabei auf die Vorzeichen der Koordinaten d und e!
Die vorliegende Normalparabel ist nach oben geöffnet und auf der x-Achse um 1,5 Einheiten nach links, auf der y-Achse um 9 Einheiten nach unten verschoben.

Lösung: Als Scheitelpunkt liest man aus der Zeichnung ab: **S(–1,5|–9)**

Für den Scheitelpunkt S(–1,5|–9) ergibt sich die Scheitelpunktform:

$$y = [x - (-1,5)]^2 + (-9)$$

$$\mathbf{y = (x + 1,5)^2 - 9}$$

Hinweis: Die Scheitelpunktform erhält man auch durch quadratische Ergänzung aus der gegebenen Normalform der Parabelgleichung. Laut Aufgabenstellung soll der Scheitelpunkt jedoch aus der Zeichnung abgelesen werden.

W 2a 2

Setze die x-Koordinate des Punktes P(–7|y) in die Gleichung der Parabel ein und berechne den Wert der zugehörigen y-Koordinate.
Achte bei negativen Werten auf die Klammersetzung!

Lösung: Einsetzen von $x = -7$ in die Parabelgleichung $y = x^2 + 3x - 6,75$ ergibt:

$$y = (-7)^2 + 3 \cdot (-7) - 6,75$$
$$y = 49 - 21 - 6,75$$
$$\mathbf{y = 21,25}$$

Die y-Koordinate des Punktes P(–7|y) lautet $y = 21,25$.

W 2a 3

Zur Bestimmung der fehlenden x-Koordinate kannst du die Symmetrieeigenschaften von Parabeln nutzen: Der Graph einer Parabel ist achsensymmetrisch.
Die Symmetrieachse verläuft parallel zur y-Achse durch den Scheitelpunkt.
Zu zwei verschiedenen Punkten, die die gleiche y-Koordinate besitzen, kann man mithilfe des Scheitelpunktes die x-Koordinaten bestimmen.
Alternativ setzt du die y-Koordinate der Punkte in die Parabelgleichung ein und berechnest den Wert der gesuchten x-Koordinate mithilfe der p-q-Formel.

Lösung: Mithilfe der Symmetrieeigenschaften von Parabeln:

Zwei Punkte mit gleichem y-Wert auf einer Parabel haben in x-Richtung den gleichen Abstand zum Scheitelpunkt.

Der Punkt A hat hier in x-Richtung den Abstand 2 vom Scheitelpunkt S:
$0{,}5 - (-1{,}5) = 2$

Folglich hat der Punkt B in x-Richtung auch den Abstand 2 zum Punkt S:
$-1{,}5 + 2 = 0{,}5 \quad \Rightarrow \quad A(0{,}5 \mid -5)$
$-1{,}5 - 2 = -3{,}5 \quad \Rightarrow \quad B(\mathbf{-3{,}5} \mid -5)$

Alternative Lösung mithilfe der p-q-Formel:

Einsetzen von $y = -5$ in die Parabelgleichung:

$y = x^2 + 3x - 6{,}75$

$-5 = x^2 + 3x - 6{,}75 \qquad | +5$

$0 = x^2 + 3x - 1{,}75$

Anwenden der p-q-Formel mit $p = 3$ und $q = -1{,}75$:

$$x_{1/2} = -\frac{p}{2} \pm \sqrt{\left(\frac{p}{2}\right)^2 - q}$$

$$x_{1/2} = -\frac{3}{2} \pm \sqrt{\left(\frac{3}{2}\right)^2 - (-1{,}75)}$$

$$x_{1/2} = -1{,}5 \pm \sqrt{4}$$

$$x_1 = -1{,}5 + 2 = 0{,}5$$

$$x_2 = -1{,}5 - 2 = -3{,}5$$

Die fehlende x-Koordinate lautet folglich $x = -3{,}5$, sodass sich der Punkt B($\mathbf{-3{,}5} \mid -5$) ergibt.

W 2a 4

Die Nullstellen einer Funktion sind die x-Werte, an denen der zugehörige y-Wert 0 ist. Setze also $y = 0$ in die Funktionsgleichung ein.

Lösung: Berechnung mithilfe der Scheitelpunktform:

$$y = (x+1,5)^2 - 9 \quad | \, y = 0$$
$$0 = (x+1,5)^2 - 9 \quad | +9$$
$$9 = (x+1,5)^2 \quad | \sqrt{\ }$$
$$\pm 3 = x + 1,5 \quad | -1,5$$
$$x_1 = 3 - 1,5 = \mathbf{1,5}$$
$$x_2 = -3 - 1,5 = \mathbf{-4,5}$$

Alternative Bestimmung der Nullstellen mithilfe der p-q-Formel:

$$y = x^2 + 3x - 6,75 \quad | \, y = 0$$
$$0 = x^2 + 3x - 6,75$$

Anwenden der p-q-Formel mit $p = 3$ und $q = -6,75$:

$$x_{1/2} = -\frac{p}{2} \pm \sqrt{\left(\frac{p}{2}\right)^2 - q}$$

$$x_{1/2} = -\frac{3}{2} \pm \sqrt{\left(\frac{3}{2}\right)^2 - (-6,75)}$$

$$x_{1/2} = -\frac{3}{2} \pm \sqrt{9}$$

$$x_{1/2} = -1,5 \pm 3$$

$$x_1 = -1,5 + 3 = \mathbf{1,5}$$
$$x_2 = -1,5 - 3 = \mathbf{-4,5}$$

Hinweis zur Überprüfung:
Die Nullstellen von $y = x^2 + 3x - \mathbf{6,75}$ müssen miteinander multipliziert $\mathbf{-6,75}$
ergeben: $1,5 \cdot (-4,5) = -6,75$ (wahr)

W 2b 1

Die Anzahl der Nullstellen einer quadratischen Funktion hängt von der Lage der
zugehörigen Parabel im Koordinatensystem ab.
Liegt der Scheitelpunkt oberhalb der x-Achse, also im I. oder II. Quadranten, und
ist die Parabel nach oben geöffnet, so schneidet der Graph nicht die x-Achse.
Gleiches gilt für nach unten geöffnete Parabeln, deren Scheitelpunkt unterhalb
der x-Achse, also im III. oder IV. Quadranten liegt.
Eine quadratische Funktion hat keine Nullstelle, wenn der Graph die x-Achse
nicht schneidet.

Lösung: Die Funktionsgleichung $y = -(x+2)^2 - 3$ beschreibt eine nach unten geöffnete Parabel, was am „–" vor der Klammer erkennbar ist.

Aus der Scheitelpunktform lässt sich der Scheitelpunkt $P(-2\,|-3)$ ablesen, also eine Verschiebung um 2 auf der x-Achse nach links und um 3 auf der y-Achse nach unten. Der Scheitelpunkt der nach unten geöffneten Parabel liegt im III. Quadranten und die Parabel schneidet die x-Achse nicht. Folglich hat die Funktion keine Nullstelle.

W 2b 2

Die Spiegelung an der x-Achse bedeutet, dass die Vorzeichen geändert werden müssen. Man multipliziert folglich den Funktionsterm mit „–1".

Es ergibt sich eine nach oben geöffnete Parabel.

Überlege, wie sich das auf die Funktionsgleichung auswirkt.

Lösung: Bei der Spiegelung an der x-Achse erhält man die neue Funktionsgleichung durch Multiplikation mit „–1" auf der rechten Seite.

Ausgangsgleichung: $\quad y = -(x+2)^2 - 3$

neue Gleichung: $\qquad \mathbf{y = (x+2)^2 + 3}$

Aufgabe W 3

W 3a 1

Berechne das stündliche Wachstum der Bakterien mit dem Dreisatz. Beachte dabei, dass sich der Grundwert stündlich ändert.

Alternativ kannst du das prozentuale Wachstum durch die Bestimmung des Wachstumsfaktors berechnen.

Lösung: Mithilfe des Dreisatzes:

Anzahl Bakterien	Prozentsatz
$\overset{:200}{\underset{\cdot 300}{\Big(}}\;\;\begin{matrix}200\\1\\300\end{matrix}$	$\begin{matrix}100\,\%\\0,5\,\%\\150\,\%\end{matrix}\;\;\overset{):200}{\underset{\cdot 300}{}}$

Prozentuales Wachstum:

$\underbrace{150\,\% - 100\,\%}_{\text{Ausgangswert}} = \underbrace{50\,\%}_{\text{Wachstum}}$

Die Anzahl der Bakterien nimmt stündlich um $p\,\% = \mathbf{50\,\%}$ zu.

Alternative Lösungsmöglichkeit mithilfe der Bestimmung des Wachstumsfaktors:

$$\text{Wachstumsfaktor} = 1 + \frac{\text{Wachstumsrate}}{100}$$

$$a = 1 + \frac{p}{100}$$

Wachstum in der ersten Stunde:

$$200 \cdot a = 300$$

$$a = \frac{300}{200} = 1,5$$

$$a = 1,5 = 1 + \frac{p}{100} \qquad |-1$$

$$0,5 = \frac{p}{100} \qquad |\cdot 100$$

$$50 = p \qquad \Rightarrow \quad \text{Wachstumsrate entspricht } p\% = \mathbf{50\,\%}.$$

Hinweis: Zur Berechnung kannst du jeweils auch die Wertepaare $(1\,|\,300)$ und $(2\,|\,450)$ oder $(2\,|\,450)$ und $(3\,|\,675)$ verwenden.

W 3a 2

Es handelt sich um exponentielles Wachstum. Die Anzahl der Bakterien nimmt stündlich um $p\% = 50\,\%$ zu; der Wachstumsfaktor beträgt also 1,5. Berechne zunächst den Wert nach 4 Stunden und dann den Wert nach 5 Stunden.

Lösung: Anzahl nach 4 Stunden: $\qquad 675 \cdot 1,5 = 1\,012,5$
Anzahl nach 5 Stunden: $\quad 1\,012,5 \cdot 1,5 = 1\,518,75$

Nach 5 Stunden sind **1 518 Bakterien** vorhanden.

Alternative Lösungsmöglichkeit mithilfe der allgemeinen Funktionsgleichung:

(Das Aufstellen der Funktionsgleichung erfolgt in Teilaufgabe W 3a 3.)

Für $x = 5$ Stunden folgt:

$$y = 200 \cdot 1,5^5 = 1\,518,75$$

Nach 5 Stunden sind **1 518 Bakterien** vorhanden.

Hinweis: Gerundet ergeben 1 518,75 Bakterien 1 519 Bakterien. Da aber 0,75 Bakterien keine ganze Bakterie sind, rundet man in diesem Fall auf 1 518 ab. Die Lösung 1 519 wird aber auch als richtig anerkannt.

W 3a 3

Es handelt sich um exponentielles Wachstum, wobei die Anzahl der Bakterien stündlich um p % = 50 % steigt. Stelle die allgemeine Funktionsgleichung der Form $y = c \cdot a^x$ mit dem Wachstumsfaktor a auf.

Lösung: Bestimmung des Wachstumsfaktors:

$$a = 1 + \frac{p}{100} = 1 + \frac{50}{100} = 1,5$$

Aufstellen der Funktionsgleichung:
Wachstumsfaktor: $a = 1,5$
Anfangswert (für x = 0): $c = 200$
Anzahl der Stunden: x

$y = c \cdot a^x$
$\mathbf{y = 200 \cdot 1,5^x}$

W 3a 4

Berechne die Anzahl der Bakterien mit der Funktionsgleichung oder mit dem Dreisatz, bis erstmalig mehr als 10 000 Bakterien erreicht sind.

Lösung: Mithilfe der Funktionsgleichung:

x = 5: $y = 200 \cdot 1,5^5 = 1\,518,75$

x = 6: $y = 200 \cdot 1,5^6 \approx 2\,278,13$

x = 7: $y = 200 \cdot 1,5^7 \approx 3\,417,19$

x = 8: $y = 200 \cdot 1,5^8 \approx 5\,125,78$

x = 9: $y = 200 \cdot 1,5^9 \approx 7\,688,67$

x = 10: $y = 200 \cdot 1,5^{10} \approx 11\,533,0$

Nach 10 ganzen Stunden sind erstmalig mehr als 10 000 Bakterien vorhanden.

Alternative Lösungsmöglichkeit mit dem Dreisatz:

(Die Anzahl nach 5 Stunden ist bereits aus Teilaufgabe W 3a 2 bekannt.)

Anzahl nach 6 Stunden:

Prozentsatz	Anzahl Bakterien
100 %	1 518,75
1 %	15,1875
150 %	2 278,13

:100 (100 % / 1 %) · 150 (1 % / 150 %)
:100 (1 518,75 / 15,1875) · 150 (15,1875 / 2 278,13)

Anzahl nach 7 Stunden:

Prozentsatz	Anzahl Bakterien
100 %	2 278,13
1 %	22,7813
150 %	3 417,19

: 100 ⟮ 100 % ... 1 % ⟯ : 100
· 150 ⟮ 1 % ... 150 % ⟯ · 150

Anzahl nach 8 Stunden:

Prozentsatz	Anzahl Bakterien
100 %	3 417,19
1 %	34,1719
150 %	5 125,78

: 100 ⟮ 100 % ... 1 % ⟯ : 100
· 150 ⟮ 1 % ... 150 % ⟯ · 150

Anzahl nach 9 Stunden:

Prozentsatz	Anzahl Bakterien
100 %	5 125,78
1 %	51,2578
150 %	7 688,67

: 100 ⟮ 100 % ... 1 % ⟯ : 100
· 150 ⟮ 1 % ... 150 % ⟯ · 150

Anzahl nach 10 Stunden:

Prozentsatz	Anzahl Bakterien
100 %	7 688,67
1 %	76,8867
150 %	11 533,0

: 100 ⟮ 100 % ... 1 % ⟯ : 100
· 150 ⟮ 1 % ... 150 % ⟯ · 150

Nach **10 ganzen Stunden** sind erstmalig mehr als 10 000 Bakterien vorhanden.

Hinweis: Alternativ kannst du die Stundenzahl auch mithilfe der allgemeinen Funktionsgleichung $y = 200 \cdot 1{,}5^x$ berechnen, indem du $y = 10\,000$ einsetzt und durch Anwendung des Logarithmus nach x auflöst. Diese alternative Lösungsmöglichkeit wird hier nicht ausgeführt, da der Logarithmus nicht zwingend im Unterricht behandelt wird.

W 3a 5

Beim Wachstum der Anzahl der Bakterien handelt es sich um exponentielles Wachstum. Der zugehörige Graph beschreibt also eine Linkskurve und wird für große x-Werte immer steiler. Der Anfangswert entspricht dem Schnittpunkt des Graphen mit der y-Achse.

Lösung:
Graph A:	Lineares Wachstum	$\Rightarrow$	falsch
Graph B:	Anfangswert 0	$\Rightarrow$	falsch
Graph D:	Graph beschreibt langsamer werdendes Wachstum.	$\Rightarrow$	falsch

$\Rightarrow$ Graph **C** ist richtig.

W 3b 1

Bei linearem Wachstum kommt im gleichen Zeitraum die gleiche Menge hinzu, sodass eine konstante Änderungsrate gegeben ist.

Pro Stunde wird die gleiche Anzahl an Bakterien (in diesem Fall 60) addiert.

Lösung:

Uhrzeit	Anzahl Bakterien
9	60
10	120
11	180
12	240

+1 (9 → 10; +60 (60 → 120)
+1 (10 → 11; +60 (120 → 180)
+1 (11 → 12; +60 (180 → 240)

Um 12 Uhr sind es bei linearem Wachstum **240 Bakterien**.

W 3b 2

Bei exponentiellem Wachstum vervielfacht sich der jeweilige Wert im gleichen Zeitraum um einen bestimmten Wachstumsfaktor.

Pro Stunde wird die Anzahl der Bakterien verdoppelt (Wachstumsfaktor 2).

Lösung:

Uhrzeit	Anzahl Bakterien
9	60
10	120
11	240
12	480

+1 (9 → 10; ·2 (60 → 120)
+1 (10 → 11; ·2 (120 → 240)
+1 (11 → 12; ·2 (240 → 480)

Um 12 Uhr sind es bei exponentiellem Wachstum **480 Bakterien**.

Aufgabe W 4

W 4a

Der Golfball hat die Form einer Kugel, die mit kreisförmigen Dellen versehen ist.
Um zu überprüfen, ob auf den Golfball 380 Dellen passen, musst du zunächst die
Oberfläche der Kugel und die Gesamtfläche der 380 Kreise berechnen.
Ist die Oberfläche des Golfballs kleiner als die Gesamtfläche aller 380 Kreise, so
ist die Behauptung falsch.
Beachte: Durch Runden der Zahlen kann es zu kleinen Abweichungen kommen.

Lösung: Golfball: $\quad d_{Golfball} = 43\ mm \quad \Rightarrow \quad r_{Golfball} = d_{Golfball} : 2 = 21,5\ mm$

Delle: $\quad d_{Delle} = 4,5\ mm \quad \Rightarrow \quad r_{Delle} = d_{Delle} : 2 = 2,25\ mm$

Berechnung Oberfläche des Golfballs (Kugel):

$O_{Golfball} = 4 \cdot \pi \cdot (r_{Golfball})^2$

$O_{Golfball} = 4 \cdot \pi \cdot (21,5\ mm)^2 \approx 5\,808,8\ mm^2$

Berechnung Gesamtfläche der Dellen (Kreise):

$A_{Delle} = \pi \cdot (r_{Delle})^2$

$A_{Delle} = \pi \cdot (2,25\ mm)^2 \approx 15,904\ mm^2$

$A_{alle\ Dellen} = 380 \cdot A_{Delle}$

$A_{alle\ Dellen} = 380 \cdot 15,904\ mm^2 = 6\,043,52\ mm^2$

Vergleich der Oberfläche des Golfballs mit der Gesamtfläche der Dellen:
$5\,808,8\ mm^2 < 6\,043,52\ mm^2$

$\Rightarrow$ Die Oberfläche des Golfballs reicht für 380 Dellen nicht aus.
Die Behauptung ist somit **falsch**.

W 4b 1

Schätze zunächst den Durchmesser des überdimensionalen Golfballs. Orientiere
dich dabei an der Größe der beiden Männer. Berechne anschließend das Volumen
der Marmorkugel. Die Masse berechnest du dann mit der Formel:
Masse = Volumen · Dichte $(m = V \cdot \rho)$
Beachte: Das Ergebnis soll in ganzen Kilogramm angegeben werden.

Lösung: Geschätzte Größen der Männer:
kleiner Mann: ca. $1,80\ m \overset{\triangle}{=}$ ca. 3 cm im Bild
großer Mann: ca. $2,00\ m \overset{\triangle}{=}$ ca. 3,7 cm im Bild

Berechnung des Maßstabs anhand des kleineren Mannes:
(Wie vielen cm entspricht 1 cm auf dem Bild in der Realität?)

Bild	Realität
3 cm	180 cm
1 cm	60 cm

$:3$ und $:3$

$\Rightarrow$ 1 cm : 60 cm   (1 cm im Bild entspricht 60 cm in der Realität.)

Durchmesser des Marmor-Golfballs im Bild: ca. 2 cm

Bild	Realität
1 cm	60 cm
2 cm	120 cm

$\cdot 2$ und $\cdot 2$ (Maßstab)

$\Rightarrow$ Marmor-Golfball: $d = 120$ cm   und $r = 60$ cm

Alternative Berechnung mit dem Streckfaktor:

kleiner Mann: ca. 1,80 m $\;\hat{=}\;$ ca. 3 cm im Bild

$3 \,\text{cm} \cdot k = 180 \,\text{cm}$ $|:3\,\text{cm}$

$\quad\quad\quad k = 60$

$\Rightarrow$ Streckfaktor k = 60

Durchmesser des Marmor-Golfballs im Bild: ca. 2 cm

$2\,\text{cm} \cdot k = 2\,\text{cm} \cdot 60 = 120\,\text{cm}$

Hinweis: Den Berechnungen wurde hier die Schätzgröße des kleineren Mannes zugrunde gelegt. Ebenso hätte der große Mann als Bezugsgröße dienen können.

Berechnung des Volumens des Marmor-Golfballs:

$$V_{\text{Kugel}} = \frac{4}{3} \cdot \pi \cdot r^3$$

$$V_{\text{Kugel}} = \frac{4}{3} \cdot \pi \cdot (60\,\text{cm})^3 \approx 904\,778,68\,\text{cm}^3$$

Berechnung der Masse mit der Formel $m = V \cdot \rho$:

$$\rho = 2{,}8\,\frac{\text{g}}{\text{cm}^3}$$

$$m = 904\,778,68\,\text{cm}^3 \cdot 2{,}8\,\frac{\text{g}}{\text{cm}^3} \approx 2\,533\,380,3\,\text{g} \approx 2\,533,38\,\text{kg} \approx \mathbf{2\,533\,kg}$$

Die Marmorkugel wiegt ca. 2 533 kg.

Beachte: Als geschätzter Wert für den Durchmesser der Marmorkugel wird jede Angabe zwischen 80 cm und 150 cm akzeptiert. Für das Gewicht der Marmorkugel sind damit Ergebnisse von ca. 751 kg bis ca. 4 948 kg zulässig.

W 4b 2

Ein Golfball hat einen Durchmesser von 43 mm. Die Schätzwerte aus der vorherigen Teilaufgabe haben ergeben, dass der Marmor-Golfball in der Realität einen Durchmesser von ca. 1,20 m = 120 cm hat.
Ermittle zunächst den Maßstab, mit dem der Golfball vergrößert wurde, und wende diesen dann auf die Größe eines 1,80 m großen Golfspielers an.

Lösung: Durchmesser kleiner Golfball = 43 mm = 4,3 cm
Durchmesser Marmor-Golfball = 120 cm

Berechnung des Maßstabs mit dem Streckfaktor:

$$4,3 \text{ cm} \cdot \text{x} = 120 \text{ cm} \qquad | : 4,3 \text{ cm}$$
$$\text{x} \approx 27,9 \approx 28$$

Alternative Berechnung des Maßstabs über den Dreisatz:

kleiner Golfball	Marmor-Golfball
: 4,3 ⟨ 4,3 cm	120 cm ⟩ : 4,3
↖ 1 cm	27,9 cm ≈ 28 cm ↗

⟹ Maßstab 1 : 28

Der Durchmesser des Marmor-Golfballs ist ca. 28-mal größer als der des echten (kleinen) Golfballs.

Anwendung des Maßstabs 1 : 28 auf den Golfspieler:
180 cm · 28 = 5 040 cm = **50,40 m**

Der 1,80 m große Golfspieler hätte bei einer Vergrößerung mit dem Maßstab 1 : 28 eine Größe von ca. 50,4 m.

Beachte: Als geschätzter Wert für den Durchmesser der Marmorkugel wird jede Angabe zwischen 80 cm und 150 cm akzeptiert. D. h., dass für den Durchmesser der Marmorkugel im Vergleich zum kleinen Golfball das 18- bis 35-Fache als richtig anerkannt wird. Für die Größe des Golfspielers sind entsprechend Ergebnisse von 32 m bis 63 m mit sinnvoller Begründung richtig.
Deine Ergebnisse können also vom gerechneten Beispiel abweichen, falls du andere Ausgangswerte gewählt hast.

Aufgabe W 5

W 5a 1

Es gilt: Wahrscheinlichkeit eines Ereignisses $= \dfrac{\text{Anzahl der günstigen Ergebnisse}}{\text{Anzahl der möglichen Ergebnisse}}$

Bestimme die Anzahl der Felder mit einem Eisgutschein ($\hat{=}$ Eistüte) und teile diese durch die Anzahl aller Felder.

Lösung: Anzahl aller Felder: 10

                 Anzahl der Felder mit Eistüte: 4

Wahrscheinlichkeit, ein Feld mit Eistüte zu treffen:

$$P(\blacktriangledown) = \frac{\text{Anzahl der Felder mit Eistüte}}{\text{Anzahl aller Felder}} = \frac{4}{10} = \mathbf{\frac{2}{5}} = \mathbf{0,4 = 40\,\%}$$

Bei einmaligem Drehen gewinnt man einen Eisgutschein mit einer Wahrscheinlichkeit von 40 %.

W 5a 2

Da dreimal gedreht wird, handelt es sich um ein dreistufiges Zufallsexperiment. Die Wahrscheinlichkeit, dass ein bestimmtes Feld beim zweiten bzw. dritten Drehen getroffen wird, ist jeweils unabhängig davon, welches Feld beim Drehen zuvor getroffen wurde. Es handelt sich somit um ein Zufallsexperiment *mit Zurücklegen*, d. h., die Wahrscheinlichkeiten sind bei jedem Drehen gleich. Antonia gewinnt keinen Eisgutschein, wenn sie bei allen drei Drehungen eine Niete (also keine Eistüte) trifft. Berechne zunächst die Wahrscheinlichkeit, beim ersten Drehen eine Niete zu treffen, und dann mit der 1. Pfadregel die Wahrscheinlichkeit für drei Nieten nacheinander.

Lösung: Wahrscheinlichkeit, beim ersten Drehen eine Niete zu treffen:

$$P(N) = \frac{\text{Anzahl der Felder mit Niete}}{\text{Anzahl aller Felder}} = \frac{6}{10}$$

Wahrscheinlichkeit, bei dreimaligem Drehen nur Nieten zu treffen:

$$P(N\,N\,N) = \frac{6}{10} \cdot \frac{6}{10} \cdot \frac{6}{10} = \frac{216}{1000} = \mathbf{\frac{27}{125}} = \mathbf{0,216 = 21,6\,\%}$$

Antonia gewinnt bei dreimaligem Drehen mit einer Wahrscheinlichkeit von 21,6 % keinen Eisgutschein.

W 5a 3

- Da zweimal gedreht wird, handelt es sich um ein zweistufiges Zufallsexperiment.
- Die Wahrscheinlichkeiten sind bei jedem Drehen gleich (s. Hinweis zu W 5a 2).
- Die Aussage, dass Gino mindestens einen Eisgutschein gewinnt, impliziert, dass er auch zwei Eisgutscheine erdrehen kann. Wende die 1. und 2. Pfadregel an.
- *Beachte:* Die Reihenfolge, ob zunächst der Eisgutschein und dann die Niete oder erst die Niete und dann der Eisgutschein erdreht wird, ist von Bedeutung, da beide Fälle betrachtet werden müssen.

Lösung: Wahrscheinlichkeit, beim Drehen einen Eisgutschein zu treffen $= \dfrac{4}{10}$

Wahrscheinlichkeit, beim Drehen eine Niete zu treffen $= \dfrac{6}{10}$

Möglichkeit 1: $P(\text{Gutschein}; \text{Niete}) = \dfrac{4}{10} \cdot \dfrac{6}{10}$

Möglichkeit 2: $P(\text{Niete}; \text{Gutschein}) = \dfrac{6}{10} \cdot \dfrac{4}{10}$

Möglichkeit 3: $P(\text{Gutschein}; \text{Gutschein}) = \dfrac{4}{10} \cdot \dfrac{4}{10}$

Es folgt für die Wahrscheinlichkeit für mindestens einen Eisgutschein:

$$P(\text{mindestens 1} \;) = \frac{4}{10} \cdot \frac{6}{10} + \frac{6}{10} \cdot \frac{4}{10} + \frac{4}{10} \cdot \frac{4}{10} = \frac{64}{100} = \mathbf{\frac{16}{25}} = \mathbf{0,64} = \mathbf{64\,\%}$$

Bei zweimaligem Drehen gewinnt Gino mit einer Wahrscheinlichkeit von 64 % mindestens einen Eisgutschein.

Alternative Lösungsmöglichkeit über das Gegenereignis:

- Die einzige Kombination, die die Bedingung „mindestens ein Eisgutschein" nicht erfüllt, ist, sowohl beim ersten als auch beim zweiten Drehen eine Niete zu treffen.
- *Beachte:* Eine Wahrscheinlichkeit von $P = 1$ entspricht einer 100 %igen Wahrscheinlichkeit.

Lösung: $P(\text{mindestens 1} \;) = 1 - P(N\,N) = 1 - \dfrac{6}{10} \cdot \dfrac{6}{10} = \dfrac{64}{100} = \mathbf{\dfrac{16}{25}} = \mathbf{0,64} = \mathbf{64\,\%}$

W 5b 1

- Der Einsatz pro Drehung beträgt 1,00 €. Verschaffe dir einen Überblick über die zu erzielenden Gewinne bei einmaligem oder mehrmaligem Drehen.

Lösung: Einsatz pro Drehung: 1,00 €

Das Vierfache des Einsatzes entspricht 4 · 1,00 € = 4,00 €.

Der maximale Gewinnbetrag wird erzielt, wenn der Eisbecher getroffen wird (entweder direkt oder nachdem das Feld „noch 1 ×" getroffen wurde), und entspricht pro Drehung 3,00 €, also nur dem Dreifachen des Einsatzes.

Somit kann auch bei mehrmaligem Drehen nie das Vierfache des Einsatzes erreicht werden.

Hinweis: Du kannst dir den Sachverhalt auch an einem Beispiel veranschaulichen.

Mehrfaches Drehen entspricht z. B. 3-mal Drehen; Einsatz: 3 · 1,00 € = 3,00 €

Maximaler Gewinn pro Drehung (Eisbecher): 3,00 €

Maximaler Gewinnbetrag bei dreimaligem Drehen: 3 · 3,00 € = 9,00 €

Das Vierfache des Einsatzes wären aber 4 · 3,00 € = 12,00 €.

Der Gewinn kann also nicht das Vierfache des Einsatzes betragen.

W 5b 2

Da der Einsatz 1,00 € beträgt, dreht Lea nur einmal. Betrachte alle Ergebnisse, bei denen man etwas gewinnt, und notiere die Wahrscheinlichkeiten. Die Nieten entfallen als günstige Ergebnisse.

$$P(\text{Gutschein } 3,00 \text{ €}) = \frac{1}{10} \qquad P(\text{Gutschein } 1,50 \text{ €}) = \frac{4}{10} \qquad P(\text{noch } 1 \times) = \frac{1}{10}$$

Lösung: Gegeben ist die Wahrscheinlichkeit:

$$P = \frac{1}{10} \cdot \frac{4}{10} = \frac{1}{25}$$

Diese Wahrscheinlichkeit gehört zu einem zweistufigen Zufallsexperiment, da sie aus zwei Faktoren besteht.

Zweistufig kann das Experiment bei einem Einsatz von 1,00 € nur sein, wenn beim ersten Drehen das Feld „noch 1 ×" erscheint.

$$P(\text{noch } 1 \times) = \frac{1}{10} \qquad \text{(entspricht dem ersten Faktor)}$$

Die Wahrscheinlichkeit von $\frac{4}{10}$ für das Ergebnis des zweiten (zusätzlichen) Drehens kann nur beim „Eisgutschein im Wert von 1,50 €" (Eistüte) erzielt werden.

$$P = \frac{1}{10} \cdot \frac{4}{10} = \frac{1}{25} = P(\text{noch } 1 \times; \; \text{🍦})$$

Das gesuchte Ereignis lautet:

Beim ersten Drehen wird das Feld „noch 1 ×" getroffen und beim zusätzlichen Drehen das Feld „Eistüte" (Eisgutschein im Wert von 1,50 €).

W 5b 3

Betrachte die Wahrscheinlichkeiten für einen beliebigen Gewinn bei einmaligem Drehen. Überlege, wie das Ergebnis „noch 1×" die Gewinnwahrscheinlichkeit beeinflusst.

Lösung: $\text{P(beliebiger Eisgutschein)} = \dfrac{5}{10} = 50\,\%$

$\text{P(kein Gewinn)} = \dfrac{4}{10}$

$\text{P(noch 1×)} = \dfrac{1}{10}$

50 % entsprechen der Wahrscheinlichkeit, direkt einen Eisgutschein zu gewinnen. Da aber auch noch die Möglichkeit berücksichtigt werden muss, erst das Feld „noch 1×" zu treffen und anschließend ein Feld mit einem Eisgutschein, liegt die Gewinnwahrscheinlichkeit tatsächlich höher.

Hinweis: Die tatsächliche Gewinnwahrscheinlichkeit ist nicht so einfach zu berechnen. Theoretisch kann man immer wieder das Feld „noch 1×" treffen und so „unendlich" oft am Rad drehen. Selbst wenn vorgegeben wäre, dass man höchstens einmal das Feld „noch 1×" nutzen kann, wäre die Gewinnwahrscheinlichkeit größer als 50 %:

$\text{P(beliebiger Eisgutschein)} + \text{P(noch 1×)} \cdot \text{P(beliebiger Eisgutschein)}$

$= \dfrac{5}{10} + \dfrac{1}{10} \cdot \dfrac{5}{10} = \dfrac{55}{100} = 0{,}55 = 55\,\%$

Aufgabe P 1

P 1a

Wandle in eine gemeinsame Einheit um und addiere.

Beachte: 1 cm = 10 mm $\Rightarrow$ 1 mm = 0,1 cm

Lösung: Berechnung in Millimeter:
55 cm = 55 · 10 mm = 550 mm
550 mm + 7 mm = **557 mm**

Alternative Berechnung in Zentimeter:
7 mm = 7 · 0,1 cm = 0,7 cm
55 cm + 0,7 cm = **55,7 cm**

P 1b

Wandle in eine gemeinsame Einheit um und addiere.

Beachte: 1 kg = 1 000 g $\Rightarrow$ 1 g = 0,001 kg

Lösung: Berechnung in Gramm:
7,8 kg = 7,8 · 1 000 g = 7 800 g
7 800 g + 225 g = **8 025 g**

Alternative Berechnung in Kilogramm:
225 g = 225 · 0,001 kg = 0,225 kg
7,8 kg + 0,225 kg = **8,025 kg**

P 1c

Du kannst entweder mit Stunden oder Minuten rechnen. Wandle entsprechend um.

Beachte: 1 h = 60 min $\Rightarrow$ $\frac{1}{2}$ h = $\frac{1}{2}$ · 60 min = 30 min

Lösung: Berechnung in Minuten:

$1\frac{1}{2}$ h = 1,5 h = 1,5 · 60 min = 90 min

90 min + 3 min = **93 min**

Alternative Berechnung in gemischten Einheiten:

$$1\frac{1}{2}\,\text{h} = 1\,\text{h} + \frac{1}{2}\,\text{h} = 1\,\text{h} + 30\,\text{min}$$

$$1\,\text{h} + 30\,\text{min} + 3\,\text{min} = 1\,\text{h} + 33\,\text{min} = \textbf{1 h 33 min}$$

Hinweis: Die Schreibweise 1:33 h wird auch als richtig gewertet.

P 1d 1

Der Bruchteil einer Größe ist das Produkt aus Anteil und dem Ganzen der Größe.

Du kannst zunächst $\frac{1}{7}$ von 42 ℓ berechnen und dann auf $\frac{3}{7}$ schließen.

Rechne alternativ mit dem Dreisatz.

Lösung: $\quad 42\,\ell \cdot \dfrac{1}{7} = 42\,\ell : 7 = 6\,\ell \qquad oder: \quad 42\,\ell \cdot \dfrac{3}{7} = \dfrac{42\,\ell \cdot 3}{7} = \dfrac{126\,\ell}{7} = \textbf{18}\,\boldsymbol{\ell}$

$\qquad\quad 6\,\ell \cdot 3 = \textbf{18}\,\boldsymbol{\ell}$

Alternative Lösung mit dem Dreisatz:

Bruchteil	Liter
$\frac{7}{7}$	42 ℓ
$\frac{1}{7}$	6 ℓ
$\frac{3}{7}$	18 ℓ

:7 ⟍ ⟋ :7

·3 ⟍ ⟋ ·3

P 1d 2

Teile den Anteil (600 m) durch den Bruchteil, um die ganze Strecke zu erhalten.

Die Division durch einen Bruch entspricht der Multiplikation mit dem Kehrwert.

Löse alternativ mit dem Dreisatz und rechne zuerst auf $\frac{1}{3}$ zurück.

Lösung: $\quad 600\,\text{m} : \dfrac{2}{3} = 600\,\text{m} \cdot \dfrac{3}{2} = \textbf{900 m}$

Die gesamte Strecke ist 900 m lang.

Alternative Lösung mit dem Dreisatz:

Anteil	Strecke
$\dfrac{2}{3}$	600 m
$\dfrac{1}{3}$	300 m
$\dfrac{3}{3}$	**900 m**

:2 (...) :2   ·3 (...) ·3

Die gesamte Strecke ist 900 m lang.

Aufgabe P 2

P 2a

🖊 Gesucht ist die Anzahl der im Jahr 2021 geborenen Jungen. Da 45 % Mädchen
🖊 geboren wurden, musst du mit dem Prozentsatz 55 % ($= 100\,\% - 45\,\%$) rechnen.
🖊 Die Lösung erfolgt mit dem Dreisatz oder der Lösungsformel.

Lösung: Mit dem Dreisatz:

Prozentsatz	Geburten
100 %	4 220
1 %	42,2
55 %	**2 321**

:100 (...) :100   ·55 (...) ·55

Es wurden 2 321 Jungen im Jahr 2021 in Waldstadt geboren.

Alternative Lösung mit dem Dreisatz:

🖊 Berechne zunächst die Anzahl der geborenen Mädchen. Diese musst du dann von
🖊 der Gesamtzahl aller Geburten subtrahieren, um die Zahl der Jungen zu erhalten.

Prozentsatz	Geburten
100 %	4 220
1 %	42,2
45 %	1 899

:100 (...) :100   ·45 (...) ·45

$4\,220 - 1\,899 = \textbf{2 321}$

Es wurden 2 321 Jungen im Jahr 2021 in Waldstadt geboren.

Alternative Lösung mit der Lösungsformel:

geg.: Grundwert G = 4 220; Prozentsatz p % = 55 %

ges.: Prozentwert P

$$P = \frac{G \cdot p}{100}$$

$$P = \frac{4\,220 \cdot 55}{100}$$

P = 2 321

Es wurden 2 321 Jungen im Jahr 2021 in Waldstadt geboren.

Alternative Lösung mit der Lösungsformel über die Anzahl der geborenen Mädchen:

Berechne die Anzahl der geborenen Mädchen und subtrahiere diese anschließend von der Gesamtzahl aller geborenen Kinder.

geg.: Grundwert G = 4 220; Prozentsatz p % = 45 %

ges.: Prozentwert P

$$P = \frac{G \cdot p}{100}$$

$$P = \frac{4\,220 \cdot 45}{100}$$

$$P = 1\,899$$

$$4\,220 - 1\,899 = \mathbf{2\,321}$$

Es wurden 2 321 Jungen im Jahr 2021 in Waldstadt geboren.

P 2b

Verwende wieder die Lösungsformel der Prozentrechnung oder den Dreisatz.

Runde das Ergebnis auf eine Stelle nach dem Komma.

Lösung: Mit der Lösungsformel:

geg.: Grundwert G = 4 220; Prozentwert P = 2 276

ges.: Prozentsatz p %

$$p\,\% = \frac{P}{G} \cdot 100\,\%$$

$$p\,\% = \frac{2\,276}{4\,220} \cdot 100\,\%$$

p % ≈ 53,9 %

53,9 % der geborenen Mädchen und Jungen hatten nur einen Vornamen.

Alternative Lösung mit dem Dreisatz:

	Geburten	Prozentsatz	
:4 220	4 220	100 %	:4 220
	1	$\dfrac{100\,\%}{4\,220}$	
·2 276			·2 276
	2 276	**53,9 %**	

53,9 % der geborenen Mädchen und Jungen hatten nur einen Vornamen.

P 2c

Im Jahr 2021 gab es 5,5 % mehr Geburten als im Jahr 2020. Die gesuchte Zahl der geborenen Mädchen und Jungen im Jahr 2020 ist also der Grundwert. Die Geburtenzahl im Jahr 2021 entspricht dann 105,5 % des Grundwerts.
Du kannst die Lösung auch mit dem Dreisatz, der Lösungsformel oder dem vermehrten Grundwert berechnen.

Lösung: Berechnung der Anzahl der Geburten im Jahr 2020:
$4\,220 : 1,055 = \mathbf{4\,000}$

Im Jahr 2020 wurden 4 000 Mädchen und Jungen in Waldstadt geboren.

Alternative Berechnung mit dem Dreisatz:

In diesem Fall entsprechen die 4 220 Geburten nicht mehr 100 %, sondern 105,5 %, da die Geburten in Beziehung zu den Geburten im Jahr 2020 zu setzen sind.

	Prozentsatz	Geburten	
:105,5	105,5 %	4 220	:105,5
	1 %	$\dfrac{4\,220}{105,5}$	
·100			·100
	100 %	**4 000**	

Im Jahr 2020 wurden 4 000 Mädchen und Jungen in Waldstadt geboren.

Alternative Lösung mit der Lösungsformel:

      geg.: Prozentwert P = 4 220; Prozentsatz p % = 105,5 %

      ges.: Grundwert G

$$G = \frac{P \cdot 100}{p}$$

$$G = \frac{4\,220 \cdot 100}{105,5}$$

G = 4 000

Im Jahr 2020 wurden 4 000 Mädchen und Jungen in Waldstadt geboren.

Alternative Lösung mit dem vermehrten Grundwert:

Da sich die Anzahl der Geburten im Vergleich von 2020 zu 2021 um 5,5 % erhöht hat, errechnet sich die Anzahl der Geburten im Jahr 2021 aus 100 % + 5,5 % = 105,5 % der Anzahl der Geburten im Jahr 2020. Deren Zahl im Jahr 2021 ist der vermehrte Grundwert.

      geg.: vermehrter Grundwert $G_{vermehrt}$ = 4 220; Prozentsatz p % = 5,5 %

      ges.: Grundwert G

$$G_{vermehrt} = G \cdot \left(1 + \frac{p}{100}\right)$$

$$4\,220 = G \cdot \left(1 + \frac{5,5}{100}\right)$$

$$4\,220 = G \cdot 1,055 \qquad |:1,055$$

G = 4 000

Im Jahr 2020 wurden 4 000 Mädchen und Jungen in Waldstadt geboren.

Aufgabe P 3

P 3a

Multipliziere zunächst die Klammer aus.

Fasse dann Glieder mit der Variablen x zusammen.

Lösung: $\quad 3 \cdot (x + 5) - 8x = 3x + 15 - 8x = \mathbf{-5x + 15}$

P 3b

Der Umfang U eines Rechtecks ist die Summe seiner Seitenlängen:

$U = a + a + b + b = 2 \cdot a + 2 \cdot b = 2 \cdot (a + b)$

Achte bei der zweiten Gleichung auf die Vorzeichen: Wenn von der Seite b 4 cm subtrahiert werden, ist sie genauso lang wie die kürzere Seite a.

Lösung: Bei einem Umfang von 20 cm ergibt sich:

$$2 \cdot (a + b) = 20$$

„Die Seite a ist 4 cm kürzer als die Seite b.":

$$a = b - 4$$

P 3c

Du kannst ein lineares Gleichungssystem mit dem Einsetzungs-, Gleichsetzungs- oder Additionsverfahren lösen. Da die beiden Gleichungen bereits nach y aufgelöst sind, bietet sich hier das Gleichsetzungsverfahren an.

Lösung: Mithilfe des Gleichsetzungsverfahrens:

I. $y = 4x + 6$

II. $y = 3x - 2$

Gleichsetzen von I. und II.:

$$
\begin{aligned}
4x + 6 &= 3x - 2 \quad & | -3x \\
x + 6 &= -2 \quad & | -6 \\
x &= -8 &
\end{aligned}
$$

Einsetzen von $x = -8$ in I. (Einsetzen in II. ist ebenfalls möglich):

$y = 4 \cdot (-8) + 6$

$y = -32 + 6$

$y = -26$

Lösungsmenge $\mathbf{L = \{(-8 \mid -26)\}}$

Tipp: Mit einer Probe kannst du überprüfen, ob das Ergebnis korrekt ist. Setze dazu x und y in die Gleichungen ein.

P 3d

Ein lineares Gleichungssystem hat keine Lösung, wenn die beiden zu den Gleichungen gehörenden Geraden parallel verlaufen und nicht identisch sind.

Parallele Geraden haben die gleiche Steigung: $m = 4$.

Da die Geraden nicht aufeinander liegen dürfen (sonst gäbe es unendlich viele Lösungen), müssen sie sich im y-Achsenabschnitt (hier: n) unterscheiden. Für n ist daher jeder Wert ungleich 6 möglich.

Lösung: z. B. $\left| \begin{array}{l} y = 4x + 6 \\ y = 4x + 3 \end{array} \right.$ *oder* $\left| \begin{array}{l} y = 4x + 6 \\ y = 4x - 7 \end{array} \right.$

$$m = 4; \; n = 3 \; \textit{oder} \; m = 4; \; n = -7$$

Aufgabe P 4

P 4a

In einer Rangliste werden die Werte nach ihrer Größe sortiert. Ob aufsteigend oder absteigend ist dabei irrelevant.

Lösung: Rangliste:

2,7	2,8	2,9	3,3	3,4	3,9	3,9	4,0	4,2	4,3

Alternative Rangliste (absteigend):

4,3	4,2	4,0	3,9	3,9	3,4	3,3	2,9	2,8	2,7

P 4b

Die Spannweite R ist der Abstand zwischen dem kleinsten und dem größten gemessenen Wert ($R = $ Maximum $-$ Minimum).

Lösung: größter Wert: 4,3 kg
kleinster Wert: 2,7 kg

$R = 4{,}3 \, \text{kg} - 2{,}7 \, \text{kg} = \mathbf{1{,}6 \, kg}$

Die Spannweite beträgt 1,6 kg.

P 4c

Zur Berechnung des arithmetischen Mittels (Durchschnitts) $\bar{x}$ bildest du die Summe aller Werte und dividierst diese durch die Anzahl aller Werte.

Beachte: Kommt ein Wert mehrfach vor, so wird er auch mehrfach addiert.

Lösung: $\underbrace{2,7+2,8+2,9+3,3+3,4+3,9+3,9+4,0+4,2+4,3}_{10 \text{ Werte}} = 35,4$

$\overline{x} = 35,4 : 10 = \mathbf{3,54}$

Das arithmetische Mittel beträgt 3,54 kg.

P 4d 1

🖉 Zur Bestimmung des Zentralwertes $\tilde{x}$ (Median) benötigst du die in Aufgabe P 4a
🖉 erstellte Rangliste.
🖉 Der Zentralwert steht bei einer ungeraden Anzahl an Werten genau in der Mitte
🖉 der Rangliste. Bei einer geraden Anzahl ist er der Mittelwert der beiden mittleren
🖉 Werte. Da hier insgesamt zehn Werte vorliegen, liegt der Zentralwert genau
🖉 zwischen dem fünften und sechsten Wert der Rangliste. Zur Berechnung addiert
🖉 man diese beiden Werte und halbiert die Summe.
🖉 Eine Lösung mit absteigender Rangliste ist ebenfalls möglich.

Lösung: Rangliste:

2,7	2,8	2,9	3,3	**3,4**	**3,9**	3,9	4,0	4,2	4,3

Zentralwert $\tilde{x}$ (Median):

$\tilde{x} = \dfrac{3,4 \text{ kg} + 3,9 \text{ kg}}{2} = \mathbf{3,65\ kg}$

P 4d 2

🖉 Da zwei Werte ergänzt werden, liegt wieder eine gerade Zahl an Werten vor und
🖉 der Zentralwert wird wie in der vorherigen Teilaufgabe berechnet.
🖉 Die beiden ergänzten Werte bilden das Minimum bzw. Maximum der neuen
🖉 Rangliste, sodass der Zentralwert wieder der Durchschnitt von 3,4 kg und 3,9 kg
🖉 ist. Die hinzugekommenen Werte verändern den Zentralwert also nicht.

Lösung: ergänzte Rangliste:

2,7	2,7	2,8	2,9	3,3	**3,4**	**3,9**	3,9	4,0	4,2	4,3	**6,5**

C Der Zentralwert bleibt gleich.

Aufgabe P 5

P 5a

Die Nullstellen einer Funktion sind die x-Werte, an denen der zugehörige y-Wert 0 ist. Setze also $y=0$ in die Funktionsgleichung ein und löse nach x auf.

Lösung: Einsetzen von $y=0$ in die Funktionsgleichung $y=-0,5x+3$:

$$0 = -0,5x + 3 \quad |-3$$
$$-3 = -0,5x \quad |:(-0,5)$$
$$\mathbf{x = 6}$$

Die lineare Funktion $y=-0,5x+3$ hat bei $x=6$ eine Nullstelle.

Hinweis: Da eine Berechnung in der Aufgabenstellung verlangt wird, ist eine grafische Lösung nicht erlaubt.

P 5b

Setze $x=12$ in die Funktionsgleichung ein und berechne den zugehörigen y-Wert.

Lösung: Einsetzen von $x=12$ in die Funktionsgleichung $y=-0,5x+3$ ergibt:

$$y = -0,5 \cdot 12 + 3 = -6 + 3 = \mathbf{-3}$$

Die y-Koordinate des Punktes $P(12\,|\,y)$ lautet $y=-3$.

P 5c

Parallele Geraden müssen die gleiche Steigung haben. Du musst also nur noch den y-Achsenabschnitt bestimmen. Setze dazu die Koordinaten von R in die allgemeine Form einer linearen Funktion $y = m \cdot x + b$ ein und berechne b.

Lösung: Da die Geraden parallel verlaufen, ist ihre Steigung identisch:

$$m = -0,5$$

Einsetzen der Koordinaten von $R(0\,|-1,5)$ in die Funktionsgleichung $y=-0,5x+b$ liefert:

$$-1,5 = -0,5 \cdot 0 + b$$
$$-1,5 = b$$

Mit $b=-1,5$ ergibt sich die Funktionsgleichung der Geraden h:

$$\mathbf{y = -0,5x - 1,5}$$

Aufgabe P 6

P 6a

🖊 Achte auf das angegebene Maß und die Genauigkeit beim Zeichnen.
🖊 Ermittle den Punkt M (Fußpunkt der Mittelsenkrechten und Mittelpunkt des
🖊 Vollkreises) durch Halbieren der Strecke $\overline{AB} = 8$ cm mit dem Geodreieck.
🖊 Alternativ kannst du den Punkt M durch Zeichnen eines Kreises um A und eines
🖊 Kreises um B mit gleichem Radius $r > 4$ konstruieren.
🖊 Die Beschriftung der Punkte eines Dreiecks erfolgt entgegen dem Uhrzeigersinn.
🖊 Daher muss der Punkt C oberhalb der Strecke $\overline{AB}$ liegen.

Lösung:

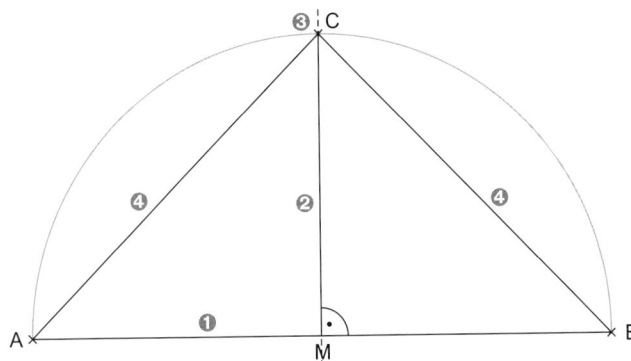

P 6b

🖊 Stufenwinkel an parallelen Geraden sind immer gleich groß.
🖊 Die Innenwinkelsumme in einem Dreieck beträgt 180°.
🖊 Nebenwinkel an einer Geraden ergänzen sich zu 180° (einem gestreckten Winkel).

Lösung: Bestimmung von β:
β und 35° sind Stufenwinkel:
$\beta = \mathbf{35°}$

Berechnung von γ mit der Winkelsumme im Dreieck ABC:
$$60° + \beta + \gamma = 180°$$
$$60° + 35° + \gamma = 180°$$
$$95° + \gamma = 180° \qquad | -95°$$
$$\gamma = \mathbf{85°}$$

Bestimmung von δ:
δ und 35° sind Nebenwinkel:
$\delta = 180° - 35° = \mathbf{145°}$

Aufgabe P 7

P 7a

✒ Benutze die Formel für den Flächeninhalt eines Drachenvierecks.
✒ Die Strecken e und f sind die Diagonalen.

Lösung: $A = \dfrac{e \cdot f}{2} = \dfrac{40\,\text{cm} \cdot 60\,\text{cm}}{2} = \dfrac{2\,400\,\text{cm}^2}{2} = \mathbf{1\,200\,cm^2}$

P 7b

✒ Die Länge der Strecke x berechnest du mithilfe des Satzes von
✒ Pythagoras. Der rechte Winkel entsteht am Schnittpunkt der
✒ beiden Diagonalen. Berechne zunächst die Teilstrecken e' und
✒ f' und anschließend x.

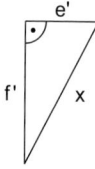

Lösung: e' = 40 cm : 2 = 20 cm

f' = 60 cm − 12 cm = 48 cm

Berechnung von x mit dem Satz von Pythagoras:
$x^2 = e'^2 + f'^2$
$x^2 = (20\,\text{cm})^2 + (48\,\text{cm})^2$
$x^2 = 2\,704\,\text{cm}^2 \qquad |\sqrt{}$
$\mathbf{x = 52\ cm}$

Die Strecke x ist 52 cm lang.

P 7c

✒ Jedes Drachenviereck ist achsensymmetrisch zu einer seiner Diagonalen. Die
✒ andere Diagonale wird von dieser halbiert. Beide Diagonalen stehen immer
✒ senkrecht aufeinander und gegenüberliegende Winkel sind gleich groß.
✒ Betrachte das abgebildete Drachenviereck in der Angabe und prüfe, ob eine der
✒ abgedruckten Aussagen in diesem speziellen Fall zusätzlich gilt.

Lösung: Richtige Aussagen:

A Die Diagonalen sind senkrecht zueinander.

C Die längere Diagonale halbiert die kürzere Diagonale.

Aufgabe P 8

🖊 Berechne zunächst die Volumina des großen Würfels und des Zylinders mithilfe
🖊 der Formeln. Ihre Differenz ergibt dann das Volumen des kleinen Würfels.
🖊 Setze dieses in die Volumenformel für Würfel ein und löse nach der Seitenlänge a
🖊 auf. Achte auf das korrekte Runden auf eine Stelle nach dem Komma.

Lösung: Berechnung des Volumens des großen Würfels:

$$V_{\text{großer Würfel}} = a_{\text{groß}}{}^3$$
$$V_{\text{großer Würfel}} = (8\,\text{cm})^3$$
$$V_{\text{großer Würfel}} = 512\,\text{cm}^3$$

Berechnung des Volumens des Zylinders:

$$d = 8\,\text{cm} \quad \Rightarrow \quad r = 4\,\text{cm}$$
$$V_{\text{Zylinder}} = \pi \cdot r^2 \cdot h_K$$
$$V_{\text{Zylinder}} = \pi \cdot (4\,\text{cm})^2 \cdot 8\,\text{cm}$$
$$V_{\text{Zylinder}} \approx 402{,}123\,\text{cm}^3$$

Berechnung des Volumens des kleinen Würfels:

$$V_{\text{kleiner Würfel}} = V_{\text{großer Würfel}} - V_{\text{Zylinder}} = 109{,}876\,\text{cm}^3$$

Berechnung der Kantenlänge a:

$$V_{\text{kleiner Würfel}} = a^3$$
$$109{,}876\,\text{cm}^3 = a^3 \qquad | \sqrt[3]{}$$
$$4{,}789\,\text{cm} \approx a$$
$$\mathbf{a \approx 4{,}8\,\text{cm}}$$

Die gesuchte Kantenlänge a des kleinen Würfels beträgt ca. 4,8 cm.

Aufgabe W 1

W 1a

Die gesuchte Strecke $\overline{\text{AE}}$ ist die Hypotenuse im rechtwinkligen Dreieck AED. Der Winkel von 70° im Punkt E und die zugehörige Ankathete $\overline{\text{DE}}$ sind gegeben. Die Strecke $\overline{\text{AE}}$ lässt sich also mithilfe des Kosinus des Winkels 70° als Quotient aus Ankathete und Hypotenuse berechnen. Alternativ kannst du über die Innenwinkelsumme im Dreieck AED den Winkel α' im Punkt A bestimmen und mit dem Sinus als Quotient aus Gegenkathete $\overline{\text{DE}}$ und Hypotenuse $\overline{\text{AE}}$ rechnen. Achte auf die Angabe des Ergebnisses in ganzen Zentimetern.

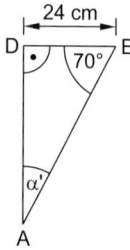

Lösung: Berechnung mit dem Kosinus im rechtwinkligen Dreieck AED:

$$\cos 70° = \frac{\text{Ankathete}}{\text{Hypotenuse}}$$

$$\cos 70° = \frac{\overline{\text{DE}}}{\overline{\text{AE}}}$$

$$\cos 70° = \frac{24\,\text{cm}}{\overline{\text{AE}}} \qquad \big| \cdot \overline{\text{AE}}$$

$$\cos 70° \cdot \overline{\text{AE}} = 24\,\text{cm} \qquad \big| : \cos 70°$$

$$\overline{\text{AE}} = \frac{24\,\text{cm}}{\cos 70°}$$

$$\overline{\textbf{AE}} \approx \textbf{70\,cm}$$

Die Strecke $\overline{\text{AE}}$ ist ca. 70 cm lang.

Alternative Lösungsmöglichkeit mit dem Sinus im rechtwinkligen Dreieck AED:
Berechnung von α' über den Innenwinkelsummensatz im Dreieck AED:
$$α' = 180° - 90° - 70° = 20°$$

M 2022-14

$$\sin 20° = \frac{\text{Gegenkathete}}{\text{Hypotenuse}}$$

$$\sin 20° = \frac{24\,\text{cm}}{\overline{AE}} \qquad\qquad |\cdot \overline{AE}$$

$$\sin 20° \cdot \overline{AE} = 24\,\text{cm} \qquad\qquad |:\sin 20°$$

$$\overline{AE} = \frac{24\,\text{cm}}{\sin 20°}$$

$$\mathbf{\overline{AE} \approx 70\,cm}$$

Die Strecke $\overline{AE}$ ist ca. 70 cm lang.

W 1b

Du kannst den Flächeninhalt eines Trapezes mit der Formel $A_{\text{Trapez}} = \frac{1}{2}(a+c)\cdot h$ berechnen, wobei $a \parallel c$ gilt. Im gegebenen Trapez ABCD sind die Strecken $\overline{AB}$ und $\overline{CD}$ parallel und die Strecke $\overline{AD}$ entspricht der Höhe h. Berechne zunächst die Länge der Höhe h mithilfe der trigonometrischen Beziehungen im Dreieck AED. Die Strecke $\overline{AD}$ ist die Gegenkathete, $\overline{DE}$ die Ankathete zum Winkel 70° im Punkt E. Du kannst daher den Tangens anwenden. Alternativ kannst du zur Berechnung von $\overline{AD}$ auf die Länge der Strecke $\overline{AE}$ aus Aufgabe W 1a zurückgreifen und entweder den Sinus, den Kosinus oder den Satz des Pythagoras im rechtwinkligen Dreieck AED anwenden. In diesen Fällen weicht dein Ergebnis aber aufgrund von Rundungsfehlern vom exakten Wert ab. Achte auf die Angabe des Flächeninhalts in ganzen Quadratzentimetern.

Lösung: Berechnung der Länge der Strecke $\overline{AD}$ über den Tangens:

$$\tan 70° = \frac{\text{Gegenkathete}}{\text{Ankathete}}$$

$$\tan 70° = \frac{\overline{AD}}{\overline{DE}}$$

$$\tan 70° = \frac{\overline{AD}}{24\,\text{cm}} \qquad\qquad |\cdot 24\,\text{cm}$$

$$\tan 70° \cdot 24\,\text{cm} = \overline{AD}$$

$$\overline{AD} \approx 65{,}939\,\text{cm}$$

Hinweis: Die Berechnung von $\overline{AD}$ mit dem Ansatz $\tan 20° = \frac{\overline{DE}}{\overline{AD}}$ ist ebenfalls möglich und führt zum selben Ergebnis.

Alternative Berechnung der Länge der Strecke $\overline{AD}$ über den Sinus:

$$\sin 70° = \frac{\text{Gegenkathete}}{\text{Hypotenuse}}$$

$$\sin 70° = \frac{\overline{AD}}{70\,\text{cm}} \qquad \Big| \cdot 70\,\text{cm}$$

$$\sin 70° \cdot 70\,\text{cm} = \overline{AD}$$

$$\overline{AD} \approx 65,778\,\text{cm}$$

Alternative Berechnung der Länge der Strecke $\overline{AD}$ über den Kosinus:

$$\cos 20° = \frac{\text{Ankathete}}{\text{Hyptoenuse}}$$

$$\cos 20° = \frac{\overline{AD}}{70\,\text{cm}} \qquad \Big| \cdot 70\,\text{cm}$$

$$\cos 20° \cdot 70\,\text{cm} = \overline{AD}$$

$$\overline{AD} \approx 65,778\,\text{cm}$$

Alternative Berechnung mit dem Satz von Pythagoras:

$$\overline{AD}^2 + \overline{DE}^2 = \overline{AE}^2 \qquad \Big| -\overline{DE}^2$$

$$\overline{AD}^2 = \overline{AE}^2 - \overline{DE}^2$$

$$\overline{AD}^2 = (70\,\text{cm})^2 - (24\,\text{cm})^2$$

$$\overline{AD}^2 = 4\,324\,\text{cm}^2 \qquad \Big| \sqrt{}$$

$$\overline{AD} \approx 65,757\,\text{cm}$$

Flächeninhalts des Trapezes ABCD:

$$\overline{DC} = \overline{DE} + \overline{EC} = 24\,\text{cm} + 52\,\text{cm} = 76\,\text{cm}$$

$$A_{\text{Trapez}} = \frac{a+c}{2} \cdot h$$

$$A_{\text{Trapez}} = \frac{\overline{AB} + \overline{DC}}{2} \cdot \overline{AD}$$

$$A_{\text{Trapez}} = \frac{52\,\text{cm} + 76\,\text{cm}}{2} \cdot 65,939\,\text{cm}$$

$$A_{\text{Trapez}} \approx \mathbf{4\,220\,cm^2}$$

Der Flächeninhalt des Trapezes ABCD beträgt ca. 4 220 cm^2.

Hinweis: Wird mit $\overline{AD} = 65,778\,\text{cm}$ gerechnet, ergibt sich $A_{\text{Trapez}} \approx 4\,210\,\text{cm}^2$.
Mit $\overline{AD} = 65,757\,\text{cm}$ ergibt sich $A_{\text{Trapez}} \approx 4\,208\,\text{cm}^2$.

W 1c

🖋 Du kannst die Strecke $\overline{BE}$ mithilfe
🖋 des Sinussatzes im Dreieck ABE
🖋 berechnen. Nutze die Parallelität
🖋 der Seiten $\overline{EC}$ und $\overline{AB}$, um die
🖋 benötigten Innenwinkel zu be-
🖋 stimmen. Den Winkel α'' im
🖋 Punkt A erhältst du alternativ über
🖋 die Innenwinkelsumme im recht-
🖋 winkligen Dreieck AED.
🖋 Im Parallelogramm ABCE ist die
🖋 Länge der Strecke $\overline{AE}$ gleich der
🖋 Länge der parallelen Strecke $\overline{BC}$
🖋 und $\alpha''=\gamma$ gilt. Mithilfe des Sinus-
🖋 satzes im Dreieck BCE lässt sich
🖋 die Länge der Strecke $\overline{AE}$ daher ebenfalls berechnen.

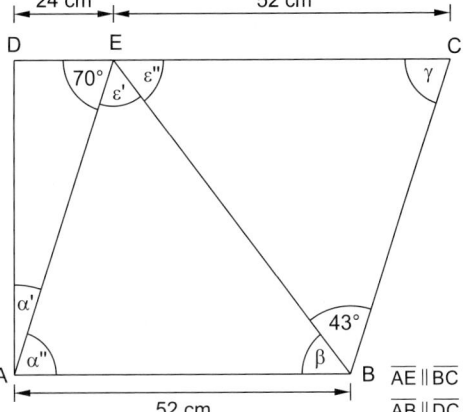

🖋 Eine dritte Möglichkeit ist, die Seite $\overline{AD}$ (die Höhe des Trapezes) so zu ver-
🖋 schieben, dass sie durch den Punkt E verläuft. Dadurch entsteht das rechtwink-
🖋 lige Dreieck FBE und $\overline{AE}$ kann mit dem Satz des Pythagoras berechnet werden.
🖋 Runde dein Ergebnis auf eine Stelle nach dem Komma.

Lösung: Berechnung über den Sinussatz im Dreieck ABE:

Bestimmung der benötigten Innenwinkel im Dreieck ABE:
$\varepsilon'=43°$ (Wechselwinkel zum Winkel ECB)
$\alpha''=70°$ (Wechselwinkel zum Winkel AED)

Alternative Berechnung von α'' über das rechtwinklige Dreieck AED:
Mit der Innenwinkelsumme im Dreieck AED gilt:
$\alpha'=180°-90°-70°=20°$
Da die Strecken $\overline{AB}$ und $\overline{CD}$ parallel sind, folgt:
$\alpha''=90°-\alpha'=90°-20°=70°$

Mit dem Sinussatz im Dreieck ABE ergibt sich für $\overline{BE}$:

$$\frac{\overline{BE}}{\sin\alpha''}=\frac{\overline{AB}}{\sin\varepsilon'}$$

$$\frac{\overline{BE}}{\sin 70°}=\frac{52\,\text{cm}}{\sin 43°} \qquad |\cdot\sin 70°$$

$$\overline{BE}=\frac{52\,\text{cm}\cdot\sin 70°}{\sin 43°}$$

$$\overline{BE}\approx \mathbf{71{,}6\,cm}$$

Hinweis: Mit der Innenwinkelsumme im Dreieck ABE ergibt sich:

$\beta = 180° - \alpha'' - \varepsilon' = 180° - 70° - 43° = 67°$

Du kannst daher den Sinussatz auch in der Form $\frac{\overline{BE}}{\sin 70°} = \frac{\overline{AE}}{\sin 67°}$ verwenden.

Durch den gerundeten Wert der Länge der Strecke $\overline{AE}$ in Aufgabe W 1a weicht das Ergebnis ($\overline{BE} \approx 71,5\,\text{cm}$) leicht vom exakten Wert ab.

Alternative Lösungsmöglichkeit über den Sinussatz im Dreieck BCE:

Da gegenüberliegende Winkel im Parallelogramm gleich groß sind, gilt $\alpha'' = \gamma$.

α'' ist ein Wechselwinkel zu 70°. Es folgt: $\alpha'' = \gamma = 70°$.

Alternativ ergibt sich α'' über die Innenwinkelsumme im Dreieck AED.

Mithilfe des Sinussatzes im Dreieck BCE folgt:

$$\frac{\overline{BE}}{\sin 70°} = \frac{\overline{EC}}{\sin 43°}$$

$$\frac{\overline{BE}}{\sin 70°} = \frac{52\,\text{cm}}{\sin 43°} \qquad | \cdot \sin 70°$$

$$\overline{BE} = \frac{52\,\text{cm} \cdot \sin 70°}{\sin 43°}$$

$$\overline{BE} \approx \mathbf{71,6\,cm}$$

Hinweis: Mit dem gestreckten Winkel im Punkt E ergibt sich $\varepsilon'' = 67°$.

Du kannst daher den Sinussatz auch in der Form $\frac{\overline{BE}}{\sin 70°} = \frac{\overline{BC}}{\sin 67°}$ verwenden.

Durch den gerundeten Wert der Länge der Strecke $\overline{AE}$ in Aufgabe W 1a weicht das Ergebnis ($\overline{BE} \approx 71,5\,\text{cm}$) leicht vom exakten Wert ab.

Alternative Lösungsmöglichkeit mithilfe des Satzes von Pythagoras:

Verschiebe die Höhe h so, dass sie durch den Punkt E verläuft. Die Strecke $\overline{BE}$ ist dann die Hypotenuse im so entstandenen rechtwinkligen Dreieck FBE, h und $\overline{FB}$ sind die Katheten. Da das Viereck AFED ein Rechteck ist, gilt $\overline{AF} = \overline{DE}$. Berechne zunächst die Strecke $\overline{FB}$ und wende dann den Satz des Pythagoras im Dreieck FBE an.

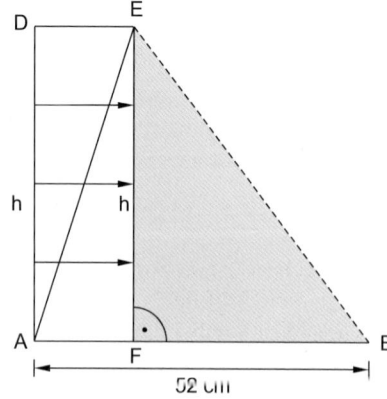

Berechnung von $\overline{FB}$:

$\overline{FB} = \overline{AB} - \overline{AF} = \overline{AB} - \overline{DE}$

$\overline{FB} = 52\,\text{cm} - 24\,\text{cm} = 28\,\text{cm}$

Mit dem Satz des Pythagoras im rechtwinkligen Dreieck FBE ergibt sich:

$$\overline{FB}^2 + h^2 = \overline{BE}^2$$
$$(28\,\text{cm})^2 + (65,939\,\text{cm})^2 = \overline{BE}^2$$
$$5131,951721\,\text{cm}^2 = \overline{BE}^2 \qquad \big|\,\sqrt{}$$
$$\overline{BE} \approx \mathbf{71,6\,cm}$$

Hinweis: Du kannst die Höhe h auch durch den Punkt B verschieben und das so entstehende rechtwinklige Dreieck betrachten. Die Berechnungen sind analog.

W 1d

Ein gleichschenkliges Dreieck hat (mindestens) zwei gleich lange Seiten und zwei gleich große Winkel. Begründe mithilfe bereits berechneter Größen, warum das beim Dreieck BCE nicht der Fall ist. Da das Viereck ABCE ein Parallelogramm ist, ist die Länge der Seite $\overline{BC}$ gleich der in Teilaufgabe W 1a berechneten Länge der Strecke $\overline{AE}$.

Lösung: Das Dreieck BCE ist nicht gleichschenklig, da seine Seiten alle unterschiedlich lang sind $(\overline{BE} \approx 71,6\,\text{cm},\ \overline{BC} = \overline{AE} \approx 70\,\text{cm},\ \overline{EC} = 52\,\text{cm})$.

Alternativ (falls γ und ε'' wie in Teilaufgabe W 1c berechnet wurden):
Das Dreieck BCE ist nicht gleichschenklig, da seine Innenwinkel $43°$, $\varepsilon'' = 67°$ und $\gamma = 70°$ alle unterschiedlich groß sind.

Aufgabe W 2

W 2a 1

Die Nullstellen einer Funktion sind die x-Werte, an denen der zugehörige y-Wert 0 ist. Der Graph der Funktion schneidet an diesen Stellen die x-Achse.

Lösung: Ablesen der Nullstellen:
$$x_1 = \mathbf{-4} \text{ und } x_2 = \mathbf{0}$$

W 2a 2

Der Scheitelpunkt S(d|e) ist der tiefste Punkt der Parabel, falls diese wie hier nach oben geöffnet ist. Du kannst den Scheitelpunkt aus dem Graphen der abgebildeten Parabel ablesen und mithilfe seiner Koordinaten die Scheitelpunktform $y = (x - d)^2 + e$ direkt angeben. Achte dabei auf die Vorzeichen von d und e!

Alternativ kannst du die Funktionsgleichung $y = x^2 + 4x$ mithilfe der quadratischen Ergänzung in die Scheitelpunktform umformen.

Lösung: Über das Ablesen des Scheitelpunktes:

Für den Scheitelpunkt $S(-2|-4)$ ergibt sich die Scheitelpunktform:

$$y = (x-d)^2 + e$$

$$y = (x-(-2))^2 + (-4)$$

$$\mathbf{y = (x+2)^2 - 4}$$

Alternative Lösungsmöglichkeit mithilfe der quadratischen Ergänzung:

$$y = x^2 + 4x$$

$$y = \underbrace{x^2 + 2 \cdot \frac{4}{2} \cdot x + \left(\frac{4}{2}\right)^2}_{\text{1. binomische Formel}} - \left(\frac{4}{2}\right)^2$$

$$\mathbf{y = (x+2)^2 - 4}$$

W 2a 3

Berechne die Schnittpunkte einer Geraden mit einer Parabel, indem du die Gerade und die quadratische Funktion zunächst gleichsetzt. Bringe die so entstandene quadratische Gleichung in die Normalform und wende die p-q-Formel an. Die Lösungen sind die gesuchten x-Koordinaten der beiden Punkte.

Lösung: Gleichsetzen der beiden Funktionen:

$$x^2 + 4x = 2x + 15 \qquad |-2x - 15$$

$$x^2 + 2x - 15 = 0$$

Anwenden der p-q-Formel mit $p = 2$ und $q = -15$:

$$x_{1/2} = -\frac{p}{2} \pm \sqrt{\left(\frac{p}{2}\right)^2 - q}$$

$$x_{1/2} = -\frac{2}{2} \pm \sqrt{\left(\frac{2}{2}\right)^2 - (-15)}$$

$$x_{1/2} = -1 \pm \sqrt{1 + 15}$$

$$x_{1/2} = -1 \pm 4$$

$$x_1 = -1 + 4 = \mathbf{3}$$

$$x_2 = -1 - 4 = \mathbf{-5}$$

Die beiden Funktionen schneiden sich bei $x_1 = 3$ und $x_2 = -5$.

W 2b

Zeichne die verschobene Normalparabel anhand der angegebenen Informationen in ein Koordinatensystem ein und lies den Scheitelpunkt S(d|e) ab. Lege dazu deine Parabelschablone durch die Nullstellen an und beachte, dass die Parabel nach unten geöffnet ist.

Die Lage des Scheitelpunktes lässt sich stattdessen auch anhand folgender Überlegung bestimmen: Die x-Koordinate des Scheitelpunktes liegt immer genau in der Mitte zwischen den beiden Nullstellen (d = −4). Da die Differenz zwischen den beiden Nullstellen 2 beträgt und eine nicht verschobene Normalparabel durch die Punkte (1|1) und (−1|1) verläuft, muss die y-Koordinate des Scheitelpunkts bei ±1 liegen. Da die Normalparabel nach unten geöffnet und der Scheitelpunkt somit ihr höchster Punkt ist, gilt e = +1.

Gib schließlich die Funktionsgleichung in der Scheitelpunktform $y = a(x - d)^2 + e$ an. Für eine nach unten geöffnete Normalparabel gilt a = −1.

Alternativ kannst du die Scheitelpunktform rechnerisch bestimmen, indem du die beiden Nullstellen $x_1 = -5$ und $x_2 = -3$ in die Nullstellengleichung (Linearfaktordarstellung) $f(x) = a(x - x_1)(x - x_2)$ einträgst. Auch hier gilt a = −1. Achte auf die Vorzeichen. Multipliziere dann die Klammern aus und wandle mithilfe der quadratischen Ergänzung in die Scheitelpunktform um.

Lösung:

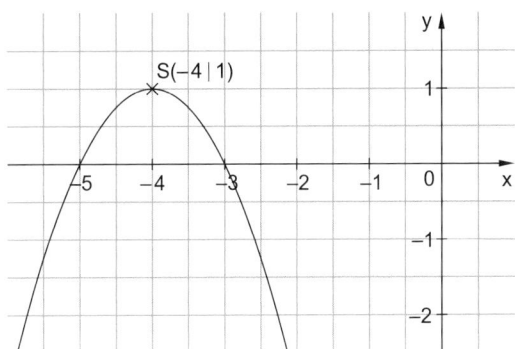

Anlegen der Normalparabel führt zum Scheitelpunkt S(−4|1).

Es folgt für die Scheitelpunktform:

$$y = a(x - d)^2 + e$$
$$y = a(x + 4)^2 + 1$$

Da die Parabel nach unten geöffnet ist, gilt a = −1:

$$\mathbf{y = -(x + 4)^2 + 1}$$

Alternative Lösungsmöglichkeit mithilfe der Nullstellengleichung:

Es gilt:

$x_1 = -5$, $x_2 = -3$ und $a = -1$, da die Parabel nach unten geöffnet ist.

Einsetzen in die Nullstellengleichung:

$y = a \cdot (x - x_1)(x - x_2)$

$y = -1 \cdot (x + 5)(x + 3)$

$y = -1 \cdot [(x^2 + 5x + 3x + 15)]$

$y = -1 \cdot [(x^2 + 8x + 15)]$

$y = -1 \cdot [\underbrace{(x^2 + 2 \cdot 4x + (4)^2}_{\text{1. binomische Formel}} - (4)^2 + 15)]$

$y = -1 \cdot [(x + 4)^2 - 1]$

$\mathbf{y = -(x + 4)^2 + 1}$

Aufgabe W 3

W 3a

Es gilt: Wahrscheinlichkeit eines Ereignisses $= \dfrac{\text{Anzahl der günstigen Ergebnisse}}{\text{Anzahl der möglichen Ergebnisse}}$

Bestimme die Anzahl der Gewinnlose mit einer Eintrittskarte für ein Fußballspiel und teile durch die Anzahl aller Lose.

Lösung: Anzahl der Gewinnlose mit Eintrittskarte für ein Fußballspiel: 1
Anzahl aller Lose: 200

Wahrscheinlichkeit, das Gewinnlos mit der Eintrittskarte zu ziehen:

$P(\text{Eintrittskarte}) = \dfrac{\text{Anzahl Lose Eintrittskarte}}{\text{Anzahl aller Lose}} = \dfrac{\mathbf{1}}{\mathbf{200}} = \mathbf{0,005 = 0,5\,\%}$

Beim einmaligen Ziehen beträgt die Wahrscheinlichkeit für das Gewinnlos mit der Eintrittskarte 0,5 %.

W 3b 1

Da zweimal gezogen wird, handelt es sich um ein zweistufiges Zufallsexperiment. Die Wahrscheinlichkeiten ändern sich in jeder Stufe, da das gezogene Los nicht zurückgelegt wird. Berechne die Wahrscheinlichkeit, nur Nieten zu ziehen, mithilfe der 1. Pfadregel.

Lösung: Anzahl der Gewinnlose vor dem 1. Ziehen: 20

Anzahl der Nieten vor dem 1. Ziehen: $200-20=180$

Anzahl aller Lose: 200

Wahrscheinlichkeit, beim 1. Ziehen eine Niete zu ziehen $=\dfrac{180}{200}=\dfrac{9}{10}$

Wahrscheinlichkeit, danach wieder eine Niete zu ziehen $=\dfrac{180-1}{200-1}=\dfrac{179}{199}$

Wahrscheinlichkeit, nacheinander zwei Nieten zu ziehen:

$P(\text{zwei Nieten})=\dfrac{9}{10}\cdot\dfrac{179}{199}=\mathbf{\dfrac{1611}{1990}}\approx\mathbf{0,8095}\approx\mathbf{81\,\%}$

Die Wahrscheinlichkeit, zwei Nieten zu ziehen, beträgt rund **81 %**.

W 3b 2

Es handelt sich wieder um ein zweistufiges Zufallsexperiment. Da die Reihenfolge der gezogenen Lose egal ist, führen zwei Pfade zum Erfolg: Es kann sowohl erst das Gewinnlos und dann eine Niete als auch erst eine Niete und dann das Gewinnlos gezogen werden. Wende die 1. und 2. Pfadregel an.

Lösung: Anzahl der Gewinnlose vor dem 1. Zug: 20

Anzahl aller Lose vor dem 1. Zug: 200

Anzahl der Nieten vor dem 1. Zug: $200-20=180$

Pfad 1: $P(\text{Gewinn}; \text{Niete})=\dfrac{20}{200}\cdot\dfrac{180}{199}=\dfrac{18}{199}$

Pfad 2: $P(\text{Niete}; \text{Gewinn})=\dfrac{180}{200}\cdot\dfrac{20}{199}=\dfrac{18}{199}$

Es folgt für die Gesamtwahrscheinlichkeit (2. Pfadregel):

$P(\text{genau ein Gewinn})=\dfrac{18}{199}+\dfrac{18}{199}=\mathbf{\dfrac{36}{199}}\approx\mathbf{0,1809}\approx\mathbf{18,1\,\%}$

Die Wahrscheinlichkeit, dass genau ein Gewinnlos unter den beiden gezogenen Losen ist, beträgt rund 18,1 %.

W 3c

Wenn man Pech hat, zieht man zuerst alle Nieten. Man muss also mindestens ein Los mehr kaufen als es Nieten gibt, um mit Sicherheit ein Gewinnlos zu ziehen.

Lösung: Anzahl der Gewinnlose: 20

Anzahl der Nieten: $200-20=180$

Für einen sicheren Gewinn muss man also mindestens **181 Lose** kaufen.

W 3d

✎ Der Term $\frac{3}{200} \cdot \frac{180}{199}$ beschreibt ein zweistufiges Zufallsexperiment, da er aus zwei
✎ Faktoren besteht. Jeder Bruch beschreibt dabei die Einzelwahrscheinlichkeit einer
✎ Stufe: Sein Zähler steht für die Anzahl aller günstigen Ergebnisse in der Stufe,
✎ sein Nenner für die Zahl der möglichen Ergebnisse. Da beide Brüche unterschied-
✎ liche Nenner haben, handelt es sich um ein Ziehen ohne Zurücklegen.

Lösung: Für die volle Lostrommel gilt:

Gewinn eines Fußballtrikots: 3 günstige Ergebnisse

Nieten: 180 günstige Ergebnisse

Anzahl aller Lose: 200 Ergebnisse insgesamt

Ein Ereignis mit der Wahrscheinlichkeit $P = \frac{3}{200} \cdot \frac{180}{199}$ ist:

„Aus der vollen Lostrommel wird zuerst ein Los für ein Fußballtrikot und dann (ohne Zurücklegen) eine Niete gezogen."

W 3e

✎ Die Gewinnwahrscheinlichkeit bleibt gleich, wenn das Verhältnis von Nieten und
✎ Gewinnlosen gleich bleibt. Bestimme die notwendige Gesamtzahl der Nieten
✎ mithilfe des Dreisatzes. Ziehe diese dann von der Zahl der bereits vorhandenen
✎ Nieten ab.
✎ Berechne alternativ die Gewinnwahrscheinlichkeit, wenn einmal gezogen wird.

Lösung: Mit dem Dreisatz:

Gewinnlose	Gesamtzahl Lose
$:20$ ⟨ 20	200 ⟩ $:20$
$\cdot 21$ ⟨ 1	10 ⟩ $\cdot 21$
21	210

Bei 21 Gewinnlosen müssen insgesamt 210 Lose vorhanden sein, damit sich die Gewinnwahrscheinlichkeit nicht ändert.

210 Gesamtlose − 21 Gewinne = 189 Nieten

Da zuvor 180 Nieten in der vollen Lostrommel waren, müssen **9 Nieten** hinzugelegt werden.

Alternativer Lösungsweg:

Gewinnwahrscheinlichkeit:

$$P(\text{Gewinn}) = \frac{20}{200} = \frac{1}{10} = 0,1 = 10\,\%$$

Auf jedes Gewinnlos kommen 10 Gesamtlose. Wird ein Gewinnlos dazugegeben, müssten also auch $10 - 1 = \mathbf{9\ Nieten}$ in die Lostrommel gegeben werden, damit die Gewinnwahrscheinlichkeit gleich bleibt.

Aufgabe W 4 (Wahlteil A)

W 4a

Um rechnerisch zu zeigen, dass das Volumen vom Milchschaum nach einer Minute um 20 % abgenommen hat, kannst du mit dem Dreisatz oder der Lösungsformel der Prozentrechnung rechnen.

Lösung: Mithilfe vom Dreisatz:

Volumenabnahme nach einer Minute:

$60\ \text{cm}^3 - 48\ \text{cm}^3 = 12\ \text{cm}^3$

Volumen in cm³	Prozentsatz
60	100 %
1	$\dfrac{100\,\%}{60}$
12	20 %

: 60 ⟶ : 60
· 12 ⟶ · 12

Das Milchschaumvolumen hat nach einer Minute um 20 % abgenommen.

Alternative Lösungsmöglichkeit:

Volumen vom Milchschaum nach einer Minute:

Volumen in cm³	Prozentsatz
60	100 %
1	$\dfrac{100\,\%}{60}$
48	80 %

: 60 ⟶ : 60
· 48 ⟶ · 48

Da nach einer Minute noch 80 % des Ursprungsvolumens vo.. anden sind, hat dieses um $100\,\% - 80\,\% = 20\,\%$ abgenommen.

Lösung mit der Lösungsformel:

geg.: Grundwert G = 60 cm³; Prozentwert P = 48 cm³

ges.: Prozentsatz p %

$$p\% = \frac{P}{G} \cdot 100\%$$

$$p\% = \frac{48\,\text{cm}^3}{60\,\text{cm}^3} \cdot 100\%$$

$$p\% = 80\%$$

Da nach einer Minute noch 80 % des Ursprungsvolumens vorhanden sind, hat dieses um 100 % − 80 % = 20 % abgenommen.

W 4b

In jeder Minute nimmt das Volumen des Milchschaums um 20 % ab. 80 % des Ausgangswertes bleiben also erhalten. Berechne das Volumen nach zwei Minuten und nach drei Minuten mit dem Dreisatz oder der Lösungsformel.

Gehe anschließend weiter schrittweise vor, bis du die Zeit b erreicht hast, zu der das Milchschaumvolumen 19,7 cm³ beträgt.

Lösung: Mithilfe vom Dreisatz:

Das Volumen des Milchschaums beträgt nach einer Minute 48 cm³.

Volumen des Milchschaums nach zwei Minuten:

Prozentsatz	Volumen in cm³
100 %	48
1 %	$\frac{48}{100}$
80 %	38,4

: 100 … : 100
· 80 … · 80

Volumen des Milchschaums nach drei Minuten:

Prozentsatz	Volumen in cm³
100 %	38,4
1 %	$\frac{38,4}{100}$
80 %	30,72

: 100 … : 100
· 80 … · 80

a = 30,72 cm³

Volumen des Milchschaums nach vier Minuten:

Prozentsatz	Volumen in cm^3
100 %	30,72
1 %	$\dfrac{30,72}{100}$
80 %	24,576

: 100 ( ) : 100

· 80 ( ) · 80

Volumen des Milchschaums nach fünf Minuten:

Prozentsatz	Volumen in cm^3
100 %	24,576
1 %	$\dfrac{24,576}{100}$
80 %	19,6608

: 100 ( ) : 100

· 80 ( ) · 80

Runden: $19,6608 \approx 19,7 \;\Rightarrow\; \mathbf{b = 5\ min}$

Du kannst alternativ auch jeweils 20 % des momentanen Volumens mithilfe des
Dreisatzes berechnen und diese dann vom Ausgangswert abziehen.

Alternativer Lösungsweg mit der Lösungsformel und anschließender Subtraktion:

Volumen des Milchschaums nach zwei Minuten:

geg.: Grundwert G = 48 cm^3; Prozentsatz p % = 20 %

ges.: Prozentwert P

$$P = \frac{G \cdot p}{100}$$

$$P = \frac{48\,cm^3 \cdot 20}{100}$$

$$P = 9,6\,cm^3$$

$$48\,cm^3 - 9,6\,cm^3 = 38,4\,cm^3$$

Volumen des Milchschaums nach drei Minuten:

geg.: Grundwert $G = 38{,}4 \ \text{cm}^3$; Prozentsatz $p \ \% = 20 \ \%$

ges.: Prozentwert P

$$P = \frac{G \cdot p}{100}$$

$$P = \frac{38{,}4 \ \text{cm}^3 \cdot 20}{100}$$

$$P = 7{,}68 \ \text{cm}^3$$

$$a = 38{,}4 \ \text{cm}^3 - 7{,}68 \ \text{cm}^3 = \mathbf{30{,}72 \ cm^3}$$

Das Volumen des Milchschaums beträgt nach drei Minuten $30{,}72 \ \text{cm}^3$.

Volumen des Milchschaums nach vier Minuten:

geg.: Grundwert $G = 30{,}72 \ \text{cm}^3$; Prozentsatz $p \ \% = 20 \ \%$

ges.: Prozentwert P

$$P = \frac{G \cdot p}{100}$$

$$P = \frac{30{,}72 \ \text{cm}^3 \cdot 20}{100}$$

$$P = 6{,}144 \ \text{cm}^3$$

$$30{,}72 \ \text{cm}^3 - 6{,}144 \ \text{cm}^3 = 24{,}576 \ \text{cm}^3 \approx 24{,}58 \ \text{cm}^3$$

Volumen des Milchschaums nach fünf Minuten:

geg.: Grundwert $G = 24{,}58 \ \text{cm}^3$; Prozentsatz $p \ \% = 20 \ \%$

ges.: Prozentwert P

$$P = \frac{G \cdot p}{100}$$

$$P = \frac{24{,}58 \ \text{cm}^3 \cdot 20}{100}$$

$$P = 4{,}916 \ \text{cm}^3$$

$$24{,}58 \ \text{cm}^3 - 4{,}916 \ \text{cm}^3 = 19{,}664 \ \text{cm}^3 \approx 19{,}7 \ \text{cm}^3 \quad \Rightarrow \quad \mathbf{b = 5}$$

Es ist ebenfalls möglich, direkt mit den verbliebenen 80 % des Volumens und der Lösungsformel zu rechnen.

W 4c 1

Die Formel beschreibt eine exponentielle Abnahme: Das Milchschaumvolumen sinkt jede Minute um $p\% = 20\%$. Berechne zunächst den Abnahmefaktor q mit der Formel $q = 1 - \frac{p}{100}$.

Hinweis: Bekannt ist die Funktionsgleichung für Wachstumsprozesse meist in der Form $y = c \cdot a^x$. Die Form $V = V_0 \cdot q^t$ ist vergleichbar, sodass V_0 für den Anfangswert, q für den Abnahmefaktor und t für die Anzahl der Minuten steht.

Lösung:　Abnahmefaktor:

$$q = 1 - \frac{p}{100} = 1 - \frac{20}{100} = \mathbf{0{,}8}$$

Startwert V_0 (Volumen des Milchschaums bei Minute 0): $\mathbf{V_0 = 60\,cm^3}$

Die Abnahme des Milchschaumvolumens wird also durch die Funktionsgleichung $V = 60\,cm^3 \cdot 0{,}8^t$ beschrieben.

W 4c 2

Setze $t = 7$ in die Gleichung für das Milchschaumvolumen ein. Achte darauf, dein Ergebnis auf eine Nachkommastelle zu runden.

Hinweis: Solltest du Probleme beim Aufstellen der Funktionsgleichung haben, kannst du für diese und die folgende Teilaufgabe wieder mit Dreisatz, Lösungsformel oder Abnahmefaktor rechnen. Das ist jedoch deutlich aufwendiger.

Lösung:　Einsetzen von $t = 7$ in die Funktionsgleichung:

$$V = V_0 \cdot q^t = 60\,cm^3 \cdot 0{,}8^7 \approx \mathbf{12{,}6\,cm^3}$$

Nach 7 Minuten beträgt das Volumen des Milchschaums rund $12{,}6\,cm^3$.

W 4c 3

Berechne schrittweise mithilfe der Funktionsgleichung das Milchschaumvolumen, bis dieses unter $2\,cm^3$ fällt. Du kannst zunächst auch in größeren Schritten vorgehen, bis du in die Nähe eines Volumens von $2\,cm^3$ kommst.

Lösung:　Mithilfe der Funktionsgleichung:

Nach 8 Minuten: $\quad V_8 = 60\,cm^3 \cdot 0{,}8^8 \approx 10{,}1\,cm^3$

Nach 9 Minuten: $\quad V_9 = 60\,cm^3 \cdot 0{,}8^9 \approx 8{,}1\,cm^3$

Nach 10 Minuten: $\quad V_{10} = 60\,cm^3 \cdot 0{,}8^{10} \approx 6{,}4\,cm^3$

Nach 11 Minuten: $\quad V_{11} = 60\,cm^3 \cdot 0{,}8^{11} \approx 5{,}2\,cm^3$

Nach 12 Minuten: $\quad V_{12} = 60\,cm^3 \cdot 0{,}8^{12} \approx 4{,}1\,cm^3$

Nach 13 Minuten: $V_{13} = 60\,\text{cm}^3 \cdot 0,8^{13} \approx 3,3\,\text{cm}^3$

Nach 14 Minuten: $V_{14} = 60\,\text{cm}^3 \cdot 0,8^{14} \approx 2,6\,\text{cm}^3$

Nach 15 Minuten: $V_{15} = 60\,\text{cm}^3 \cdot 0,8^{15} \approx 2,1\,\text{cm}^3$

Nach 16 Minuten: $V_{16} = 60\,\text{cm}^3 \cdot 0,8^{16} \approx 1,7\,\text{cm}^3$

Nach 16 Minuten sind erstmals weniger als $2\,\text{cm}^3$ Milchschaum vorhanden.

W 4d

Beim Sinken des Milchschaumvolumens handelt es sich um eine exponentielle Abnahme. Der zugehörige Graph schmiegt sich für größer werdende x-Werte immer mehr an die x-Achse an.

Schließe alle Graphen aus, die nicht passen:
- Graph B und D gehören zu linearen Funktionen und sind somit falsch.
- Graph A fällt mit zunehmenden x-Werten immer steiler und scheint die x-Achse zu schneiden, ähnlich dem Ast einer nach unten geöffneten Parabel. Graph A ist ebenfalls falsch.

Lösung: **Graph C**

Aufgabe W 5 (Wahlteil A)

W 5a

Addiere zunächst die gegebenen Teilstrecken, um die Grundseite a des Trapezes zu erhalten. Das Volumen des Prismas ist dann gleich dem Produkt seiner trapezförmigen Grundfläche und der Körperhöhe $h_K = 10\,\text{cm}$. Setze für die Grundfläche die Formel für den Flächeninhalt eines Trapezes ein.

Lösung: $a = 5\,\text{cm} + 6\,\text{cm} + 3,5\,\text{cm} = 14,5\,\text{cm}$

$$V_{\text{Prisma}} = G \cdot h_K$$

$$V_{\text{Prisma}} = \left(\frac{a+c}{2} \cdot h \right) \cdot h_K$$

$$V_{\text{Prisma}} = \left(\frac{14,5\,\text{cm} + 6\,\text{cm}}{2} \cdot 12\,\text{cm} \right) \cdot h_K$$

$$V_{\text{Prisma}} = 123\,\text{cm}^2 \cdot 10\,\text{cm}$$

$$V_{\text{Prisma}} = \mathbf{1\,230\,cm^3}$$

Das Prisma hat ein Volumen von $1\,230\,\text{cm}^3$.

W 5b

Zähle alle Ecken, Kanten und Flächen. Wenn es dir hilft, kannst du dazu eine Skizze anfertigen. Denke auch an die in der Skizze verdeckten Flächen und Kanten. Bei der abgedruckten Skizze ist die trapezförmige Grundfläche vorne und das Prisma liegt auf einer der Mantelflächen.

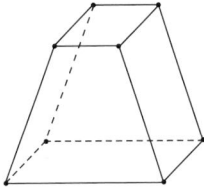

Lösung: $e = \mathbf{8}$ (jeweils 4 Ecken für Grund- und Deckfläche)

$k = \mathbf{12}$ (4 Kanten oben, 4 Kanten unten, 4 Kanten seitlich)

$f = \mathbf{6}$ (trapezförmige Grund- und Deckflächen und 4 Mantelflächen)

W 5c 1

Die Mantelfläche M eines Körpers ist die Summe seiner Seitenflächen. Es gilt: $M = u \cdot h_K$, wobei u der Umfang der Grundfläche ist.
Zur Bestimmung von u fehlt die Seite x (siehe Skizze), die du mithilfe des Satzes von Pythagoras berechnen kannst.

Lösung:
$$x^2 = (12 \text{ cm})^2 + (3,5 \text{ cm})^2$$
$$x^2 = 156,25 \text{ cm}^2 \quad \big| \sqrt{}$$
$$x = 12,5 \text{ cm}$$

Berechnung der Mantelfläche:
$$M = u \cdot h_K$$
$$M = (13 \text{ cm} + 6 \text{ cm} + 12,5 \text{ cm} + 14,5 \text{ cm}) \cdot 10 \text{ cm}$$
$$M = 46 \text{ cm} \cdot 10 \text{ cm}$$
$$M = \mathbf{460 \text{ cm}^2}$$

W 5c 2

Um herauszufinden, wievielmal die Mantelfläche nach der Verdopplung aller Seiten der Grundfläche und der Körperhöhe größer ist, kannst du einfach mit den verdoppelten Werten rechnen. Vergleiche dein Ergebnis mit dem Wert aus Aufgabe W 5c 1.
Alternativ kannst du die Formel für die Mantelfläche anpassen und vergleichen, ohne konkrete Längen einzusetzen.

Lösung: Mantelfläche bei Verdopplung aller Seitenlängen:

$$M' = u' \cdot h_K'$$
$$M' = (2 \cdot 13\,cm + 2 \cdot 6\,cm + 2 \cdot 12,5\,cm + 2 \cdot 14,5\,cm) \cdot 2 \cdot 10\,cm$$
$$M' = (26\,cm + 12\,cm + 25\,cm + 29\,cm) \cdot 20\,cm$$
$$M' = 92\,cm \cdot 20\,cm$$
$$M' = 1\,840\,cm^2$$

Vergleich mit alter Mantelfläche $M = 460\,cm^2$:

$$\frac{M'}{M} = \frac{1\,840\,cm^2}{460\,cm^2} = 4$$

Die Mantelfläche vervierfacht sich.

Alternative Lösung über die Formel:

$$M = u \cdot h_K$$

Bei Verdopplung des Umfangs und der Körperhöhe ergibt sich:

$$M' = 2 \cdot u \cdot 2 \cdot h_K = 2 \cdot 2 \cdot u \cdot h_K = 4 \cdot u \cdot h_K$$

Die Mantelfläche vervierfacht sich.

Aufgabe W 4 (Wahlteil B)

W 4a 1

/ Wende das Potenzgesetz $a^m \cdot a^n = a^{m+n}$ an.

Lösung:
$$11^{-8} \cdot 11^{12} = 11^a$$
$$11^{-8+12} = 11^a$$
$$11^4 = 11^a$$

a = 4

W 4a 2

/ Wende das Potenzgesetz $(a^m)^n = a^{m \cdot n}$ an.

Lösung:
$$(7,5^4)^b = 7,5^8$$
$$7,5^{4 \cdot b} = 7,5^8$$
$$\Rightarrow \quad 4 \cdot b = 8$$

b = 2

W 4a 3

✎ Wende das Potenzgesetz $a^m : a^n = a^{m-n}$ an.

Lösung: $x^c : x^9 = x^{-6}$

$\qquad x^{c-9} = x^{-6}$

$\qquad \Rightarrow \quad c - 9 = -6 \quad |+9$

$\qquad \mathbf{c = 3}$

W 4b 1

✎ Zerlege die Zahl 8 in Primfaktoren, um sie als Potenz schreiben zu können.
✎ Oder schreibe die Zahl 8 alternativ als Potenz mit dem Exponenten 1.

Lösung: $8 = 2 \cdot 2 \cdot 2 = \mathbf{2^3}$

Alternative Lösung:
$\qquad 8 = \mathbf{8^1}$

W 4b 2

✎ Wende das Potenzgesetz $\frac{1}{a^n} = a^{-n}$ an. Es gibt wieder verschiedene Lösungen.

Lösung: $\dfrac{1}{25} = \mathbf{25^{-1}}$

Alternative Lösung:

$$\dfrac{1}{25} = \dfrac{1}{5 \cdot 5} = \dfrac{1}{5^2} = \mathbf{5^{-2}}$$

W 4c

✎ Probiere sinnvoll aus, für welche Zahlen $x > 0$ die Ungleichung wahr ist.
✎ Teile alternativ die Ungleichung auf beiden Seiten durch x^2. Da x^2 immer positiv
✎ ist, bleibt die Richtung des Ungleichheitszeichens erhalten.

Lösung: Ausprobieren von $x = 2$: $\qquad$ Ausprobieren von $x = 1$:

$\qquad\qquad x^2 > x^3 \qquad\qquad\qquad\qquad x^2 > x^3$

$\qquad\qquad 2^2 \not> 2^3 \qquad\qquad\qquad\qquad 1^2 = 1^3$

$\qquad\qquad 4 \not> 8 \;\; \text{falsch!} \qquad\qquad\quad 1 = 1 \;\; \text{falsch!}$

$\qquad$ Ausprobieren von $x = 0{,}5$: $\qquad$ Ausprobieren von $x = 0{,}1$:

$$x^2 > x^3 \qquad\qquad\qquad x^2 > x^3$$
$$0{,}5^2 > 0{,}5^3 \qquad\qquad\quad 0{,}1^2 > 0{,}1^3$$
$$0{,}25 > 0{,}125 \quad\checkmark \qquad\quad 0{,}01 > 0{,}001 \quad\checkmark$$

Mögliche Zahlen: *z. B.* $x = 0{,}5$ *oder* $x = 0{,}1$

Alternative Lösungsmöglichkeit:

$$x^2 > x^3 \quad \big| : x^2$$
$$1 > x$$

Die Aussage ist also wahr für alle Zahlen $0 < x < 1$.

Mögliche Zahlen: *z. B.* $x = 0{,}5$ *oder* $x = 0{,}1$

W 4d 1

🖊 Gib die Werte in den Taschenrechner ein und notiere das Ergebnis.
🖊 Wende alternativ das Kommutativgesetz sowie das Potenzgesetz $a^m \cdot a^n = a^{m+n}$
🖊 an und fasse zusammen.

Lösung: Eingabe in den Taschenrechner:
$$7{,}5 \cdot 10^{25} \cdot 1{,}2 \cdot 10^{-17} = \mathbf{9 \cdot 10^8}$$

Alternative Lösung mit dem Kommutativgesetz:
$$7{,}5 \cdot 10^{25} \cdot 1{,}2 \cdot 10^{-17} = \underbrace{7{,}5 \cdot 1{,}2}_{} \cdot \underbrace{10^{25} \cdot 10^{-17}}_{}$$
$$= \quad 9 \quad \cdot \quad 10^{25-17}$$
$$= \quad \mathbf{9} \quad \cdot \quad \mathbf{10^8}$$

W 4d 2

🖊 Schreibe die Zahl zunächst aus. Zähle anschließend, um wie viele Stellen du das
🖊 Komma nach links verschieben musst, damit nur noch eine Ziffer vor dem
🖊 Komma steht. *Beachte:* 1 Milliarde $= 1\,000\,000\,000 = 10^9$

Lösung: $14{,}3 \text{ Milliarden} = 14\,300\,000\,000 = 14\,\underbrace{300\,000\,000{,}0}_{10\,\text{Stellen}} = \mathbf{1{,}43 \cdot 10^{10}}$

W 4e

Berechne zunächst das Volumen der Sonne mithilfe der Volumenformel für eine Kugel. Berechne dann ihre Masse, indem du das Volumen mit der Dichte ρ (1 m³ der Sonne wiegt 1 408 kg) multiplizierst. Achte auf die korrekte wissenschaftliche Schreibweise und das Runden des Ergebnisses auf zwei Stellen nach dem Komma.

Lösung: Berechnung des Volumens der Sonne ($r = 7 \cdot 10^8$ m):

$$V_{Sonne} = \frac{4}{3} \cdot \pi \cdot r^3 = \frac{4}{3} \cdot \pi \cdot (7 \cdot 10^8 \text{ m})^3 = \frac{4}{3} \cdot \pi \cdot 7^3 \cdot (10^8 \text{ m})^3 \approx 1{,}436 \cdot 10^{27} \text{ m}^3$$

Berechnung der Sonnenmasse mit der Formel $m = V \cdot \rho$:

$$m_{Sonne} = V_{Sonne} \cdot \rho = 1{,}436 \cdot 10^{27} \text{ m}^3 \cdot 1\,408 \, \frac{\text{kg}}{\text{m}^3} \approx \mathbf{2{,}02 \cdot 10^{30} \text{ kg}}$$

Die Masse der Sonne beträgt rund $2{,}02 \cdot 10^{30}$ kg.

Aufgabe W 5 (Wahlteil B)

W 5a

Die abgebildete Kerze lässt sich als Zylinder modellieren. Schätze mithilfe der abgebildeten Hand die Höhe h_K und den Durchmesser d der Kerze. Berechne mit diesen Maßen und der Volumenformel des Zylinders das Volumen der Kerze. Die Masse der Kerze erhältst du, indem du das Volumen mit der Dichte (1 cm³ Paraffin wiegt 0,9 g) multiplizierst. Die ungefähre Brenndauer der Kerze ergibt sich dann durch Division durch das pro Stunde verbrennende Paraffin. Runde dein Ergebnis auf ganze Stunden.

Lösung: Geschätzte Breite der Hand: ca. 15 cm (mit Daumen)
Geschätzte Länge der Hand: ca. 20 cm

Mit diesen Werten ergeben sich folgende Maße der Kerze:
Durchmessers d: ca. 7 cm   (ca. $\frac{1}{3}$ der Länge der Hand)
Höhe h_K: ca. 15 cm   (entspricht der Breite der Hand)

Berechnung des Volumens der Kerze mithilfe der Formel für Zylinder:
geg.: $r = d : 2 = 3{,}5$ cm; $h_K = 15$ cm

$$V_{Kerze} = \pi \cdot r^2 \cdot h_K$$
$$V_{Kerze} = \pi \cdot (3{,}5 \text{ cm})^2 \cdot 15 \text{ cm}$$
$$V_{Kerze} \approx 577{,}267 \text{ cm}^3$$

Berechnung der Masse der Kerze (1 cm³ Paraffin wiegt 0,9 g):

$$m_{Kerze} = V_{Kerze} \cdot 0,9 \, \frac{g}{cm^3} = 577,267 \, cm^3 \cdot 0,9 \, \frac{g}{cm^3} \approx 519,5408 \, g$$

Brenndauer der Kerze (7,5 g Paraffin verbrennen pro Stunde):

$$t = m_{Kerze} : 7,5 \, \frac{g}{h} = 519,5408 \, g : 7,5 \, \frac{g}{h} \approx \mathbf{69 \, h}$$

Die Brenndauer der Kerze beträgt ca. 69 Stunden.

Die Schätzungen der Größen können variieren. Folgende Abschätzungen können
als richtig gewertet werden:
Durchmesser d der Kerze: $4 \, cm \le d \le 9 \, cm$
Höhe h_K der Kerze: $10 \, cm \le h \le 18 \, cm$
Daraus ergeben sich folgende zulässige Bereiche für (Zwischen-)Ergebnisse:
V_{Kerze}: $125 \, cm^3 \le V \le 1\,146 \, cm^3$
m_{Kerze}: $112 \, g \le m \le 1\,031 \, g$
$t_{Brenndauer}$: $15 \, h \le t \le 138 \, h$

W 5b

Um herauszufinden, um welchen Faktor sich die Brenndauer erhöht, kannst du
das neue Volumen der Kerze bei verdoppeltem Radius berechnen. Du kannst
sowohl mit der allgemeinen Formel rechnen als auch mit den eingesetzten Werten
die neue Brenndauer bestimmen.
Vergleiche dein Ergebnis jeweils mit dem Wert aus Aufgabe W 5a.

Lösung: Ursprüngliche Volumenformel:

$$V_{Zylinder} = \pi \cdot r^2 \cdot h_K$$

Eine Verdopplung des Radius führt zu folgender Formel:

$$V'_{Zylinder} = \pi \cdot (2 \cdot r)^2 \cdot h_K = \pi \cdot 4 \cdot r^2 \cdot h_K = 4 \cdot \pi \cdot r^2 \cdot h_K = 4 \cdot V_{Zylinder}$$

Da sich das Volumen vervierfacht, vervierfacht sich auch die Brenndauer.

Alternative Lösungsmöglichkeit mit eingesetzten Werten:
Verdopplung des Radius r:
$r = 3,5 \, cm \implies r' = 7 \, cm$
Neues Volumen der Kerze:

$$V'_{Kerze} = \pi \cdot r'^2 \cdot h_K = \pi \cdot (7 \, cm)^2 \cdot 15 \, cm \approx 2\,309,070 \, cm^3$$

Berechnung der neuen Masse der Kerze:

$$m'_{Kerze} = V'_{Kerze} \cdot \rho = 2\,309{,}070 \cdot 0{,}9\,\frac{g}{cm^3} \approx 2\,078{,}1635\,g$$

Berechnung der neuen Brenndauer der Kerze:

$$t' = m'_{Kerze} : 7{,}5\,\frac{g}{h} = 2\,078{,}1635\,g : 7{,}5\,\frac{g}{h} \approx 277\,h$$

Vergleich mit der ursprünglichen Brenndauer $t = 69\,h$:

$$\frac{t'}{t} = \frac{277\,h}{69\,h} \approx 4$$

Bei einer Verdoppelung des Radius vervierfacht sich die Brenndauer der Kerze.

W 5c

Berechne zuerst die Masse, die eine Kerze haben muss, um 100 Stunden zu brennen. Forme die Massenformel so um, dass du das Volumen berechnen kannst. Setze dieses dann gleich der Volumenformel für eine Kugel und löse nach dem Radius r auf. Runde dein Ergebnis auf ganze Zentimeter.

Lösung: Berechnung der Masse einer Kerze mit 100 Stunden Brenndauer:

$$m_{Kerze} = 100\,h \cdot 7{,}5\,\frac{g}{h} = 750\,g$$

Berechnung des Volumens einer kugelförmigen Kerze:

$$m = V_{Kerze} \cdot \rho \qquad |: \rho$$

$$V_{Kerze} = \frac{m_{Kerze}}{\rho}$$

$$V_{Kerze} = \frac{750\,g}{0{,}9\,\frac{g}{cm^3}} \approx 833{,}333\,cm^3$$

Formel zur Berechnung des Volumens einer Kugel:

$$V_{Kugel} = \frac{4}{3} \cdot \pi \cdot r^3$$

Gleichsetzen der beiden Volumina:

$$V_{Kugel} = V_{Kerze}$$

$$\frac{4}{3} \cdot \pi \cdot r^3 = 833{,}333 \, cm^3 \qquad \Big| : \left(\frac{4}{3} \cdot \pi\right)$$

$$r^3 = \frac{833{,}333 \, cm^3}{\frac{4}{3} \cdot \pi}$$

$$r^3 \approx 198{,}943 \, cm^3 \qquad \Big| \sqrt[3]{\ }$$

$$r \approx 5{,}837 \, cm \approx \mathbf{6 \, cm}$$

Der Radius einer kugelförmigen Kerze mit einer Brenndauer von 100 Stunden beträgt rund 6 cm.

Deutsch

Teil I: Lesen

🖉 *Hinweis: In den Aufgaben 1 bis 3 ist von den vier Antwortmöglichkeiten immer nur eine Lösung richtig. Sind mehrere Möglichkeiten angekreuzt, wird kein Punkt vergeben.*

1. a) ☒ im Wald

    🖉 *Hinweis: Z. 5 f.: „Gerne wäre ich auch Förster geworden [...]."*

   b) ☒ in einer Spielzeugfabrik.

    🖉 *Hinweis: Z. 16 f.: „Und ich wurde Pförtner in einer Spielzeugfabrik."*

   c) ☒ zu langsam.

    🖉 *Hinweis: Z. 122 ff.: „Ich arbeitete zu langsam [...] das muss ich hören."*

   d) ☒ am nächsten Tag

    🖉 *Hinweis: Z. 168 f.: „[...] denn für morgen bin ich zum Personalchef geladen."*

   e) ☒ durch einen Bewerber.

    🖉 *Hinweis: Z. 178 f.: „Er bewerbe sich um die ausgeschriebene Pförtnerstelle, sagte er."*

2. a) ☒ andere zufriedenstellen.

    🖉 *Hinweis: Diese Formulierung bedeutet, dass man sich bemüht, alle Erwartungen zu erfüllen und ihnen damit ge**recht** zu werden.*

   b) ☒ niemanden unhöflich zu behandeln.

    🖉 *Hinweis: Die Redewendung „vor den Kopf stoßen" veranschaulicht, dass verbale Grobheiten oder Beleidigungen genauso schmerzen können wie ein körperlicher Angriff, also ein Stoß vor bzw. gegen den Kopf.*

c) ☒ jemandem seine Meinung zu verbieten.

Hinweis: Auch diese als Redensart gebräuchliche Metapher dient zur Veranschaulichung: Mit einem verstopften oder zugestopften Mund kann man nicht reden und damit auch nicht seine Meinung äußern.

3. ☒ Nur B und D treffen zu.

Hinweis: A: Als Protagonisten bezeichnet man die Hauptfiguren innerhalb einer Erzählhandlung. Text 1 beschreibt fast ausschließlich die Gedanken und Beobachtungen des Pförtners aus der Ich-Perspektive, erst am Ende kommt mit dem Bewerber eine zweite Person hinzu. Deshalb ist Antwort A nicht richtig. B: Antwort B trifft zu, denn es wird nicht eindeutig gesagt, ob der Pförtner seine Stelle behält oder nicht. Damit kann man den Schluss der Geschichte als offenes Ende bezeichnen. C: Es gibt nur einen einzigen Handlungsort, nämlich die Pförtnerloge. D: Der Ich-Erzähler beginnt im Präteritum, als er von seinen früheren Berufsvorstellungen erzählt (Z. 3–8). Dann verwendet er unvermittelt das Präsens (Z. 9–14), kurz darauf das Perfekt (Z. 22), um sofort über das Präsens (Z. 23) erneut ins Präteritum zu wechseln (Z. 24). Dieser Zeitformenwechsel zieht sich durch den gesamten Text, deshalb ist Antwort D richtig.

4. *Hinweis: Für die richtige Erklärung des Stilmittels gibt es einen Punkt. Kannst du dazu noch die Wirkung der Parenthesen im Textzusammenhang verdeutlichen, gibt es zwei weitere Punkte. Der Textverweis kann als Zitat, Umschreibung oder auch nur als Zeilenangabe erfolgen.*

Mögliche Lösung:
Erklärung des Stilmittels: Wenn ein Satz durch einen Einschub mithilfe von Gedankenstrichen, Klammern oder Kommas unterbrochen wird, bezeichnet man das als Parenthese.

Wirkung:
Da sie den Satz unterbrechen, werden die in Parenthese stehenden Äußerungen hervorgehoben und bekommen damit eine besondere Bedeutung. In Zeile 97 f. betont der Ich-Erzähler die seiner Ansicht nach wichtige Rolle seiner Position als Pförtner: Er sieht sich als Stellvertreter der Geschäftsführer. Diese Aussage wird durch die zweite Parenthese in Z. 102 gesteigert: Als Pförtner hat er eine Fürsorgepflicht gegenüber seinen Vorgesetzten, die ohne ihn wehrlos den Besuchern ausgeliefert wären.

5.   *Hinweis: Es genügt, die Aufgaben des Pförtners in Stichworten zu nennen, d. h. aufzuzählen. Du kannst zitieren oder mit eigenen Worten die Aufgaben formulieren. Zeilenverweise oder Textbelege sind dabei nicht notwendig.*

Mögliche Lösungen:
- Türen öffnen (Z. 26 f.)
- telefonieren (Z. 29 ff.)
- Fragen beantworten / Auskünfte geben (Z. 33 ff., Z. 57 f.)
- Besucher bei Vorgesetzten anmelden (Z. 40 ff.; Z. 174 f.)
- die Reaktion der Vorgesetzten deuten und die Besucher gegebenenfalls höflich abweisen (Z. 62–67)
- die Vorgesetzten vor unerwünschten Besuchern schützen (Z. 101 ff.)
- der Anordnung der Direktion Folge leisten, Besucher höflich zu behandeln (Z. 133 ff.)

6.   *Hinweis: Beim Zitieren geht es darum, passende Textstellen aufzufinden, sie richtig abzuschreiben und mit Anführungsstrichen und Zeilenangaben zu versehen. Erklären musst du die Textstellen nicht. Fehlen Zeilenangaben oder Anführungsstriche, gibt es jeweils einen halben Punkt weniger.*

Mögliche Lösungen:
- „Und jeder im Haus glaubt, er sei der Vorgesetzte des Pförtners. Der Pförtner hat keine Kollegen, er hat nur Vorgesetzte." (Z. 42 ff.)
- „Aber die in den Büros sind so empfindlich, dass sie oft schon durch eine telefonische Anfrage in schreckliche Erregung versetzt werden können […]." (Z. 48–52)
- „[…] der feinnervige und hochbezahlte Herr aus dem Büro […]" (Z. 59 f.)
- „[…] des Pförtners Aufgabe ist es, diesen Wutschrei des gestörten Herrn sofort zu übersetzen […]" (Z. 62 f.)
- „Ich prüfe die Besucher selbst und entscheide, ob sie mit Recht verlangen, […] mit einem der Direktoren oder dem Personalchef sprechen zu dürfen." (Z. 71–77)
- „[…] die leitenden Persönlichkeiten unserer Firma – sie sind ja die verletzlichsten […]" (Z. 101 f.)
- „Leider wird dies von eben diesen Herrn überhaupt nicht bemerkt. Vor allem verstehen diese Persönlichkeiten nicht, dass ich Zeit brauche, um die einzelnen Besucher […] von der Nutzlosigkeit ihrer Besuche zu überzeugen." (Z. 103–108)

7. a) *Hinweis: Beim Herausarbeiten sollen Informationen aus dem Text abge-leitet und mit eigenen Worten beschrieben werden, die darin nicht ausdrück-lich formuliert sind. Im vorliegenden Fall erkennen die Leser*innen durch die Schilderungen des Pförtners dessen anmaßendes Verhalten. Der Pförtner selbst bewertet seine Kompetenzüberschreitungen natürlich ganz anders, weil er sie auf seine Weise als positiv für die Firma definiert.*

Für die zutreffende Herausarbeitung anhand einer passenden Textstelle gibt es drei, ohne Textverweis nur einen Punkt. Wird nur eine Textstelle genannt und nicht bezüglich der Aufgabenstellung interpretiert, gibt es keinen Punkt.

Mögliche Lösungen:

– Z. 70–77: Der Pförtner beschreibt, wie er mit den Besuchern umgeht. Er befragt sie und entscheidet dann, ob ihr Anliegen sie berechtigt, eingelassen zu werden. Seine Aufgabe ist es aber, die Besucher in den Abteilungen oder bei den Personen anzumelden, zu denen sie möchten. Es steht ihm nicht zu, eigenmächtig zu entscheiden, wer in die Fabrik darf und wer nicht.

– Z. 79–96: Ohne seine Vorgesetzten zu informieren, fragt der Pförtner die Besucher aus. In den meisten Fällen überzeugt er sie anschließend von der Sinnlosigkeit ihrer Sache und schickt sie weg. Dabei kann er in seiner Position gar nicht wissen, welche Bedeutung das jeweilige Anliegen für den Besucher oder die Firma hat. Er nimmt also Befugnisse für sich in Anspruch, die nur seinen Vorgesetzten zustehen.

– Z. 97–103: An dieser Textstelle wird die Selbstüberschätzung des Pförtners deutlich und die übersteigerte Bedeutung, die er seiner Funktion zuschreibt. Er sieht sich als Vertreter aller „leitenden Herrn des Hauses" und ist der Überzeugung, dass die steigenden Umsätze der Firma unter anderem der Hartnäckigkeit zu verdanken sind, mit der er seine Vorgesetzten „vor lästigen Besuchern schütze".

b) *Hinweis: „Erläutern" heißt, dass komplizierte und manchmal nicht sofort offensichtliche Sachverhalte aus dem Text klargestellt werden sollen. Hier kommt es also auf dein Textverständnis an, weil man die Antwort auf die Frage aus dem Zusammenhang der Geschichte selbst ableiten muss. Achte darauf, dass du den Sachverhalt anhand von **zwei** Textstellen erläutern sollst. Für jede schlüssige Erläuterung mit Bezug auf eine Textstelle (Zeilenangabe, Umschreibung oder Zitat) werden zwei Punkte vergeben. Fehlt der Textver-weis, gibt es nur noch einen Punkt, das bloße Nennen oder Zitieren einer Text-stelle hingegen wird mit null Punkten bewertet.*

Mögliche Lösungen:

– Z. 48–69: Der Pförtner rechtfertigt sein Handeln damit, dass der von einer Besucheranmeldung möglicherweise gestörte Vorgesetzte ihn durchs Telefon anschreien und damit aus der Fassung bringen könnte. Dann wäre er nicht mehr in der Lage, den Besucher in angemessener Form abzuweisen. Um eine solche Situation gar nicht erst entstehen zu lassen, fertigt er die Besucher an der Pforte ab und meldet sie nicht an.

– Z. 79–90: Der Pförtner ist überzeugt davon, dass er sich durch seine spezielle Fragetechnik, mit der er den Anliegen der Besucher auf den Grund geht, sehr viel Hintergrundwissen über die Belange der Firma angeeignet hat. Deshalb blockt er die nach seiner Meinung überflüssigen Besucher ohne schlechtes Gewissen ab und rechtfertigt seine Entscheidungen damit, zum Wohl der Firma zu handeln.

– Z. 97–103: Der Pförtner sieht sich als Stellvertreter der Geschäftsleitung, die er vor lästigen Besuchern schützen muss. Die rasch steigenden Umsätze der Firma führt er auf sein Handeln zurück, weil er dafür sorgt, dass die leitenden Personen der Fabrik in Ruhe arbeiten können.

– Z. 120–127: Wegen der Methode des Pförtners häufen sich die Beschwerden innerhalb der Firma. Dennoch ist der Pförtner davon überzeugt, richtig zu handeln und rechtfertigt sich damit, dass die Mitarbeiterinnen und Mitarbeiter keine Ahnung von seinem Beruf hätten.

– Z. 127–133: Seiner Ansicht nach handelt er als Pförtner ausschließlich zum Wohl der Firma. Würde er die Besucher „kurz und barsch abfertigen", statt sie in lange Gespräche zu verwickeln, würde das dem Ruf der Firma schaden.

8. ✎ **Hinweis:** *Zum Operator „herausarbeiten" siehe Hinweis zu Aufgabe 7 a. Für die volle Punktzahl müssen **zwei verschiedene Situationen** schlüssig herausgearbeitet werden, für die es jeweils drei Punkte gibt. Der Textbezug kann als Zitat, Zeilenverweis oder Umschreibung erfolgen. Das bloße Nennen oder Zitieren einer Textstelle wird nicht bewertet.*

Mögliche Lösungen:

– Z. 1–14: Als junger Mensch hatte sich der Pförtner vorgestellt, Sparkassenräuber oder Förster zu werden. Weil er jedoch überzeugt war, dass man für diese und fast alle anderen Berufe besonders viel Mut brauche, schreckte er davor zurück. Mit ein bisschen mehr Mut und Selbstvertrauen hätte er zumindest ausprobieren können, ob ein anderer Beruf ihm gefallen hätte.

- Z. 44–69: Der Pförtner ist der Meinung, es allen recht machen zu müssen. Er möchte Konflikte mit schlecht gelaunten Vorgesetzten vermeiden und vor den Besuchern nicht die Fassung verlieren. Ihm fehlt der Mut, sich gegen die ungerechte Behandlung seiner Vorgesetzten zu wehren. Stattdessen wimmelt er lieber die Besucher an der Pforte ab und meldet sie nicht an.
- Z. 136–140: Der Pförtner traut sich nicht, sich wegen der Beschwerden der Mitarbeiter*innen bei seinen Vorgesetzten Hilfe zu holen. Die Situation hätte sich möglicherweise entspannen können, wenn er den Mut gehabt hätte, sein Handeln vor der Geschäftsleitung in einem klärenden Gespräch zu begründen.
- Z. 153–163: Auch als die Schlange der Wartenden vor der Pförtnerloge immer länger wird, kann sich der Pförtner nicht überwinden, seine Methode zu ändern. Er wird zunehmend nervös und erledigt seine Aufgaben immer schlechter. Er könnte sich ein Herz fassen und die Besucher rasch abfertigen oder durchlassen, selbst wenn er damit Konflikte mit den Vorgesetzten provoziert.
- Z. 171–184: Obwohl der Pförtner sich jahrelang darin geübt hat, jeden Besucher hinzuhalten und wegzuschicken, schafft er das ausgerechnet dann nicht, als ein Bewerber um seinen Pförtnerposten vor ihm steht. Hätte er den Mut gehabt, seine bewährte Methode anzuwenden und den Besucher wie so viele vor ihm von der Sinnlosigkeit seines Anliegens zu überzeugen, wäre der Konkurrent gegangen.

9. a) *Hinweis: Die Bedeutung des Zitats kann an einem allgemeinen Beispiel erklärt werden, es wird kein Textbezug verlangt. Drei Punkte erhältst du für eine schlüssige Erklärung, Teilpunkte werden nicht vergeben.*

Mögliche Lösung:
Wer sich für einen bestimmten Beruf entscheidet, lässt sich meist von seinen Vorlieben, Fähigkeiten und Neigungen leiten. Möchte man z. B. in einer Kindertagesstätte oder einem Krankenhaus arbeiten, dann deshalb, weil man gerne mit Menschen zu tun hat. Junge Leute, die von Technik fasziniert sind, bewerben sich hingegen um eine Ausbildung in einer Autowerkstatt oder streben einen Ingenieurberuf an. Doch egal in welchem Tätigkeitsfeld man landet, man lernt Kollegen, Vorgesetzte, Kunden oder Patienten kennen. Dazu kommen viele Erfahrungen und Erkenntnisse im Verlauf der Ausbildung und des Berufslebens. Das alles führt dazu, dass man seine Persönlichkeit, d. h. seinen Charakter, weiterentwickelt und verändert.

b) *✐ Hinweis: Eine schlüssige Erläuterung mit Textbezug wird mit drei Punkten bewertet. Ist keine Textstelle angegeben (Zitat, Zeilenangabe, Umschreibung), erhältst du zwei Punkte. Nur eine Textstelle zu nennen reicht nicht für einen Punkt.*

Mögliche Lösung:
Früher hatte sich der Pförtner vorgestellt, einen aufregenden oder interessanten Beruf zu ergreifen, nämlich Sparkassenräuber oder Förster. Bei genauerer Überlegung kam er jedoch zu dem Schluss, dass man für diese Berufe Mut braucht. Weil ihn die Anforderungen der meisten Berufe ängstigten und er sich selbst für mutlos hält, ist er vor dieser Entscheidung zurückgeschreckt und wurde Pförtner. (Vgl. Z. 1–17)

c) *✐ Hinweis: Ob du der Behauptung zustimmst oder sie ablehnst, bleibt dir überlassen. In beiden Fällen soll deine Meinung nachvollziehbar, aus dem Text heraus begründet sein. Gelingt dir das, gibt es drei Punkte, Teilpunkte werden nicht vergeben. Konkrete Textverweise sind bei dieser Aufgabe aber nicht notwendig.*

Mögliche Lösungen:
Zustimmung:
Der Pförtner beschreibt, wie er als Berufsanfänger den Besuchern noch ängstlich begegnete und Fragen fürchtete, die er nicht beantworten konnte. Er wollte es allen recht machen und hatte Angst vor den Launen seiner Vorgesetzten. Das passt zu seiner Selbstcharakterisierung als mutloser Mensch. Später jedoch hat er seine Mutlosigkeit überwunden: Er benimmt sich wie ein Chef und entscheidet selbstständig, wer in die Firma darf und wer nicht. Dabei verhält er sich sehr souverän und selbstbewusst.

Ablehnung:
Ich stimme dieser Behauptung nicht zu, denn am Ende stellt der Pförtner bei sich dieselbe Mutlosigkeit fest, die schon die Verwirklichung seiner Traumberufe verhindert hat. Seine Methoden als Pförtner hat er entwickelt und verfeinert, weil ihm der Mut zu Auseinandersetzungen mit seinen Vorgesetzten fehlt. Als ihm klar wird, dass er zu weit gegangen ist, hat er nicht den Mut, um seine Stelle zu kämpfen. Er bewundert das selbstbewusste Auftreten seines Konkurrenten und stellt fest, dass er selbst noch nicht einmal für den Pförtnerberuf mutig genug ist.

Teil II: Schreiben

Teil II.A: Textproduktion (Wahlaufgabe)

a) ✒ *Hinweis:*

Aufbau/Inhalt: Dass der Umgang des Pförtners mit Besuchern bei Vorgesetzten und Mitarbeitern für Unruhe sorgt, wird im Verlauf der Geschichte deutlich. Deine Aufgabe ist es, die Perspektive zu wechseln und die Sicht des Personalchefs einzunehmen. Vorgegeben ist, dass er bereits Beschwerden über das Verhalten des Pförtners bekommen hat und eine Entscheidung über die Zukunft des Pförtners trifft. Was geht dem Personalchef durch den Kopf, nachdem er die Beschwerden gehört hat? Ist er wütend oder verständnisvoll? Welche Meinung hat er von dem Pförtner? Was unternimmt er, um die Situation zu verändern? In der **Einleitung** deiner Erzählung sollten die Ausgangssituation, der Ort und die beteiligten Personen genannt werden. Im **Hauptteil** schilderst du, wie der Personalchef auf die Methoden des Pförtners reagiert und was er tut, um die Situation zu verändern. Im **Schlussteil** könnte es z. B. eine überraschende Wendung geben oder der Personalchef eine abschließende Bewertung der Vorgänge vornehmen. Wichtig ist, dass man in deinem Text den Wechsel der Perspektive erkennen kann, d. h., du musst das Geschehen durchgängig aus der Sicht des Personalchefs darstellen. Du kannst in der Ich-Form schreiben oder eine personale Perspektive wählen. Dabei sollst du die Handlung nicht verändern, auch wenn der Personalchef das Geschehen anders wahrnimmt als der Pförtner. Die Handlung aus dem Originaltext muss als „roter Faden" in deinem Text erkennbar sein. Gib deinen Personen Namen und denke dir auch eine passende Überschrift für deine Geschichte aus.

Sprachangemessenheit: Achte bei Satzbau und Wortwahl darauf, Wiederholungen zu vermeiden, damit dein Text nicht zu eintönig wird. Mit der Verwendung passender Verben, Adjektive und anschaulicher Vergleiche kannst du den Charakter des Personalchefs lebendig werden lassen. Die Darstellung der Handlung erfolgt vorzugsweise im Präteritum und bei Vorzeitigkeit im Plusquamperfekt. In wörtlicher Rede können auch andere Zeitformen stehen, z. B. das Präsens („Was **bildet** der sich eigentlich ein?", dachte er.). Für erlebte Rede verwendest du wiederum das Präteritum oder Plusquamperfekt (z. B.: Warum hatte er sich bloß darauf eingelassen?). Sie steht ohne redebegleitende Verben des Sagens, Denkens oder Fühlens sowie ohne Anführungszeichen.

Sprachrichtigkeit: Fehler in der Rechtschreibung und Grammatik werden als ganze Fehler, die in der Zeichensetzung als halbe Fehler gewertet. Mit dem Fehlerindex wird berechnet, wie viele von maximal vier Punkten du für die Sprachrichtigkeit bekommst.

König Pförtner

Überschrift

Als Attila Zorn, Personalchef der Spielzeugfabrik „Bauklötzchen und Schaukelpferd GmbH & Co. KG", am Dienstagmorgen verspätet in seiner Limousine durch das Haupttor der Firma rauschte und die Menschenmenge vor der Pförtnerloge sah, wusste er, dass es so nicht weitergehen konnte und er dringend eine Lösung für das Problem „Pförtner Franz König" finden musste.

Einleitung

Hauptpersonen und ihre Situation

Bereits seit Monaten häuften sich die Beschwerden von Kunden und aus der Belegschaft, dass der Pförtner seine Kompetenzen überschreite und die Besucher nach Belieben abweisen oder durchlassen würde. Doch bislang hatte er die Klagen nicht so richtig ernst genommen. Insgeheim hatte er sogar gehofft, die Lage würde sich von allein wieder beruhigen. Ehrlich gesagt, er hatte überhaupt keine Lust darauf, der Sache auf den Grund zu gehen und sich mit so einer unwichtigen Personalie wie einem Pförtner zu beschäftigen. Schließlich hatte er Wichtigeres zu tun: Die Firma durfte bei der Modernisierung in der Spielzeugbranche den Anschluss nicht verlieren. Bauklötzchen und Schaukelpferd waren von gestern, er brauchte Spieleentwickler, Softwarespezialisten, Grafikdesigner und Werbefachleute, um die Produktpalette der Fabrik mit PC-Spielen und Konsolen auf den neuesten Stand zu bringen. Doch es war wie verhext: Obwohl er die besten Arbeitsbedingungen in die Stellenangebote schreiben ließ und eine Reihe interessanter Bewerbungen auf seinem Schreibtisch gelandet waren, war noch nicht ein einziger der jungen Computerfachleute in der Personalabteilung aufgetaucht.

Hauptteil

Beschwerden über den Pförtner

aktuelle Sorgen des Personalchefs

Im Büro angekommen, orderte Zorn schlecht gelaunt die Personalakte „Franz König" und einen großen Milchkaffee bei seiner Sekretärin. Missmutig schlug er die Akte auf und je länger er darin blätterte, umso mehr fiel seine Laune in den Keller: Ein ganzer Stapel mit Aktennotizen anderer Abteilungsleiter wegen nicht vorgelassener Kunden und Auftraggeber, Briefkopien von Stellenbewerbern, die sich über die unnachgiebige Behandlung durch den Pförtner beschwerten, ein Schreiben der Kantinenpächterin, die mit der Kündigung des Bewirtungsvertrages drohte, weil der Pförtner bereits

Der Personalchef informiert sich über die Situation und erkennt, welche Folgen das Handeln des Pförtners hat.

mehrmals dem Lieferanten von Tiefkühlkost die Einfahrt auf das Firmengelände verweigert hatte. Die Beschwerden ähnelten einander: Offenbar mussten sich die Firmenbesucher nach langem Warten intensiven Befragungen aussetzen, um dann mitgeteilt zu bekommen, dass ihr Anliegen für die Firma bedeutungslos sei.

Der Personalchef fühlte, dass in ihm die Wut hochkochte wie Wasser in einem Dampfkessel. „Was bildet sich dieser Idiot eigentlich ein?", schäumte er. Entschlossen griff er zum Telefon. „Bestellen Sie den König aus der Pförtnerloge zu einem Gesprächstermin – und zwar so schnell wie möglich!", bellte er seiner Sekretärin ins Ohr. „Und dann schreiben Sie die Stelle aus, Arbeitsbeginn vorgestern."

Der Personalchef veranlasst die Ausschreibung der Pförtnerstelle.

Dann sank er zurück in seinen Schreibtischsessel und vertiefte sich frustriert in die Akte des Pförtners. Kopfschüttelnd las er die Briefe und Notizen. „Ich fasse es nicht," murmelte er vor sich hin, „wie lange ist der Kerl eigentlich schon bei uns?" Einige Jahre bereits, stellte Attila Zorn bei der Durchsicht der Papiere fest. In der Probezeit hatte er sich ohne Beanstandungen bewährt, anfangs gab es keine Probleme, sogar ein Zwischenzeugnis, das dem Pförtner besondere Sorgfalt und Gründlichkeit bescheinigte, war in der Akte abgeheftet. Dann aber wurden immer mehr Beschwerden protokolliert.

Er vertieft sich in die Details der Personalakte.

Ein Anruf der Sekretärin unterbrach seine Lektüre: Sie habe die Stelle ausgeschrieben und auch das Arbeitsamt informiert; den Pförtner Franz König habe sie erst am kommenden Freitag in seinem Terminkalender unterbringen können, teilte sie ihm mit ängstlich zitternder Stimme mit. Dem Personalchef war die Gefühlslage seiner Sekretärin egal; er schüttete sich den inzwischen kalt gewordenen Kaffee in die Kehle, legte die Akte „König, Pförtner" zur Seite und merkte, wie sein Blutdruck sich langsam wieder normalisierte. Schon zwei Tage später informierte ihn die Sekretärin, dass sich ein Kandidat beworben und sie ihn heute zu einem Vorstellungsgespräch eingeladen habe.

Die Sekretärin schreibt die Stelle aus und informiert das Arbeitsamt.

Der Mann, den sie zu ihm hineinschickte, gefiel Attila Zorn sofort: Ein grober Kerl, der wenige Worte machte. Das Vorstellungsgespräch war kurz. „Geben Sie Ihre Papiere in der

Der Personalchef stellt den erstbesten Bewerber zum nächstmöglichen Termin ein.

Personalabteilung ab. Sie fangen am Montag an", befahl er dem überraschten und erfreuten Bewerber.

Als Franz König am nächsten Tag mit eingezogenen Schultern vor seinem Schreibtisch stand, konnte Attila Zorn sich nur mühsam beherrschen. „Sie trauen sich was, mein Lieber", schimpfte er auf den geduckten Kopf vor ihm ein. „So viel Frechheit, über Monate hinweg die wichtigsten Kunden und Geschäftspartner einfach wegzuschicken, muss man erst einmal haben. Aber ich brauche keinen mutigen Pförtner, sondern einen, der seine Arbeit macht. Sie können sich bei meiner Sekretärin Ihre Papiere holen. Ich will Sie hier nicht mehr sehen." Franz König drehte sich wortlos um und ging.

Der Pförtner wird zur Rede gestellt und fristlos entlassen.

Attila Zorn war sehr zufrieden damit, wie gut und schnell er das Problem gelöst hatte. Nur das glückliche Lächeln, das bei seinen letzten Worten über das Gesicht des ehemaligen Pförtners gehuscht war, verwirrte ihn. War er nicht gerade von ihm, dem Personalchef, nach allen Regeln der Kunst zusammengefaltet worden? Und hatte der Kerl nicht kapiert, dass er wegen Unfähigkeit gefeuert wurde? Nun ja, ihm konnte das egal sein. Hauptsache, die Firma war ihn los.

Schluss
Der Personalchef ist zufrieden mit sich und seiner Lösung.

b) 🖊 *Hinweis: Bei einer **Beschreibung** soll den Leserinnen und Lesern eine genaue Vorstellung von etwas vermittelt werden. Das kann eine Person, ein Bild, ein Vorgang oder wie in dieser Aufgabe ein Arbeitsplatz mit seiner Ausstattung sein. Die Tätigkeiten an diesem Arbeitsplatz sollen hier ebenfalls Teil der Beschreibung sein.*

***Aufbau/Inhalt:** In der **Einleitung** solltest du den Betrieb kurz vorstellen und die Berufsbezeichnung nennen, die mit dem Arbeitsplatz verbunden ist. In den **Hauptteil** gehören die Möblierung bzw. Ausstattung des Arbeitsplatzes mit allen Arbeitsmitteln und -geräten sowie die Tätigkeiten, die damit ausgeübt werden. Auch die Umgebungsbedingungen des Arbeitsplatzes werden beschrieben, z. B. Temperatur, Lautstärke, Gerüche, Platzangebot. Im **Schlussteil** kannst du noch einmal zusammenfassend deinen Gesamteindruck von dem Arbeitsplatz formulieren.*

***Sprachangemessenheit:** Die Zeitform einer Beschreibung ist das Präsens. Nur in Ausnahmefällen (z. B. wenn du schreibst, wann du dein Praktikum gemacht hast) kannst du eine Vergangenheitsform verwenden. Grundsätzlich gilt, dass man bei Beschreibungen vom Allgemeinen zum Besonderen vorgeht, sachlich formuliert* *und keine persönlichen Bewertungen einfließen lässt. Benutze die richtigen Fachausdrücke, z. B. bei den Arbeitsgeräten und ihrer Verwendung. Bewertet werden auch ein abwechslungsreicher Satzbau und die Vermeidung von Wiederholungen. **Sprachrichtigkeit:** Insgesamt vier Punkte werden für die richtige Anwendung von Rechtschreibung, Grammatik und Zeichensetzung vergeben, die sich mithilfe des Fehlerindex errechnen lassen: Rechtschreib- und Grammatikfehler zählen als ganze Fehler, Fehler bei der Zeichensetzung als halbe Fehler.*

Mein Praktikumsplatz in der Werkstatt des Autohauses Stoof

Überschrift

Im neunten Schuljahr habe ich ein zweiwöchiges Praktikum in der Werkstatt des Autohauses Stoof an der Friedberger Straße in Nidderau im Berufsfeld „Kfz-Mechatroniker" absolviert. Das Unternehmen wurde 1927 gegründet und wird von Werner und Anita Stoof geleitet. Der Betrieb ist in verschiedene Bereiche eingeteilt, in denen insgesamt 37 Beschäftigte arbeiten. In der Abteilung Service / Verkauf arbeiten 19 Mitarbeiterinnen und Mitarbeiter. Der zweitgrößte Bereich ist die Werkstatt mit 16 Mitarbeiterinnen und Mitarbeitern einschließlich Meister und Auszubildenden. Zusätzlich gibt es noch zwei Fahrer, die z. B. Autos bei Kunden vor Ort abholen oder zurückbringen. Das Autohaus Stoof verkauft Neu- und Gebrauchtfahrzeuge hauptsächlich der Marken VW und Audi und bietet alle Dienstleistungen rund ums Auto an. Dazu gehören z. B. Reparatur und Wartung, Inspektion, TÜV und ASU sowie die Lagerhaltung von Rädern, die Kunden deponieren wollen. Mein Praktikum beschränkte sich auf den Werkstattbereich.

Einleitung
Vorstellung des Betriebs / Nennung des Praktikumsberufs

Die Mitarbeiter in der Werkstatt sind in drei Teams organisiert, die parallel arbeiten. Jedem Team ist ein Arbeitsbereich zugewiesen, der aus einer Hebebühne, einer Werkbank und einem Computer zum Auslesen der Fahrzeuge besteht. Zudem verfügt jedes Team über einen metallenen Werkzeugwagen mit der gleichen Ausstattung, für die es verantwortlich ist.

Hauptteil
Beschreibung des Arbeitsplatzes:

- Organisation und Ausstattung der Werkstatt-Teams

In den Wagen befinden sich ein Steckschlüsselsatz, ein Maul- und Ringschlüsselsatz, ein Drehmoment-Schlüssel, eine Schlauchschellen-Zange, ein pneumatischer Schlagschrauber

- Arbeitsmittel / Werkzeug

und eine Ölfilterkralle. Das sind die Arbeitsmittel, die für die häufigsten Reparatur- und Wartungsarbeiten benötigt werden. Die Bestandteile der Schlüsselsätze sind in den zugehörigen Werkzeugfächern nach Größe sortiert, damit man beim Arbeiten ohne langes Suchen gleich das richtige Werkzeug in der Hand hat.

Neben der Tür zu den Umkleideräumen steht ein abschließbarer Schrank mit hochwertigem Spezialwerkzeug, das sich alle Mitarbeiter*innen nach Bedarf teilen, weil es nicht so häufig gebraucht wird. Dazu gehören zum Beispiel die Injektionsprüfgeräte für die Einspritzanlagen oder der Kupplungswerkzeugsatz. In einem weiteren Schrank befinden sich Besen, Kehrgarnituren, Eimer, Putz- und Lösungsmittel sowie Lappen für die Reinigungsarbeiten am Ende jedes Werkstatttages. Neben dem Schrank stehen zwei Nass-Trocken-Sauger für den Industriebedarf.

Der Arbeitsplatz in der Autowerkstatt erfordert verschiedene Schutzmaßnahmen. Dafür verfügt jeder über ein namentlich gekennzeichnetes Klappfach, in dem das persönliche Arbeitsschutzzubehör untergebracht ist: Gummihandschuhe, eine Schutzbrille und ein Gehörschutz. Öl, Brems- oder Lenkflüssigkeiten können die Haut angreifen, weshalb Gummihandschuhe benutzt werden sollen. Wer sich in der Nähe von Arbeiten mit der Flex aufhält, muss sich mit einer Schutzbrille vor Funkenflug schützen. Beim Reifenwechsel ist ein Gehörschutz zu tragen, weil der Reifen mit einem lauten Knall auf die Felge springt. Zudem sind Sicherheitsschuhe vorgeschrieben, weil immer die Gefahr von herabfallenden Gegenständen besteht.

Eine der häufigsten Tätigkeiten im Praktikum ist der Räderwechsel. Dazu werden zuerst Sitz- und Fußmattenschoner in das Fahrzeug gelegt. Anschließend wird der Wagen auf die Hebebühne gefahren, unterbaut und angehoben. Damit man die Räder beim nächsten Wechsel nicht vertauscht, werden sie mit einer Spezialkreide markiert: VL für vorne links usw. Dann werden die Winterräder mit dem Schlagschrauber demontiert und die Sommerräder montiert, ebenfalls mit dem Schlagschrauber. Dabei ist es wichtig, die Schrauben immer

- Spezialwerkzeug

- Reinigungsgeräte

- persönliche Schutzkleidung

Beschreibung einer typischen Tätigkeit: Räderwechsel

über Kreuz festzuziehen, damit sich die Felge nicht verzieht. Jetzt wird der Luftdruck der neuen Räder kontrolliert und eventuell korrigiert. Zum Schluss werden die Radmuttern mit einem Drehmomentschlüssel ein zweites Mal festgezogen. Weitere Tätigkeiten im Praktikum sind hauptsächlich Serviceleistungen wie z. B. Ölwechsel, Wechsel der Bremsflüssigkeit, der Bremsbeläge oder der Zündkerzen.

Neben der klassischen Mechanik spielen in der modernen Kfz-Technik auch elektronische und mechatronische Systeme eine zunehmend wichtige Rolle. So verfügen z. B. immer mehr Autos über computergestützte Informations- und Kontrollsysteme wie das Antiblockiersystem (ABS), das Elektronische Stabilitätsprogramm (ESP) oder die Antriebsschlupfregelung (ASR). Der mit der aktuellen Klimadiskussion einhergehende Ausbau der Elektromobilität fordert ebenfalls tiefergehende Kenntnisse und Fertigkeiten in den Bereichen Kfz-Elektrik und -Elektronik, denn die verschiedenen Komponenten dieser Systeme sind mithilfe von Hard- und Software miteinander verknüpft.

Beschreibung der Anforderungen im Bereich Kfz-Elektrik / -Elektronik

Der Arbeitsplatz in der Autowerkstatt verbindet somit handwerkliche und computergestützte Tätigkeiten und bietet ein abwechslungsreiches Betätigungsfeld für technikinteressierte und zukunftsorientierte junge Menschen.

Schluss/Fazit

Teil I: Lesen

✏ Hinweis: In den Aufgaben 1 und 2 gibt es für jede richtige Lösung einen Punkt. Sind mehrere Möglichkeiten angekreuzt, wird kein Punkt vergeben.

1. a) [X] 12 Stunden an je 6 Tagen.
        ✏ Hinweis: vgl. Z. 50 f.

    b) [X] 1 Stunde, 33 Minuten.
        ✏ Hinweis: vgl. Z. 59 ff.

    c) [X] das Statistische Bundesamt.
        ✏ Hinweis: vgl. Z. 70

    d) [X] vergleichbar viel Freizeit wie Menschen in Skandinavien.
        ✏ Hinweis: vgl. Z. 76 f.

    e) [X] Sport.
        ✏ Hinweis: vgl. Z. 80 f.

2. a) [X] abzielen.
        ✏ Hinweis: Gleichbedeutend mit z. B. „anstreben", „bezwecken".

    b) [X] sich ausgeliefert fühlen.
        ✏ Hinweis: Bedeutet „einer Situation hilflos gegenüberstehen".

    c) [X] über die wir frei verfügen können, statt zu arbeiten.
        ✏ Hinweis: „Muße" oder „Müßigkeit" beschreibt freie Zeit, in der man in Ruhe seinen Interessen nachgehen kann oder die man mit Nichtstun verbringt.

    d) [X] hoch entwickelt und komplex.
        ✏ Hinweis: Metapher aus dem Handwerksbereich: Mit der Feile werden abschließende Feinarbeiten an einem Werkstück vorgenommen.

3. ✎ *Hinweis: Bei den Aufgaben 3 a und 3 b gibt es für jede richtige Antwort zwei Punkte.*

a) ☒ Nur A und D stehen im Text.

   ✎ *Hinweis: A: Vgl. Z. 18–21. D: Vgl. Z. 3–8. B: Antwort B stimmt nicht, da es die genannten Kommunikationsmittel zu Goethes Zeiten noch nicht gab. C: Auch Antwort C ist falsch, denn wie in den Zeilen 24 f. deutlich wird, brauchte Goethes Brief mehr als eine Woche nach Berlin.*

b) ☒ Nur C und D stehen im Text.

   ✎ *Hinweis: C: Vgl. Z. 148 ff. D: Vgl. Z. 152 ff. A: Aus den Zeilen 148 ff. geht hervor, dass der amerikanische Neurologe George M. Beard ein Buch geschrieben hat, die in den Zeilen 154 f. genannten „europäischen Zeitschriften" stehen jedoch nicht mit seiner Person in Zusammenhang. Deshalb trifft Antwort A nicht zu. B: Auch Antwort B steht so nicht im Text, denn der Neurologe warnt zwar vor den möglichen Folgen von Verspätungen, nicht jedoch davor, dass Verspätungen sich häufen würden.*

4. ✎ *Hinweis: Die Reportagenmerkmale werden stichwortartig genannt und mit passenden Textstellen belegt. Geeignet sind sowohl Zitate, reine Zeilenangaben, Verweise auf Textausschnitte als auch Umschreibungen, die eine Aussage mit eigenen Worten wiedergeben. Für jedes richtig genannte und belegte Textmerkmal gibt es einen Punkt; für das bloße Nennen eines Reportagenmerkmals ohne Textbeleg wird kein Punkt vergeben.*

Mögliche Lösungen:
– Vorspann, Teaser, Lead (Z. 1–8)
   ✎ *Hinweis: Der Vorspann ist eine Art „Appetithäppchen", das die Leser*innen auf den Artikel neugierig machen und sie in das Thema einführen soll.*
– Szenischer oder erlebnisorientierter Einstieg (Z. 9–21)
   ✎ *Hinweis: Der Autor beschreibt eine scheinbar moderne Situation und löst erst am Ende des Abschnitts auf, dass es sich um ein fast 200 Jahre altes Zitat handelt. Damit macht er auf lebendige Weise deutlich, dass sein Thema die Menschen schon vor der Erfindung der modernen Kommunikationsmittel beschäftigte.*
– Zahlen, Daten, Fakten, Erläuterungen als Hintergrundwissen (z. B. Z. 30 ff., Z. 58–68, Z. 124–141, Z. 161–176)
   ✎ *Hinweis: Durch wissenschaftlich belegte Daten und Fakten werden die anschaulich beschriebenen Rechercheergebnisse des Autors ergänzt.*

- Expertenmeinung (z. B. Z. 148–154, Z. 163–170)

  🖋 *Hinweis: Der Autor sichert seine Äußerungen ab, indem er Forschungsergebnisse und Meinungen von Fachleuten zum Thema anführt.*
- Autorenkommentar (z. B. Z. 9–16, Z. 28 ff., Z. 92 f.)

  🖋 *Hinweis: Die abwertenden Begriffe „leidet", „Dauerbombardement", „entsetzliche Telefone", „aberwitzige Clips [...] gucken musste" (Z. 9–16) machen deutlich, welche Haltung der Autor gegenüber den beschriebenen Kommunikationsmitteln hat. Auch durch die Verwendung der Personalpronomen „wir, uns" (Z. 29, Z. 45, Z. 93–100) gibt er seine persönliche Einstellung preis.*
- Wechsel der Zeitform (überwiegend Präsens, Formen der Vergangenheit Z. 148 ff.)

  🖋 *Hinweis: Für die Beschreibung direkter Beobachtungen und Phänomene sowie die Präsentation von Fakten wird in der Reportage das Präsens verwendet. Berichtsteile in den grammatischen Formen der Vergangenheit unterbrechen diese Darstellungsweise. Ein solcher Wechsel der Zeitformen ist ein typisches Merkmal der Textsorte „Reportage".*
- Zitate (z. B. Z. 1–8, Z. 20 f., Z. 191–194)

  🖋 *Hinweis: Die wörtlich übernommenen Zitate verleihen dem Text Lebendigkeit und machen deutlich, dass das Thema die Menschen in früheren Zeiten genauso beschäftigt hat wie heute.*
- Fazit (Z. 185–194)

  🖋 *Hinweis: Im Schlussabschnitt wird das Ergebnis zusammengefasst und zusätzlich mit einem weiteren Goethezitat abgerundet, das die unterschiedlichen Wahrnehmungen von Zeit in einer Metapher beschreibt.*

5. 🖋 *Hinweis: Bei einer Erklärung wird von dir erwartet, eigenes Wissen mit einzubeziehen. Wird die Bedeutung des Zitats im Textzusammenhang plausibel erklärt, gibt es drei Punkte. Teilpunkte werden nicht vergeben. Zitate oder Zeilenangaben sind nicht notwendig.*

Mögliche Lösung:
Wer in einen Wasserstrudel gerät, wird davon mitgerissen. Zu seinem Zentrum hin dreht sich der Strudel immer schneller und zieht einen in den Abgrund. Die Metapher „im Zeitstrudel fortgerissen" veranschaulicht, dass die Menschen im Alltagsrhythmus wie in einer Spirale gefangen sind und sich von der Zeit zunehmend beherrschen lassen. Hat die Zeit Macht über sie gewonnen, können sie sich aus eigener Kraft nicht mehr befreien, können also nicht mehr selbst über ihr

Leben bestimmen. „Junge Leute" können dabei besonders gefährdet sein, weil sie oft noch keine klare Vorstellung davon haben, welche Richtung sie ihrem Leben geben sollen.

6. ✒ *Hinweis: Vier Punkte gibt es für eine zutreffende Erklärung der Metapher **und** ihrer Wirkung. Wird nur die Bedeutung des Stilmittels erklärt, gibt es zwei Punkte, für die Erklärung seiner Wirkung im Textzusammenhang zwei weitere.*

Mögliche Lösung:

Bedeutung: Das Wort „Dauerbombardement" ist ein Begriff aus dem Militär und bezeichnet einen andauernden Angriff mit schweren Geschossen bei einer bewaffneten Auseinandersetzung oder Belagerung. Im Textzusammenhang ist damit gemeint, dass man ständig Textnachrichten erhält und ihnen nicht ausweichen kann.

Wirkung: Da der Begriff mit Waffen in Verbindung steht, wird den Textnachrichten eine gefährliche und bedrohliche Wirkung zugeschrieben. Wie Geschosse prasseln sie auf den Empfänger ein. Die Steigerung zu „Dauerbombardement" macht deutlich, dass es sich um kein vorübergehendes Phänomen handelt. E-Mails, Tweets und SMS werden damit als dauerhafte Bedrohung bezeichnet.

7. ✒ *Hinweis: Drei Punkte gibt es für eine zutreffende Erklärung des genannten Stilmittels **und** seiner Wirkung. Wird nur das Stilmittel erklärt, gibt es einen Punkt. Für eine Erklärung der Wirkung im Textzusammenhang werden zwei Punkte vergeben. Als Textbezug gelten Zitate, Zeilenangaben oder Umschreibungen.*

Mögliche Lösung:

Erklärung des Stilmittels: Wenn Gegenständen, Tieren oder Pflanzen menschliche Fähigkeiten oder Eigenschaften zugeschrieben werden, bezeichnet man das als Personifikation. Die Personifikation im Text beschreibt Uhren als eine Art lebendig gewordenes Folterwerkzeug, das die Menschen „hetzt", d. h. zu immer höherer Geschwindigkeit bei allen ihren Handlungen zwingt.

Wirkung: Das Stilmittel verdeutlicht in diesem Zusammenhang, dass man nicht mehr selbst über sein Leben bestimmen kann, sondern es sich von der Uhr und damit von der Zeit diktieren lässt. Die Folgen dieses Zwangs können erhöhter Stress wie z. B. die Angst vor Verspätungen (vgl. Z. 150–154) sein oder sogar Krankheiten wie die Neurasthenie (vgl. Z. 156 f.).

8. *Hinweis: Beim Erläutern sollst du mit eigenen Formulierungen einen Sachverhalt verständlich und umfassend darstellen. Wenn dir das mithilfe von zwei passenden Textstellen gelingt, gibt es jeweils zwei Punkte. Fehlt der Textbezug, gibt es pro Erläuterung einen Punkt. Eine Textstelle ohne Erläuterung wird nicht bewertet. Zitate, Zeilenangaben oder Umschreibungen werden als Textbezüge gleichermaßen akzeptiert.*

Mögliche Lösungen:
- Z. 34–38: Menschen fühlen sich bei der Arbeit gehetzt, weil sie unter Druck stehen. Das bedeutet, sie haben das Gefühl, übermäßig vielen Erwartungen gerecht werden zu müssen.
- Z. 148–154: Pünktlichkeit und das Einhalten von Terminen spielen sowohl in privaten als auch in beruflichen Lebensbereichen eine wichtige Rolle. Ob man wegen Unpünktlichkeit seinen Flieger verpasst oder wichtige Dokumente nicht fristgerecht abgibt, die Folgen können in jedem Fall schwerwiegend sein. Die Angst vor diesen Folgen führt zu Stress und Hektik.
- Z. 154–160: Immer mehr Kontakte beschränken sich auf kurze Begegnungen und oberflächliche Gespräche oder kurze Grüße, die man im Vorbeigehen einander zuruft, weil man schon auf dem Weg zum nächsten Termin ist. Ein solches Leben „auf der Überholspur" kann zum Gefühl dauerhafter Erschöpfung führen und sogar krank machen.
- Z. 161–176: Wenn man mehrere Arbeiten fast gleichzeitig beginnt und sich parallel mit ihnen beschäftigt, kann man sich nicht mehr richtig auf die einzelnen Aufgaben konzentrieren und gerät unter zeitlichen Druck.
- Z. 177–184: Wer das Gefühl hat, zu wenig Zeit für eine Aufgabe zu haben, gerät erst recht unter Stress. Denn die Angst, nicht rechtzeitig fertig zu werden, blockiert die Aufmerksamkeit. Das wiederum führt zu Fehlern und damit zu noch mehr Hektik.

9. a) *Hinweis: Beim Zitieren sollst du die passenden Begriffe im Text auffinden, abschreiben, mit Anführungsstrichen versehen und die richtige Zeilenangabe hinzufügen. Fehlen Anführungsstriche oder Zeilenangaben, wird jeweils ein halber Punkt abgezogen.*

Mögliche Lösungen:
- „Zeitsinn" (Z. 41)
- „Zeitnot" (Z. 45, Z. 177 f.)
- „Zeitknappheit (Z. 94)
- „erlebte Zeit" (Z. 103)

- „Zeitwahrnehmung" (Z. 105, Z. 143)
- „Zeitempfinden" (Z. 112)
- „Zeitgefühl" (Z. 113)
- „Zeiterfahrungen" (Z. 138 f.)
- „Zeitdruck" (Z. 171)

b) ✏ *Hinweis: Etwas zu erklären erfordert von dir, verschiedene Textinformationen zu verknüpfen und mit eigenen Worten verständlich zu machen. Beachte, dass du auch darauf eingehen sollst, wie die „zweite Zeit" entsteht, d. h., du musst erklären, welche Bereiche und Abläufe im menschlichen Körper das Zeitgefühl steuern. Vier Punkte gibt es für eine zutreffende Erklärung anhand eines Textbeispiels, ohne Textbezug nur noch zwei. Ebenso gibt es zwei Punkte, wenn ein Beispiel genannt, der Begriff jedoch nicht erklärt wird. Die Textbezüge können als Zitate, Zeilenverweise oder Umschreibungen erfolgen.*

Mögliche Lösung:

Erklärung: Aus den in Aufgabe 9 a zitierten Begriffen wird bereits deutlich, dass die „zweite Zeit" abgekoppelt ist von der objektiven Zeitmessung mit Tagen, Stunden, Minuten etc. Anders als für Licht oder Geräusche haben wir für die Zeit kein Sinnesorgan (vgl. Z. 120 f.). Die „zweite Zeit" beruht ausschließlich auf individuellen Wahrnehmungen und entsteht im Zusammenwirken fast aller Hirnfunktionen (vgl. Z. 105–110). Dabei werden Zeitabschnitte verschiedener Länge von unterschiedlichen Gehirnregionen verarbeitet.

Beispiel: Bei längeren Zeitabschnitten beispielsweise wirkt sich die Menge an zu verarbeitenden Sinneseindrücken auf die Zeitwahrnehmung aus. Erhalten wir nur wenige Informationen, z. B. während des Wartens beim Arzt, scheint sich die Zeit zu dehnen. Muss unser Gehirn viele Informationen verarbeiten, z. B. während angeregter Gespräche, scheint die Zeit sehr schnell zu verstreichen. (Vgl. Z. 130–136)

Alternative Beispiele:
- Unsere Bewegungssteuerung im Gehirn ist für die Wahrnehmung kurzer Zeitabschnitte wie Sekunden oder Minuten zuständig. Deshalb steigert z. B. eine beschleunigte Atmung das Spieltempo von Musikern, während bewegungsarme Tätigkeiten wie Tai-Chi die Zeit scheinbar zum Stillstand bringen können. (Vgl. Z. 124–130)
- Längere Zeitabschnitte wie Monate oder Jahre bemisst unser Gehirn mithilfe von Erinnerungen an Erlebnisse und Eindrücke, die unterschiedlich lange zurückliegen. (Vgl. Z. 136 ff.)

10. ✎ *Hinweis: Ob du der Behauptung zustimmst oder sie ablehnst, kannst du entscheiden. Es kommt in jedem Fall auf eine schlüssige Begründung an. Dafür gibt es drei Punkte. Teilpunkte werden nicht vergeben. Textverweise sind bei dieser Aufgabe nicht notwendig.*

Mögliche Lösungen:

Zustimmung:

In den letzten Jahrzehnten ist die Lebenserwartung stark angestiegen, gleichzeitig hat sich der Anteil an Freizeit und Urlaubstagen erhöht. Zusätzlich gibt es in vielen Berufen und Beschäftigungsbereichen inzwischen Angebote zu flexiblen Arbeitszeitmodellen, sodass insgesamt mehr selbstbestimmte Zeit zur Verfügung steht. Wer also seine Zeit bewusst gestalten will, hat dazu auch die Möglichkeit. Deshalb stimme ich dem Zitat zu.

Ablehnung:

Das Zitat sagt aus, dass man über seine Zeit selbst bestimmen kann. Das trifft meiner Meinung nach jedoch nicht zu. Für nahezu alle Lebensbereiche gibt es vorgegebene Zeiten, nach denen man sich richten muss. Arbeits- und Schulzeiten, Öffnungszeiten von Läden, Ärzten und Behörden, Fahrpläne und Trainingsprogramme zwingen die meisten Menschen in ein Zeitkorsett, das ihnen nur einen kleinen Teil des Tages zur freien Verfügung übrig lässt.

Teil II: Schreiben

II.A: Textproduktion (Wahlaufgabe)

a) ✏ *Hinweis:*

Aufbau/Inhalt: *Mit einer passenden **Überschrift** machst du die Leser*innen neugierig. Anschließend schreibst du in wenigen Sätzen die **Einleitung**, in der das Wichtigste zusammengefasst wird (**Was** ist **wann** und **wo** passiert? **Wer** ist beteiligt?). Im **Hauptteil** werden die Details des Geschehens ausgeführt (**Wie/Warum/Womit** ist es passiert? Welche Folgen ergeben sich aus dem Ereignis? Welche Quellen wurden zum Schreiben des Berichts verwendet?). Der **Schlussteil** kann z. B. in Form eines Zitats ein Fazit formulieren oder einen Ausblick auf weitere geplante Projekte geben.*

Sprachangemessenheit: *Der Bericht soll in sachlicher und neutraler Form ein Geschehnis aus der Vergangenheit darstellen. Es gibt keine Kommentare, Wertungen oder Meinungsäußerungen der Verfasserin oder des Verfassers. Da das Ereignis bereits passiert ist, schreibt man in den Zeitformen der Vergangenheit. Verwende überwiegend das Präteritum und bei Vorzeitigkeit das Plusquamperfekt (Ausnahme: Zitate von Beteiligten). Achte auf logische Satzverknüpfungen sowie einen abwechslungsreichen Satzbau und vermeide Wiederholungen.*

Sprachrichtigkeit: *Für Rechtschreibung, Grammatik und Zeichensetzung werden insgesamt vier Punkte vergeben, die sich mithilfe des Fehlerindex errechnen lassen: Rechtschreib- und Grammatikfehler zählen als ganze Fehler, Fehler bei der Zeichensetzung als halbe Fehler.*

Tanzen statt abhängen

"Komm, wir machen was" – so hieß das Motto, unter dem einen Schultag lang fast dreihundert Schüler*innen der Jahrgangsstufen 5 bis 7 der Bertha-von-Suttner-Schule in Nidderau verschiedene Freizeitbeschäftigungen erprobten, die sie bis dahin höchstens aus dem Fernsehen oder vom Hörensagen kannten. Vorbereitet und durchgeführt hatten den Projekttag die Jugendlichen der Abschlussklassen, unterstützt wurden sie von ihren Lehrkräften, den Mitgliedern des Schülerrates und der Schulsozialarbeit. Wer von den Beteiligten bei der Veranstaltung den meisten Spaß hatte, konnte noch nicht ermittelt werden.

Überschrift

Einleitung
kurze Zusammenfassung der wichtigsten Informationen (Wer? Was? Wann? Wo?)

Am Anfang stand eine Umfrage. Im PoWi-Unterricht des zehnten Schuljahres sollten Interviewtechniken geübt werden. Die Schüler*innen der 10 B 1 hatten die Idee, in den unteren Klassen Umfragen zum Freizeitverhalten durchzuführen und die Ergebnisse in einem Balkendiagramm darzustellen. Die Auswertung der anonymen Fragebögen ergab ein Bild, das die Zehntklässler*innen ins Grübeln brachte: Mehr als zwei Drittel der befragten 11- bis 13-Jährigen hatten bei der Frage nach der häufigsten Freizeitbeschäftigung nur zwei Antworten angekreuzt: „Zocken" und „mit Freunden abhängen". Weit abgeschlagen landeten Hobbys und Sport auf den hinteren Rängen. Gleichzeitig gab es aber auch viele Kreuze bei der Wunschliste. Ein Großteil der Befragten gab auf die entsprechende Frage an, sich mehr Zeit für „richtige" Hobbys zu wünschen, bei denen man sich kreativ oder sportlich betätigen könnte. Zu viele Hausaufgaben, fehlendes Geld oder keine entsprechenden Angebote vor Ort waren die meistgenannten Gründe für die einseitige Freizeitgestaltung der Kinder. Angesichts dieses Ergebnisses stellte Marius Proth, Klassenlehrer der 10 B 1, die Hausaufgabe, sich Lösungsmöglichkeiten zu überlegen. Die davon angefachte Diskussion mündete schnell in der Idee eines Projekttages zum Thema „Sinnvolle Freizeitgestaltung".

Hauptteil
Erläuterung der Hintergründe (Warum?)

Um die Planung auf festere Füße zu stellen, wurden die anderen sechs Abschlussklassen aller drei Schulzweige ins Boot geholt, außerdem der Schülerrat sowie Astrid Hoff-Meinhardt und Dirk Fröbe von der Schulsozialarbeit. Zunächst wurden innerhalb der Klassen Ideenlisten erstellt, welche Möglichkeiten zur Freizeitgestaltung aus den Abschlussklassen direkt angeboten werden könnten. Das Ergebnis dieses ersten Brainstormings erstaunte alle und offenbarte eine Vielfalt bislang verborgener Talente und Fähigkeiten. Unter den Vorschlägen fanden sich Kurse zum Nähen, Kochen, Modellbauen, Hobbyimkern, Rettungsschwimmen, Bouldern, Jonglieren, Zaubern, Breakdancing und Formationstanzen sowie eine Fahrrad-, eine Chemie-, eine Schauspiel- und eine Musicalwerkstatt. Feuerwehrleute, Bandmitglieder und sogar ein Büttenredner boten an, Einblick in ihre Arbeit zu geben, dazu

Planung des Projekttages (Wie?)

• Erstellen von Ideenlisten

kamen zahlreiche Vorschläge zu Ball- und Kraftsportarten sowie zu den unterschiedlichsten Bereichen des Musizierens. Anhand dieser Ideenlisten erarbeitete ein Ausschuss mit Vertreterinnen und Vertretern aus allen Klassen ein erstes Projektangebot, das verschiedene Vorgaben erfüllen musste. Das Angebot sollte möglichst vielfältig sein, die Gruppenstärke sollte zehn Personen nicht überschreiten, und schließlich sollten alle dreihundert Kinder der Klassen 5 bis 7 die Möglichkeit erhalten, in einen oder zwei verschiedene Bereiche ihrer Wahl hineinzuschnuppern. Des Weiteren musste besonders bei den Sportangeboten die Aufsicht sichergestellt werden. An dieser Stelle kam die Schulleitung ins Spiel. Auf deren Vorschlag hin wurde der Projekttag in die Projektwoche integriert, um die Gesamtorganisation zu erleichtern. Unter der Federführung der Schulsozialarbeit entstand schließlich ein Angebot von rund dreißig Workshops, in das sich die Schüler*innen mit Erst- und Zweitwunsch einwählen konnten.

Jeder Workshop wurde von zwei bis vier Jugendlichen aus den Abschlussklassen geleitet. In der Küche, im Chemieclub und bei allen Sportangeboten war eine Lehrkraft zur Aufsicht dabei. Manche Projekte gingen über den ganzen Tag, bei anderen wechselte die Besetzung nach der Mittagspause. Ob nun gekocht, genäht, geklettert, experimentiert, gebastelt oder Fußball gespielt wurde, am Ende des Projekttages gab es nur glückliche Gesichter. „Ich hätte nie gedacht, dass ich das überhaupt kann", erklärte der 12-jährige Finn aus der 6 e und präsentierte stolz seine Tablet-Tasche, die er aus einer ausrangierten Jeans genäht hatte. Und Samira aus der 7 c, die den ganzen Tag mit acht anderen Mädchen eine Tanzformation einstudiert hatte, ist wild entschlossen, sich so schnell wie möglich bei den „Schlüsselrapplern", dem örtlichen Karnevalsverein, anzumelden, damit sie schon bei der nächsten Kampagne auf der Bühne stehen kann.

Auch die Zehntklässler*innen waren zufrieden mit ihrem Projekt, wobei Moussa aus der 10 B 1 ein eher selbstkritisches Fazit zog: „Viele von uns machen ja auch nichts wirklich Sinnvolles in der Freizeit", so der 17-Jährige, „die Umfrage bei den Kids hat uns die Augen geöffnet."

- Berücksichtigung der Vorgaben

- Ergebnis: Angebot von insgesamt dreißig Workshops

Durchführung
- Schüler*innen der Abgangsklassen leiten die jüngeren an

- Welche Folgen?

Schluss
positives Fazit

b) ✎ **Hinweis:** *Die Vor- und Nachteile der Nutzung einer Smartwatch sollen jeweils mit Begründung und Beispiel gegeneinander abgewogen werden (Erörterung). Als hilfreich hat sich bei solchen Aufgabenstellungen erwiesen, vorab in einer Tabelle die Pro- und Kontra-Argumente zu notieren und nach Wichtigkeit zu ordnen.*

Aufbau/Inhalt: **In der** *Einleitung kannst du zunächst kurz erklären, was eine Smartwatch ist, und dann mit einer aus der Aufgabenstellung abgeleiteten Frage zum Hauptteil übergehen. Im* **Hauptteil** *stellst du die Argumente für und gegen den Kauf und die Nutzung einer Smartwatch einander gegenüber. In der Regel werden für jede Seite drei Argumente erwartet. Jedes deiner Argumente verdeutlichst du mit einem anschaulichen Beispiel. Überlege dir, wie du deine Argumente anordnen möchtest. Es ist sinnvoll, die Pro- und Kontra-Argumente nach dem Sanduhrprinzip abzuhandeln, d. h., du nennst zuerst die Argumente, die deine Meinung nicht stützen, und ordnest sie nach absteigender Wichtigkeit; bei den Argumenten, die deine Meinung stützen, nennst du das wichtigste am Schluss.*

Im **Schlussteil** *legst du deine eigene Meinung dar und wiederholst z. B. das stärkste Argument aus dem Hauptteil.*

Sprachangemessenheit: **Entscheidend ist die richtige Verwendung der Zeitform (Präsens) sowie ein sachlicher und neutraler Stil. Achte auf treffende Formulierungen, eine passende Wortwahl sowie einen abwechslungsreichen Satzbau. Vermeide Wiederholungen, insbesondere auch an Satzanfängen.**

Sprachrichtigkeit: **Rechtschreibung, Grammatik und Zeichensetzung werden mit maximal vier Punkten bewertet, die sich aus dem Fehlerindex ergeben (Rechtschreibung und Grammatik ganze Fehler, Zeichensetzung halbe Fehler).**

Ideenliste/Stoffsammlung:

Nachteile	Vorteile
geringer Mehrnutzen im Vergleich zum Handy	handlicher als das Mobiltelefon
Missbrauchsmöglichkeiten: in Schule/Uni; Umgehung von Fotografier- und Filmverboten	Messung von Gesundheitsdaten
lückenhafter Datenschutz	Informationen von Fitness-Apps abrufen

Kleiner Alleskönner oder Spion am Handgelenk?

Sie sieht aus wie eine Armbanduhr, kann aber viel mehr als nur die Zeit messen und das Datum anzeigen. „Smartwatch" heißt der kleine Minicomputer, der über die Fähigkeiten eines Mobiltelefons verfügt, sich aber unauffällig ums Handgelenk schmiegt. Weil sich immer mehr Menschen für den Kauf und die Nutzung einer Smartwatch entscheiden, stellt sich die Frage nach den Vor- und Nachteilen dieses neuartigen Alltagsbegleiters.

Was am meisten für die Nutzung der kleinen Alleskönner spricht, ist ihre Größe. Während die Handys mit ihren überdimensionierten Displays kaum noch Platz in einer Hosentasche finden, muss man sich bei der Smartwatch keine Sorgen mehr machen, dass man sie wie das Handy irgendwo verlegt oder in den Tiefen eines Rucksackes versenkt. Denn die Watch, wasserfest und stoßgesichert, wird ums Handgelenk geschnallt und begleitet einen den ganzen Tag. Und da die Smartwatch mit dem Handy verbunden ist, verpasst man keine eingehenden Nachrichten oder Terminerinnerungen mehr, auch wenn man das Handy wieder mal irgendwo verkramt hat.

Aus der engen Verbindung mit dem Körper folgt auch das zweite Argument: Lädt man die entsprechenden Apps auf die Smartwatch, kann sie wichtige Körperfunktionen messen und bei Bedarf Alarm schlagen. Winzige Module überwachen Puls und Blutdruck, Blutzuckerspiegel und Körperfettanteil. Damit ist der Smartwatch-Träger immer auf dem Laufenden über seinen Gesundheitszustand und kann die Arztbesuche auf das Nötigste beschränken.

Wer gesund ist und mit diesen Werten keine Probleme hat, sieht dennoch in einer weiteren Anwendungsmöglichkeit ein Argument, das für die Smartwatch spricht: Fitness-Apps informieren über Laufstrecke, Kalorienverbrauch und Schlafqualität. Weil sie auch maßgeschneiderte Workouts zusammenstellen und an versäumte Trainingseinheiten erinnern, ersetzen sie sogar den teuren Personalcoach.

Natürlich gibt es auch Einwände gegen die Nutzung der Smartwatch.

Ein Argument, das gegen die Smartwatch spricht, ist der vergleichsweise geringe Mehrnutzen gegenüber dem herkömmlichen Mobiltelefon. Die Fitness- und Gesundheits-Apps funktionieren auch auf dem Handy, gleichzeitig ist das Telefonieren und Versenden von Nachrichten mithilfe der Smartwatch aufgrund des winzigen Displays äußerst unkomfortabel. Und da man für die meisten Funktionen das Handy als Basisgerät ohnehin braucht, ist die Smartwatch eigentlich ein teures und überflüssiges Gadget.

Nachteile der Smartwatch:

• erstes Argument: geringer Mehrnutzen gegenüber dem Handy

Was auch gegen die Nutzung einer Smartwatch spricht, sind die Missbrauchs- und Betrugsmöglichkeiten, z. B. bei Klausuren und Prüfungen. Da der kleine Computer optisch kaum von einer herkömmlichen Armbanduhr zu unterscheiden ist und sich zudem unauffällig unter dem Pulloverärmel verbergen lässt, kann man ihn leicht in die schriftliche Prüfung einschmuggeln. Zwar ist das Mitführen elektronischer Hilfsmittel verboten und man geht ein hohes Risiko ein, doch weil man immer wieder von aufgeflogenen Spick- und Schummelversuchen liest, bedeutet das im Umkehrschluss, dass Prüflinge auf die Hilfe aus dem Internet setzen. Ein weiteres Beispiel für Betrugsmöglichkeiten mit der Smartwatch ist die Umgehung des Verbots von Foto-, Film- oder Audioaufnahmen. Die Smartwatch ist so klein, dass es kaum auffällt, wenn man die entsprechenden Funktionen aktiviert und unerlaubt Fotos, Filme oder Audiomitschnitte erstellt.

• zweites Argument: Missbrauchs- / Betrugsmöglichkeiten: in Schule und Uni

Umgehen von Fotografier- und Filmverboten

Das wichtigste Argument gegen die Verwendung einer Smartwatch ist der lückenhafte Datenschutz. Das Gerät sitzt hauteng am Körper, zeichnet Bewegungsprofile auf, sammelt körperbezogene Daten und hört Gespräche mit. Es gibt keine Garantie, dass sensible Informationen z. B. über den eigenen Gesundheitszustand nicht doch an der falschen Stelle wie z. B. Krankenkassen und Versicherungen landen. Gerade der Einsatz von Bluetooth macht die kleinen Geräte angreifbar. Verbunden mit der großzügigen Freigabe von Standort- und persönlichen Gesundheitsdaten wird der Smartwatch-Träger zum gläsernen Menschen.

• drittes Argument: mangelhafter Datenschutz

Ich bin der Auffassung, dass die Nachteile bei der Frage „Pro und Kontra Smartwatch-Nutzung" überwiegen. Wenn schon das Handy ein gieriger und zunehmend schwer zu kontrollierender Datensammler ist, gibt man mit dem Tragen einer Smartwatch noch mehr von sich preis. Wem der Gedanke unangenehm ist, dass Behörden, Institutionen oder auch Versandhäuser allzu viel über die eigene Privatsphäre wissen, der sollte auf das Tragen einer Smartwatch lieber verzichten.

Schluss
Fazit / eigene Meinung
Bekräftigung des wichtigsten Arguments

II.B: Sprachliche Richtigkeit

1.   ✎ *Hinweis: Du darfst nicht mehr als zwölf Fehler markieren, denn nur die ersten zwölf werden mit jeweils einem halben Punkt gewertet. Für fehlerhafte Korrekturen gibt es keinen Punkt.*

Unter „Geocaching" versteht man eine moderne Art der ~~Schnitzeljagt~~ **Schnitzeljagd**[1]. „Geo" steht für die Erde und „Cache" für ein geheimes Lager. Bei dieser ~~elecktronischen~~ **elektronischen**[2] Schatzsuche versteckt jemand eine wasserdichte Box**, (fehlendes Komma)**[3] worin sich ein ~~sogenantes~~ **sogenanntes**[4] Logbuch und Dinge befinden, die als Schatz dienen. Derjenige, der die Box versteckt, notiert später im Internet, wo sie mithilfe von ~~Kordinaten~~ **Koordinaten**[5] zu finden ist. Um die Stelle ausfindig zu machen, kann man GPS-Geräte, Smartphones oder sehr genaue ~~Landtkarten~~ **Landkarten**[6] nutzen. Wer den Schatz ~~endeckt~~ **entdeckt**[7] hat, öffnet die Box, trägt sich mit einem Fantasienamen in das Logbuch ein und darf das, was sich darin befindet, austauschen. ~~Anschliesend~~ **Anschließend**[8] wird die Box an dem Ort belassen**, (fehlendes Komma)**[9] damit auch andere Personen weiterhin danach suchen können. Im Internet notiert man dann, dass man den Schatz gefunden hat. So weiß auch der Mensch, der den Schatz versteckt hat**, (fehlendes Komma)**[10] was sich am Versteck tut. Geocaching gibt es bereits über fünfzehn Jahre lang. Die Idee hatte ein Mann namens Dave Ulmer aus den USA. Er vergrub einen schwarzen Plastikeimer mit CDs, Videokassetten, Geldscheinen, einem Buch, einer Steinschleuder und einer Dose mit ~~Bonen~~ **Bohnen**[11]. Danach schrieb er im Internet, wo die Sachen zu finden sind. Eine Regel lautet, ~~das~~ **dass**[12] man für alles, was man aus der Box entnimmt, wieder etwas hineinlegen muss.

Nach: http://www.nachrichtenfuerkinder.de/wissen/technik/article/geocaching-die-moderne-schnitzeljagd (abgerufen am 14.05.2019).

✎ *Hinweis: 1) Schnitzeljagd – Als Nomen wird „die Jagd" in allen ihren Verbindungen mit „d" geschrieben, das Verb „jagen" hingegen bekommt in seinen verschiedenen Zeit- und Personalformen ein „t" (z. B. Er jagt, sie jagten). 2) elektronisch – In Fremdwörtern schreibt man auch nach einem kurzen Vokal kein „ck". 3) Komma zwischen Haupt- und Relativnebensatz; das Relativpronomen versteckt sich in diesem Fall in „worin", das durch „in welcher" ersetzt werden* könnte. **4)** *sogenanntes – abgeleitet von „nennen"; Doppelkonsonant nach kurzem Vokal.* **5)** *Koordinaten – Fremdwort, zusammengesetzt aus der Vorsilbe „Ko" (= mit/miteinander) und „Ordinaten" (= Lagepunkte).* **6)** *Landkarten – durch Wortverlängerung wird die Schreibweise deutlich: Land – Länder.* **7)** *entdeckt – Zusammensetzung aus der Vorsilbe „ent-" und dem Verb „decken"; gleichbedeutend mit „finden".* **8)** *Anschließend – scharfes „ß" nach lang gesprochenem Doppelvokal „ie".* **9)** *Komma zwischen Hauptsatz und adverbialem Nebensatz, in diesem Fall einem Finalsatz, der eine Absicht, einen Zweck oder ein Ziel angibt.* **10)** *Es muss am Anfang und am Schluss des eingeschobenen Relativnebensatzes ein Komma stehen.* **11)** *Bohnen – das „h" ist ein Dehnungszeichen und macht deutlich, dass es sich bei dem „o" um einen lang gesprochenen Vokal handelt.* **12)** *Die Konjunktion „dass" leitet hier die Nebensatzfolge ein; man erkennt sie auch daran, dass man sie weder durch „dies/dieses", „jenes" noch durch „welches" ersetzen kann.*

2. *Hinweis: Markierst du mehr als vier Wörter, wird deine Lösung nicht gewertet.*

c) Am Morgen vor dem $\boxed{\text{starten}}$ musste jemand das Aufpumpen der Reifen übernehmen.

   Hinweis: Durch den Artikel „dem" wird das Verb „starten" zum Nomen, vergleichbar mit „das Aufpumpen" im selben Satz.

d) Letztes Jahr beschwerte sich Christian: „$\boxed{\text{ich}}$ habe keine Lust zu pumpen!"

   Hinweis: Alle Satzanfänge, auch wenn es sich wie hier um eine wörtliche Rede handelt, beginnen mit einem Großbuchstaben.

f) Daher kümmerte er sich um ein $\boxed{\text{Paar}}$ Salate, leckere Würstchen und frisches Brot.

   Hinweis: Das Wort „paar" wird immer dann kleingeschrieben, wenn es wie hier die Bedeutung von „mehrere" oder „einige" hat. Als „Paar" bezeichnet man zwei Menschen oder Dinge, die zusammengehören (Romeo und Julia waren ein Paar. Sie leistet sich ein Paar neue Sneaker.)

k) Am Abend machten wir uns als $\boxed{\text{erstes}}$ hungrig über das Essen her.

   Hinweis: „Erstes" ist in diesem Satz ein Nomen, weil kein weiteres Nomen folgt, auf das sich das Zahlwort direkt bezieht (vgl.: Zum ersten Mal …).

3. *Hinweis:* *Für jede richtig bestimmte Wortart **einschließlich** der richtigen Schreibweise gibt es jeweils einen Punkt. Halbe Punkte werden nicht vergeben.*

Das Alpenmurmeltier, **das (R)**[1] mit den Eichhörnchen verwandt ist und im Gebirge lebt, ist eine von weltweit fünfzehn Murmeltierarten. Es ist bekannt, **dass (K)**[2] sich eine Sippe mit bis zu zwanzig Tieren einen unterirdischen Bau teilt. Für **das (A)**[3] Leben im Untergrund und den Tunnelbau sind sie perfekt ausgestattet. Sie bauen sich ihre Tunnel selbst. **Das (D)**[4] gelingt ihnen, indem sie mit ihren Nagezähnen die Erde auflockern und sich mit ihren Grabpfoten vorwärtsbewegen. Im Verlauf des Winterschlafs, **das (D)**[5] konnte man beobachten, verliert der Nager fast ein Drittel seines Gewichtes.

Nach: https://www.geo.de/geolino/tierlexikon/2097-rtkl-tierlexikon-alpenmurmeltier (abgerufen am 14. 05. 2019)

Hinweis: 1) Das Relativpronomen leitet den Nebensatz ein und bezieht sich auf das vor dem Komma stehende Nomen „Alpenmurmeltier". 2) Die Konjunktion „dass" leitet hier einen als Inhaltssatz fungierenden Nebensatz ein, ohne den der einleitende Hauptsatz wenig aussagekräftig wäre. 3) Der bestimmte Artikel „das" steht als Begleiter für das Nomen „Leben". 4) Demonstrativpronomen, ersetzbar mit „dies". Da es weder ein unmittelbar folgendes noch ein vorausgehendes Nomen gibt, kann „das" hier kein Artikel und auch kein Relativpronomen sein. 5) Auch in diesem Fall handelt es sich um ein Demonstrativpronomen, da der eingeschobene Satz ein Hauptsatz ist, der sich auf die im ersten Hauptsatz beschriebene Beobachtung bezieht und nicht auf ein einzelnes Nomen.

4. *Hinweis:* *Für jeden richtig umgeformten Haupt- oder Nebensatz wird ein Punkt vergeben. Achte darauf, dass die vorgegebene Zeitform bei der Umwandlung beibehalten wird. Fehlen Satzglieder oder ist die Zeitform falsch, gibt es für den jeweiligen Satz keinen Punkt. Im zweiten Satz sind zwei Verbformen mit unterschiedlichen grammatischen Zeiten umzuwandeln. Für Fehler in der Rechtschreibung und Zeichensetzung wird dir ein halber Punkt pro Satz abgezogen.*

Aktiv	Passiv
Zunächst stellt man die Zutaten für den Zitronenkuchen bereit.	**Die Zutaten für den Zitronenkuchen werden zunächst bereitgestellt.**

Nachdem man die Zutaten abgewogen hat, verrührt man sie zu einem Teig.	**Nachdem die Zutaten abgewogen worden sind, werden sie zu einem Teig verrührt.**
Nun füllt man den Teig in eine Kastenform.	Nun wird der Teig in eine Kastenform gefüllt.
Man backt den Kuchen bei 180 Grad für 25 Minuten.	Der Kuchen wird bei 180 Grad für 25 Minuten gebacken.

Hinweis: Meistens wird in Back- und Kochrezepten in der Aktivform statt einer handelnden Person das allgemeine „man" als Subjekt verwendet. Bei der Umformung in die Passivform tritt das Akkusativobjekt an die Stelle des Subjektes: „Die Zutaten für den Zitronenkuchen", „die Zutaten, „sie". Infolgedessen verschwindet das „man" und es gibt überhaupt keine handelnde Person bzw. keinen „Täter" mehr. Das Verb erscheint dann im Partizip II („bereitgestellt", „abgewogen", „verrührt"), zusätzlich wird das Hilfsverb „werden" je nach benötigter Zeitform in der konjugierten Form verwendet, in diesem Fall „werden" und „worden sind".

Bei der Umwandlung von der Passiv- in die Aktivform hingegen muss man ein Subjekt/einen „Täter" („man") hinzufügen, da das Subjekt des Passivsatzes zum Akkusativobjekt im Aktivsatz wird („den Teig", „den Kuchen").

Teil I: Lesen

Hinweis: Von den vier Antwortmöglichkeiten in den Aufgaben 1 bis 3 ist immer nur eine Lösung richtig. Sind mehrere Möglichkeiten angekreuzt, wird kein Punkt vergeben.

1. a) ☒ Lacher.

    Hinweis: Z. 9 f., 23: „Ich bin Lacher."

    b) ☒ ausgesprochen gefragt.

    Hinweis: Z. 13–15: „[…] ich lebe gut, denn mein Lachen ist […] gefragt."

    c) ☒ beschwerlich.

    Hinweis: Z. 60–62: „Ich aber schleiche dann erschöpft zur Garderobe […], glücklich darüber, dass ich endlich Feierabend habe."

    d) ☒ niemals.

    Hinweis: Z. 78 f.: „[…] denn ich lache nach Feierabend nie."

    e) ☒ ernster

    Hinweis: Z. 79: „Ich bin ein todernster Mensch […]."

2. a) ☒ sehr selbstsicher ist.

    Hinweis: Dass das Wort „sicher" hier „selbstsicher" bedeutet, erkennt man daran, dass es im Gegensatz zu „verlegen" verwendet wird. Der Lacher wird bei der Frage nach seinem Beruf rot und stammelt, d. h., er ist in dieser Situation unsicher im Sinne von nicht selbstsicher. Dieses Verhalten scheint eher untypisch für ihn zu sein, denn er gilt eigentlich als ein (selbst)sicherer Mensch.

    b) ☒ andere Menschen zum Mitlachen bringt.

    Hinweis: Wie eine ansteckende Krankheit überträgt sich die Heiterkeit des Lachers auf die Menschen in seiner Umgebung. Sie können sich nicht dagegen wehren, mitzulachen.

c) [X] seine Situation bedauert.

Hinweis: „Geschick" ist eine veraltete Bezeichnung für „Schicksal". Der Lacher leidet unter seinem Beruf.

d) [X] zurückhaltend zu sein scheint.

Hinweis: „Verschlossen" bezieht sich darauf, dass der Lacher in seinem Privatleben wenig redet und nie lacht, seinen Mund also meist geschlossen hält und damit insgesamt wie „unter Verschluss" erscheint.

3. a) [X] Nur B und D stehen im Text.

Hinweis: Aussage A trifft nicht zu, denn der Lacher „liebt die Wahrheit" (vgl. Z. 22). Aussage B trifft zu, denn in den Zeilen 25 bis 35 und 38 bis 45 beschreibt der Lacher ausführlich, welche Lachvariationen er beherrscht. Aussage C stimmt nicht, wie in Zeile 90 f. klar wird: Auch seine Frau hat das Lachen verlernt. Für Aussage D findet sich in den Zeilen 102 bis 104 ein Hinweis: Der Lacher ist immer „ein ernster Junge gewesen".

b) [X] Nur C und D stehen im Text.

Hinweis: Der Lacher und seine Frau „führen eine stille, eine friedliche Ehe" (Z. 90). Aus dieser Textstelle ergibt sich, dass Aussage A falsch ist. Für Aussage B findet sich kein Hinweis im Text. Die Frau des Lachers lacht nur deshalb nicht, weil sie „das Lachen verlernt hat" (Z. 91). Aussage C trifft zu, denn in Zeile 91 f. heißt es: „Hin und wieder ertappe ich sie bei einem Lächeln […]." Auch Aussage D stimmt, denn in den Zeilen 82 bis 85 wird deutlich, dass die Frau des Lachers die Situation akzeptiert hat und sich inzwischen ebenso verhält wie ihr Mann.

4. *Hinweis: Für jedes zutreffende und belegte Merkmal wird ein Punkt vergeben. Als Belege gelten Zitate, Zeilenangaben oder Umschreibungen. Auch Verweise auf Textausschnitte oder Teile der Erzählhandlung werden als Belege akzeptiert. Für das Nennen oder Aufzählen von Merkmalen ohne Beleg gibt es keine Punkte.*

Mögliche Lösungen:
- Z. 1–3: Offener Anfang ohne Einleitung; es fehlen z. B. Hinweise auf Ort oder Zeit der Handlung.
- Z. 105 f.: Offener Schluss: Die Handlung hört abrupt auf; der Schlusssatz erzeugt Betroffenheit bei den Leser*innen und regt dazu an, über das erzählte Geschehen und die Situation des Lachers nachzudenken.

- Es gibt keine ausführliche Handlung. Der Lacher beschreibt seinen Beruf und seine Einstellung dazu.
- Es gibt nur wenige handelnde Personen, nämlich den Lacher und seine Frau.
- Die Personen haben keine Namen, es werden nur ihr Beruf („Ich bin Lacher.", Z. 9 f.) oder ihre Beziehung zueinander genannt („meine Frau", Z. 82 f., 91).
- Keine konkreten Handlungsorte: Es werden die Spielstätten/Bühnen erwähnt, auf denen der Lacher auftritt, sowie sein Zuhause (vgl. Z. 52, 62 f.).
- Thema der Geschichte ist ein Konflikt, der viele Menschen betrifft: Der Lacher ist unglücklich mit seinem Beruf, weil er nicht zu seiner Persönlichkeit passt.
- Es gibt nur einen Handlungsstrang, der auf den Höhepunkt am Ende zuführt: Der Lacher kann viele Spielarten von Gelächter so glaubwürdig imitieren, dass seine Umgebung davon angesteckt wird. Sein eigenes Lachen kennt er jedoch nicht, vielleicht hat er gar keins.

5. ✏ *Hinweis: Einen Punkt gibt es, wenn du richtig erklärst, was eine Parenthese ist. Kannst du dazu noch die Wirkung des Stilmittels im Textzusammenhang verdeutlichen, gibt es zwei weitere Punkte. Der Textverweis kann als Zitat, Umschreibung oder auch nur als Zeilenangabe erfolgen.*

   Mögliche Lösungen:
   Erklärung des Stilmittels: Als Parenthese bezeichnet man die Unterbrechung eines Satzes durch einen Einschub, erkennbar an Gedankenstrichen, Klammern oder Kommas.

   Wirkung des Stilmittels im Text:
   Mit dem Einschub unterbricht der Erzähler seinen Gedankenfluss, weil ihm offenbar in diesem Moment einfällt, dass seine Mitmenschen mit ihrer Einschätzung möglicherweise richtig liegen: Er ist sich zwar nicht ganz sicher, aber vielleicht ist er wirklich ein Pessimist.

6. ✏ *Hinweis: Bei dieser Aufgabe sollst du etwas erläutern, d. h., du sollst bestimmte Zusammenhänge der Erzählung mit eigenständigen Formulierungen und passenden Textbelegen deutlich machen und damit zeigen, dass du den Text verstanden hast. Für jede schlüssige Erläuterung mit Bezug auf eine Textstelle (Zeilengabe, Umschreibung oder Zitat) und die dazu passende Erläuterung werden jeweils zwei Punkte vergeben. Fehlt der Textverweis, gibt es nur noch einen Punkt, das bloße Nennen oder Zitieren einer Textstelle hingegen wird mit null Punkten bewertet.*

Mögliche Lösungen:
- Der erste Widerspruch im Charakter des Erzählers zeigt sich bereits am Anfang des Textes: Der Lacher bezeichnet sich als einen „sichere[n] Mensche[n]" (Z. 3), schämt sich aber, wenn man ihn nach seinem Beruf fragt (vgl. Z. 1 f.).
- In Bezug auf seinen Beruf hat der Lacher lange Zeit gelogen und sich als Schauspieler ausgegeben (vgl. Z. 17–22), er behauptet aber, die Wahrheit zu lieben (vgl. Z. 22).
- Der Erzähler ist seit seiner Kindheit ein ernster und verschlossener Mensch (vgl. Z. 79, 102–106); dass er mit Lachen sein Geld verdient, passt nicht zu diesem Wesenszug und ist deshalb ein Widerspruch.
- Der Erzähler kennt zahllose Lachvarianten, kann sie imitieren und steckt seine Mitmenschen damit an (vgl. Z. 25–35, 38–45, 48). Nur sein eigenes Lachen ist ihm unbekannt (vgl. Z. 105 f.).

7. a) 🖋 *Hinweis: Beim Erklären soll deutlich werden, was mit einer bestimmten Textaussage gemeint ist. Das Besondere an diesem Zitat ist, dass es zwei Aspekte einander gegenüberstellt, die auch beide erklärt werden müssen. Für die volle Punktzahl ist es also wichtig, dass das Gegensätzliche der beiden Aussagen in deiner Erklärung deutlich wird. Gehst du nur auf einen Teil des Zitats ein, gibt es zwei Punkte.*

Mögliche Lösungen:
- Während Clowns und Komiker ihre Bühnenshows mit der Absicht präsentieren, Freude und Heiterkeit beim Publikum auszulösen, ist die Reaktion des Lachers nur gespielt. Er sieht seine Aufgabe nicht darin, mit seiner Darstellung die Menschen zu belustigen, sondern lacht „auf Bestellung", um die Darsteller auf der Bühne, deren Witze bisweilen nicht überzeugen können, im richtigen Moment zu unterstützen.
- Die vielen Arten zu lachen, die der Erzähler inzwischen beherrscht, sind das Handwerkszeug seines Berufs. Er ist stolz darauf, zu jeder Situation das passende Lachen liefern zu können. Damit will er nicht unterhalten, sondern einen Menschen spielen, der sich über etwas amüsiert.

b) 🖋 *Hinweis: Wie bei Aufgabe 7. a enthält auch dieses Zitat zwei Aussagen, deren Bedeutung in deiner Erläuterung schlüssig formuliert werden soll. Dafür gibt es insgesamt vier Punkte. Wird nur ein Aspekt erläutert, werden zwei Punkte vergeben. Fehlt der Textverweis, gibt es noch einen Punkt, das bloße Nennen oder Zitieren einer Textstelle hingegen wird mit null Punkten bewertet.*

Mögliche Lösungen:
- Der Lacher kann das typische Gelächter unterschiedlicher Altersgruppen, Gesellschaftsklassen, Nationalitäten, Berufe und Gemütszustände perfekt imitieren (vgl. Z. 25–35, 38–45). Er ist so gut in diesem Beruf, dass er sowohl für Schallplattenaufnahmen und Hörspiele gebucht wird (vgl. Z. 36–38) als auch für Bühnenshows, in denen er fast jeden Abend das Publikum zum Mitlachen animieren muss (vgl. Z. 51–54). Diese Tätigkeit ist so anstrengend, dass er im privaten Leben das Lachen vermeidet (vgl. Z. 78 f.), um seine Gesichtsmuskeln zu entspannen (vgl. Z. 85–88). Deshalb weiß er nicht, wie sein eigenes Lachen klingt.
- Der Lacher war kein fröhliches Kind (vgl. Z. 102–104), ist ein „todernster Mensch" (Z. 79) und geht mit „unbewegter Miene" (Z. 99) durch sein Leben. Er macht sich sogar häufig Gedanken darüber, ob er wohl je gelacht hat (vgl. Z. 101 f.), denn die vielfältigen Lachvarianten, die er in seinem Berufsleben einsetzt, sind nur angelernt und spiegeln nicht seine eigene Freude oder Heiterkeit wider. Deshalb kennt er sein eigenes Lachen nicht.

8. *Hinweis: Für die volle Punktzahl muss anhand von zwei verschiedenen Textstellen der Zusammenhang zwischen dem Beruf des Lachers und dem geschichtlichen Hintergrund schlüssig herausgearbeitet werden. Wird nur ein Textbeleg zur schlüssigen Herausarbeitung herangezogen, werden zwei Punkte vergeben. Fehlt der Textbezug, gibt es noch einen Punkt. Der Textbezug kann als Zitat, Zeilenverweis oder Umschreibung erfolgen. Für das bloße Nennen oder Zitieren einer Textstelle gibt es keinen Punkt.*

Mögliche Lösungen:
(Zwei der im Folgenden aufgezählten Aspekte müssen für die volle Punktzahl so oder ähnlich genannt werden.)
- Weil der Lacher neben seinen vielen verschiedenen Lachvarianten auch das ansteckende Lachen beherrscht (vgl. Z. 47 f.), sind seine Dienste besonders bei minderklassigen Komikern gefragt (vgl. Z. 49–54), denen er auf diese Weise zum Erfolg verhelfen kann. Das Publikum fühlt sich auf der Suche nach Ablenkungen jeder Art gut unterhalten und misst der Qualität der Aufführung weniger Bedeutung bei.
- Die Unterhaltungsindustrie produziert Schallplatten und Hörspiele (vgl. Z. 36–38), um die Fröhlichkeit in die privaten Haushalte zurückzubringen. Der Lacher kann dank seiner Fähigkeiten das gewünschte Lachen der jeweiligen Rolle anpassen und damit für die lange vermisste Heiterkeit sorgen.

- Die Nachfrage nach künstlerischer Unterhaltung auf Bühnen und in Varietés ist nach den Schrecken und Entbehrungen des Krieges und der Nachkriegszeit offenbar so groß, dass der Lacher von seinem Beruf sehr gut leben kann und anscheinend fast jeden Abend ausgebucht ist (vgl. Z. 51 f.).
- Die Fröhlichkeit des Lachers ist nur gespielt; sie überdeckt seinen ernsten Charakter sowie seine pessimistische Lebenseinstellung (vgl. Z. 79–81). Genauso überspielen die Menschen der Nachkriegszeit mit ihrer Suche nach leichter Unterhaltung ihre schlimmen Erlebnisse und Erinnerungen.

9. ✐ *Hinweis: Die Frage ist so formuliert, dass du der Aussage zustimmen, sie ablehnen oder eine vermittelnde Position einnehmen kannst. Wichtig ist in allen Fällen, dass du deine Haltung nachvollziehbar mithilfe geeigneter Textstellen begründest. Gelingt dir das, gibt es vier Punkte. Beziehst du dich nur auf eine Textstelle, erhältst du immerhin noch drei Punkte. Ist die Begründung schlüssig, es fehlt aber der Textbezug, gibt es noch zwei Punkte.*

Mögliche Lösungen:
Zustimmung:
Diese Aussage trifft auf den Lacher zu, denn er leidet unter dem Beruf, der nicht zu seinem Charakter passt. Schon als Kind hat er nie gelacht (vgl. Z. 102–104), nun bezeichnet er sich als „todernsten Menschen" (vgl. Z. 79), der auf seine Umgebung pessimistisch wirkt. Dass er sich dennoch für den Beruf des Lachers entschieden hat, macht ihn zu einem unglücklichen Menschen, der „mit unbewegter Miene" (Z. 99) durch sein Leben geht und außerhalb seiner Arbeit niemals lacht (vgl. Z. 78 f.). Sein Beruf erschöpft ihn (vgl. Z. 60 f.), und auf dem Weg zu seinen Auftritten hadert er mit seinem Schicksal (vgl. Z. 64–66). Auch auf sein Privatleben und seine nächsten Mitmenschen wirkt sich die verfehlte Berufswahl in negativer Weise aus. So hat seine Frau, die ihn zu Beginn der Ehe oft zum Lachen ermuntert hatte (vgl. Z. 82 f.), inzwischen resigniert und selbst „das Lachen verlernt" (Z. 91). Vermutlich hat er wenige soziale Kontakte oder Freundschaften, denn das Lachen anderer macht ihn nervös (vgl. Z. 88 f.). Der Lacher kann von seinem Beruf zwar gut leben, aber eigentlich hasst er alles, was mit seiner Tätigkeit unmittelbar zusammenhängt (vgl. Z. 94 f.).

Ablehnung:
Die Dienste des Lachers sind so gefragt, dass seine Einkünfte ihm ein gutes Leben ermöglichen (vgl. Z. 13–15). Die finanzielle Sicherheit ist ein wichtiges Element bei der Berufsausübung. Seine Fähigkeit, auf vielfältige Weise zu lachen, ist offenbar konkurrenzlos, denn der Lacher ist „unentbehrlich geworden" (Z. 36).

Diese besondere Kompetenz führt dazu, dass er von seinen Auftraggebern respektiert und gut behandelt wird (vgl. Z. 37 f.). Überdies ist er an der Produktion von Hörspielen beteiligt (vgl. Z. 37 f.) und kommt kostenlos ins Theater, worum ihn sicher viele Menschen beneiden. Auch ist der Beruf anspruchsvoll. Der Lacher muss zum richtigen Zeitpunkt mit der passenden „Lachdosis" in Aktion treten, um die gewünschte Reaktion auszulösen (Z. 54 f.: „Es muss Maßarbeit sein."). Weil die Bezahlung stimmt, er erfolgreich ist, Anerkennung genießt und seine Tätigkeit sich nicht in langweiliger Routine erschöpft, kann man meiner Meinung nach nicht davon sprechen, dass der Lacher seinen Beruf verfehlt hat.

Teil II: Schreiben

Teil II.A: Textproduktion (Wahlaufgabe)

a) Erzählung

*Hinweis: **Inhalt:** Die Redensart „Humor ist, wenn man trotzdem lacht" beschreibt Humor als eine Fähigkeit, den Missgeschicken des Alltags mit Heiterkeit zu begegnen und sie damit zu entschärfen. Dazu gehört auch, über sich selbst lachen zu können. Ob du eine solche Situation selbst erlebt hast oder sie erfindest, ist bei diesem Thema nicht von Bedeutung. Insgesamt lässt dir die Erzählaufgabe einen großen Gestaltungsspielraum. Damit sie zum Thema passt, sollte sie im Kern natürlich lustig sein.*

***Aufbau:** Bezüglich des Aufbaus musst du wie bei jedem Text bestimmte formale Vorgaben berücksichtigen, da diese neben dem Inhalt Grundlage der Bewertung sind: Gib deiner Erzählung eine treffende **Überschrift**. Schreibe eine kurze **Einleitung**, die Aufschluss über Zeit, Ort und Personen der Handlung gibt. Führe die Handlung im **Hauptteil** über einen Spannungsbogen geradlinig und ohne große Umwege zum **Höhe- oder Wendepunkt** hin, sodass der „rote Faden" deiner Erzählung, d. h. die zentrale Botschaft, vom Anfang bis zum Ende erkennbar ist. Für das Ende kannst du dich für einen offenen **Schluss** wie in einer klassischen Kurzgeschichte entscheiden oder die Geschichte so enden lassen, wie die Handlung es eigentlich schon erwarten lässt.*

***Sprachangemessenheit:** Vermeide Wiederholungen bei Satzbau und Wortwahl, sonst liest sich dein Text schnell langweilig. Verwende anschauliche Sprachbilder, z. B. Vergleiche und Metaphern, außerdem abwechslungsreiche Verben und Adjektive sowie wörtliche Rede. Achte auch darauf, die zu Beginn gewählte Erzählperspektive und Zeitform durchgängig einzuhalten. Du kannst sowohl in der Ich-Form schreiben als auch, wie bei dem folgenden Lösungsbeispiel, aus der Sicht einer der beteiligten Handlungsfiguren. Für Erzähltexte ist das Präteritum (Vergangenheit) die am besten geeignete Zeitform, verbunden mit dem Plusquamperfekt bei Vorzeitigkeit (Beispiel: „Nachdem er das Training beendet hatte, fuhr er nach Hause.").*

***Sprachrichtigkeit:** Fehler in der **Rechtschreibung und Grammatik** werden als ganze Fehler, die in der **Zeichensetzung** als halbe Fehler gewertet. Mit dem Fehlerindex wird berechnet, wie viele von maximal vier Punkten du für die Rechtschreibung bekommst.*

Tattoo for you

treffende Überschrift

Seit Tagen zerbrach Ben sich den Kopf, wie er Lisa beeindrucken und ihre Aufmerksamkeit auf sich ziehen könnte. Als sie im Wahlpflichtkurs „Natur und Technik" per Losverfahren seiner Arbeitsgruppe zugeteilt worden war, hatte sie ihm zwar freundlich zugenickt, ihn aber ansonsten mit derselben Gleichgültigkeit behandelt, die er auch von anderen gewohnt war.

Einleitung
Hauptpersonen, Ausgangssituation

Und das war ja auch kein Wunder: Lisa war cool und beliebt, während er zu den Stillen gehörte, den Unauffälligen im Hintergrund, zu denen, die gut in Mathe waren, immer ihre Hausaufgaben hatten und die anderen aus lauter Gutmütigkeit abschreiben ließen. Ben bewunderte Lisa schon seit der sechsten Klasse, als sie ihm den ersten Platz beim Vorlesewettbewerb weggeschnappt hatte. Aber nie hätte er sich getraut, sie anzusprechen – und jetzt hatten er und Lisa vier Wochen Zeit, gemeinsam eine Präsentation zum Thema „Der Traum vom Fliegen" vorzubereiten. Ben war fest entschlossen, diese Chance zu nutzen und ihr zu zeigen, dass er nicht der nerdige Langweiler war, für den sie ihn wahrscheinlich hielt. Aber wie sollte er das bloß anstellen?

Hauptteil

Ben bewundert Lisa und will sie beeindrucken, ist aber zu schüchtern, um sie anzusprechen.

Der Zufall kam ihm zu Hilfe. Als er am Nachmittag vom Fußballtraining mit dem Fahrrad nach Hause fuhr, sah er sie: Gemeinsam mit einer Freundin starrte sie fasziniert in das Schaufenster des schmuddeligen kleinen Tattoo-Studios, an dem Ben dreimal in der Woche achtlos vorbeiradelte. Ben traf es wie der Blitz – das war es! Wenn Lisa auf Tattoos stand, müsste er mit einer aufsehenerregenden Tätowierung in ihrem Ansehen mindestens drei Plätze aufrücken, rechnete Ben sich aus. Er wartete hinter der nächsten Ecke, bis die Mädchen kichernd und schnatternd in die andere Richtung verschwunden waren, parkte sein Fahrrad vor dem Laden und ging hinein. Ein bärtiger Typ in einer ärmellosen Lederweste, die Haut über und über mit bunten Bildern verziert, bohrte seine Blicke in ihn. Ben kamen Zweifel. „Kann ich bei Ihnen ein Tattoo machen lassen?", brachte er trotzdem heraus und kam sich im selben Moment ziemlich dämlich vor, denn die Innenausstattung ließ keinen Zweifel daran, dass er hier

Ben glaubt, dass Lisa Tattoos mag, und hat eine Idee.

genau richtig war. Mit einer raumgreifenden Geste wies der Bärtige wortlos auf die zahllosen Motive, die dicht an dicht die Wände des Ladens zierten. Ben zeigte auf ein Muster aus verschlungenen Wellen. „An so etwas dachte ich, um den Oberarm. Geht das?" Der Ladeninhaber nickte, blätterte in einem Notizblock und brummte: „Morgen Nachmittag, vier Uhr. Mit Unterschrift der Eltern. Oder biste schon achtzehn?" Daran hatte Ben in seinem Eifer natürlich nicht gedacht. „Ja, alles klar, dann bis morgen also", stotterte Ben und verließ hastig den Laden.

Es gibt möglicherweise Hindernisse bei der Umsetzung seines Plans.

„Ein Tattoo? Was ist das denn für eine Idee? Passt doch gar nicht zu dir", war die Reaktion seiner Mutter beim Abendessen, die Ben eigentlich schon erwartet hatte. „Und wieso nicht?", platzte er wütend heraus. „Nur weil du denkst, dass ich so ein Lappen bin, meinst du, das passt nicht zu mir? Ben, der kleine Streber, der Angepasste, der immer die Klappe hält, das denkst du doch auch, ja?", schluchzte er auf. „Aber ich bin nicht so! Ich will nicht mehr so sein!" Die Mutter war sichtlich erschrocken. „Du liebe Zeit, natürlich denke ich nicht so. Du bist alt genug. Wenn du unbedingt willst, ich habe nichts dagegen", versuchte sie ihn zu beruhigen.

Ben bekommt die Erlaubnis seiner Mutter.

Das Tätowieren am nächsten Tag war eine quälende Prozedur. Ben musste die Zähne zusammenbeißen, als die Nadelmaschine die empfindliche Innenseite seines Arms erreichte. Krampfhaft dachte er an das nächste Treffen der Arbeitsgruppe am Donnerstag in der kommenden Woche, bis dahin würden die Schmerzen vergessen und die zahllosen kleinen Wunden rings um seinen Oberarm verheilt sein.

Ben lässt sich tätowieren und malt sich Lisas Reaktion aus.

Als er am Donnerstag pünktlich den Computerraum betrat, war Lisa schon da und tippte auf ihrem Handy herum. „Wo sind Tobi und Jessica?", fragte er. „Keine Zeit, alle beide. Wir fangen trotzdem schon an", antwortete Lisa sichtlich verärgert. Bens Herz machte einen kleinen Freudensprung. „Ok", sagte er gespielt gleichgültig und startete den Computer. Dann nahm er allen Mut zusammen. „Darf ich dich mal was fragen, Lisa?" Sie schaute von ihrem Handy auf, ozeangrüne Augen mit glitzernden Bernsteinsplittern darin, er drohte zu versinken. „Klar", sagte sie freundlich und legte das Handy

Ben hat Glück und ist mit Lisa allein.

Ben fasst sich ein Herz und fragt sie nach ihrer Meinung zu Tattoos.

weg. „Was, äh, ich meine, wie findest du … also was hältst du eigentlich von … Tattoos?", stammelte er. Das Bernsteinglitzern in Lisas Augen erlosch augenblicklich. „Hm, weiß nicht. Kann ich nichts mit anfangen. Ich meine, man trägt ja auch nicht sein ganzes Leben lang dieselbe Hose, nur weil sie einem irgendwann mal gefallen hat. Wieso fragst du?"

Ben stürzte ungebremst in einen Abgrund. „Aber wieso, du warst doch bei dem Laden, ich dachte, du magst es, wegen dir habe ich … nein, was bin ich für ein Idiot!!!" Ben wusste nicht, ob er lachen oder weinen sollte.

Lisas Reaktion macht Ben fassungslos; er erkennt seinen Irrtum und erzählt Lisa, was er getan hat.

Lisa hatte alle Mühe, sich aus seinen gestammelten Satzfetzen die ganze Geschichte zusammenzureimen. „Das hast du wegen mir gemacht?", fragte sie ungläubig. „Zeig mal!" Verzweifelt schob Ben seinen Pulloverärmel hoch. Eingehend betrachtete Lisa die dunkelblauen Wellen, die sich anmutig um Bens Oberarm schlängelten. „Sieht eigentlich gar nicht mal so schlecht aus. Hat sicher wehgetan." Ben nickte kläglich. „Und wieso warst du bei dem Laden?", brachte er heraus. „Ach so, das. Jessi will ihrem Bruder zum Geburtstag einen Gürtel schenken, mit einem Totenkopf als Schnalle. Die haben da solches Zeug." Ben nickte. „Ich bin so ein Trottel!" Beschämt suchte er Lisas Blick, sie schaute zurück, er sah ein kleines Zucken in ihren Mundwinkeln, ein amüsiertes Blitzen in ihren Nixenaugen, fühlte, wie in seiner Magengegend etwas zu beben begann, als zunächst winziges Kichern hochstieg, sich ausbreitete in seinem Brustkorb und schließlich explodierte in einem lauten und befreienden Gelächter, in das Lisa einstimmte, bis beide sich krümmten vor Lachen, nicht mehr aufhören konnten und dabei fast von ihren Stühlen fielen.

Lisa tröstet ihn.

Beide lachen über Bens unüberlegte Entscheidung.

Als es endlich vorbei war und sie schließlich wieder zu Atem gekommen waren, sagte Lisa erschöpft, während sie sich die Lachtränen aus den Augenwinkeln wischte: „Was bin ich froh, dass du so einer bist." Ben war irritiert. „Was meinst du mit ‚so einer'?", fragte er. „Dass du über dich selbst lachen kannst. Ich glaube, wir beide werden ein richtig gutes Team!"

Schluss
Happy End

b) Argumentation

Hinweis: Inhalt: Welche Vor- und Nachteile der regelmäßige Besuch klassischer Kulturveranstaltungen als fester Bestandteil des Unterrichts haben könnte, soll in dieser Erörterung thematisiert werden. Es geht also inhaltlich nicht um einen einzelnen Museumsbesuch, der gerade zum Thema im Kunstunterricht einer einzelnen Klasse passt, sondern um fest im Stundenplan verankerte Veranstaltungen für alle Schüler*innen. Sinnvoll ist es, in einer Tabelle die Pro- und Kontra-Argumente zu notieren und nach Wichtigkeit zu ordnen.

*Aufbau: In der **Einleitung** weist du auf die aktuelle Idee der Kulturexkursionen hin und leitest dann mit der Fragestellung zum Hauptteil über.*

*Im **Hauptteil** führst du die Argumente für und gegen solche Kulturtage aus und stützt sie jeweils mit einem nachvollziehbaren Beispiel. Beginne mit den Argumenten, denen du nicht zustimmst, und ordne sie vom stärksten zum schwächsten Argument. Ergänze dann die Argumente, die du befürwortest. Hier solltest du mit dem schwächsten Argument beginnen. Erst im **Schlussteil** äußerst du deine eigene Haltung zum Thema und bekräftigst sie mit dem überzeugendsten deiner Argumente.*

*Um für die **Sprachangemessenheit** die volle Punktzahl zu erreichen, muss dein Text diese Aspekte erfüllen: richtige Verwendung der Zeitform (Präsens), sachliche und themabezogene Wortwahl, abwechslungsreicher Satzbau, Vermeidung von Wiederholungen. Im Bereich **Sprachrichtigkeit** werden Rechtschreibung, Grammatik und Zeichensetzung mit maximal vier Punkten bewertet, die sich aus dem Fehlerindex ergeben (Rechtschreibung und Grammatik ganze Fehler, Zeichensetzung halbe Fehler).*

Ideenliste/Stoffsammlung:

Nachteile	Vorteile
hohe Kosten	Unterstützung kultureller Einrichtungen
Ausfall von Unterricht	Abwechslung vom Unterrichtsalltag/Verbesserung des Lernklimas
fehlendes Interesse der Schüler*innen	Alle erhalten die Möglichkeit, Kunst live zu erleben.

„Bertha" goes Ballett – sind feste Kulturtage sinnvoll?

In der letzten Gesamtkonferenz haben die Schülervertretung der Bertha-von-Suttner-Schule und der Vorstand des Elternbeirats beantragt, die Durchführbarkeit fester Kulturtage zu prüfen. In allen Jahrgängen sollen demnach dreimal pro Halbjahr kulturelle Veranstaltungen wie z. B. Kino, Theater, Oper oder Ballett besucht werden. Seitdem bewegt die Schüler*innen, die Lehrkräfte und auch die Elternschaft die Frage, welche Vor- und Nachteile diese Form der Unterrichtsergänzung hat.

Gegen die Einführung solcher Kulturtage spricht der finanzielle Aspekt. Inzwischen kostet schon eine einzelne Kinokarte fast zehn Euro, Tickets für Theater und Oper sind häufig um ein Vielfaches teurer. Selbst wenn der Eintritt für Schulgruppen meist ermäßigt ist, käme bei sechs Veranstaltungen pro Jahr eine stattliche Summe zusammen. Besonders Familien, die zwei oder mehr Kinder an der Schule haben, würden damit hoch belastet.

Ein weiteres Argument gegen den regelmäßigen Besuch kultureller Veranstaltungen ist der damit verbundene Ausfall von Unterricht. Der Antrag sieht sechs Exkursionen pro Schuljahr vor, das würde mehr als eine Woche Unterrichtsausfall bedeuten. Rechnet man aus, wie viele Stunden regulären Unterrichts ohnehin wegen Krankheit von Lehrkräften oder Schüler*innen, Praktika, Projektwochen oder Hitzefrei nicht stattfinden, so würden bei Einführung von sechs Kulturausflügen pro Jahrgang durchschnittlich weitere 36 Stunden regulären Unterrichts ausfallen. Da trotzdem der Lernstoff erarbeitet und weiter Tests und Leistungskontrollen geschrieben werden müssen, hätte das eine weitere Zunahme der Arbeitsbelastung für die Schüler*innen zur Folge.

Was am meisten gegen die Einführung der Kulturtage spricht, ist das fehlende Interesse für derartige Veranstaltungen bei den meisten der Jugendlichen. Schüler*innen zwischen 12 und 18 Jahren haben ihre eigenen Vorstellungen und Vorlieben bezüglich Musik und Kunst. Wer gerne mit seinen Eltern oder auch Freunden ein klassisches Konzert, eine Ballettaufführung oder ein Museum besuchen möchte, kann das auch

D 2021-13

Marginalien:

Überschrift

Einleitung
aktuelle Diskussion um Einführung der Kulturtage

Überleitung zum Thema: Aufgreifen der Fragestellung

Nachteile der Kulturausflüge
Erstes Argument: hohe Kosten, besonders für Familien mit mehreren Kindern

Zweites Argument: Unterrichtsausfall

Drittes Argument: fehlendes Interesse der Schüler*innen

außerhalb der Schule tun. Die Mehrheit der Jugendlichen käme umgekehrt ja auch nicht auf die Idee, gemeinsam mit der Klasse zu einem Rockfestival oder einem Open-Air-Konzert zu gehen oder die neueste Netflix-Serie zu streamen. Somit wären die verpflichtenden Kulturausflüge verschwendete Zeit, die man sinnvoller nutzen könnte.

Trotz dieser Einwände spricht auch viel für die Einführung von Kulturtagen für alle Jahrgänge.

Überleitung zu den Pro-Argumenten

Wenn Schulgruppen regelmäßig ins Konzert, Theater, Kino oder Museum gehen, bedeutet das eine große finanzielle Unterstützung für die Künstlerinnen und Künstler sowie für die Veranstaltungshäuser. Sie können sich auf feste Einnahmen und eine bessere Auslastung ihrer Angebote verlassen. Vorstellbar ist, dass infolge dieser Planbarkeit der Publikumsnachfrage auch das Veranstaltungsprogramm und die Spielpläne den jungen Besucherinnen und Besuchern angepasst werden.

Vorteile der Kulturausflüge

Erstes Argument: Unterstützung für Veranstaltungshäuser und Künstler*innen

Ein weiteres Argument, das für den regelmäßigen Besuch kultureller Veranstaltungen mit der Klasse spricht, ist die Abwechslung vom Unterrichtsalltag, die solche Ausflüge bedeuten würden. Schüler*innen verbringen einen Großteil ihrer Schulzeit in der Klasse sitzend, häufig mit eintönigen und als lebensfremd empfundenen Aufgaben und Lerninhalten. Schon die Aussicht auf einen bald stattfindenden Ausflug würde die Stimmung in der Klasse heben und damit das Lernklima verbessern. Die Exkursion selbst beinhaltet mit Anreise, dem gemeinsamen Besuch der Veranstaltung, Rückkehr und Besprechung des Erlebnisses viele Eindrücke, die dem Unterrichtsalltag neue Impulse verleihen. Diesen Effekt kann man bereits jetzt nach jedem Ausflug oder außerschulischen Unterrichtsprojekt beobachten.

Zweites Argument: Abwechslung vom Unterrichtsalltag / Verbesserung des Lernklimas

Das wichtigste Argument für die Einführung regelmäßiger Kulturtage ist der damit verbundene Zugang zur Kunst für alle Kinder und Jugendliche. In vielen Familien ist der Besuch von klassischen Konzerten, Theater- oder Ballettaufführungen aus verschiedenen Gründen kein Thema. Kulturelle Bildung in dieser Form bleibt somit den Schülerinnen und

Drittes Argument: Zugang zu kulturellen Veranstaltungen für alle

Schülern vorbehalten, die privat mit ihren Eltern solche Veranstaltungen besuchen. Die meisten Jugendlichen haben keine Vorstellung von musealer Kunst, klassischer Musik oder auch zeitgenössischem Ballett und erhalten keine Gelegenheit, ein Opernhaus oder einen Konzertsaal von innen zu sehen. Um sich für Kulturveranstaltungen interessieren zu können, müssten sie sie frühzeitig kennenlernen. In Form von regelmäßigen Kulturtagen könnte die Schule ihrem Bildungsauftrag also gerecht werden.

Ich bin der Auffassung, dass die Vorteile bei der Frage „Ja oder Nein zu Kulturtagen an unserer Schule" überwiegen. Den Schülerinnen und Schülern wird damit die Möglichkeit geboten, einen wichtigen Teil kultureller Bildung ungefiltert zu erleben. Allerdings sollte man aus Kostengründen das Angebot auf zwei solcher Veranstaltungen pro Halbjahr beschränken, um die Belastung für Familien mit geringem Einkommen gering zu halten.

Schluss
Fazit, eigene Meinung: eingeschränkte Zustimmung

Teil I: Lesen

Hinweis: In den Aufgaben 1 und 2 gibt es für jede richtige Lösung einen Punkt. Sind mehrere Möglichkeiten angekreuzt, wird kein Punkt vergeben.

1. a) ☒ erstellt Fotocollagen aus Abfall.

    Hinweis: vgl. Z. 6–13

   b) ☒ berät die Schweiz in Umweltfragen.

    Hinweis: vgl. Z. 44–47

   c) ☒ Plastik sei nicht so umweltschädlich wie vermutet.

    Hinweis: vgl. Z. 58–60

   d) ☒ kommen Chemikalien zum Einsatz.

    Hinweis: vgl. Z. 79 f.

   e) ☒ Asien und Afrika.

    Hinweis: vgl. Z. 166–168

2. a) ☒ keine Rolle mehr gespielt haben.

    Hinweis: Die Personifikation sagt aus, dass in der emotional geführten Diskussion über Plastik die Vorteile dieses Materials nicht zur Sprache kommen.

   b) ☒ verderben.

    Hinweis: Wenn Lebensmittel „schlecht werden" oder „verderben", sind sie infolge von falscher oder zu langer Lagerung mit Keimen wie z. B. Bakterien oder Schimmelpilzen belastet und nicht mehr genießbar.

   c) ☒ nicht mehr anbieten.

    Hinweis: Die Waren, die z. B. ein Supermarkt anbietet, bezeichnet man als „Sortiment". Die Zusammenstellung dieser Auswahl wird entsprechend der Kundennachfrage ständig angepasst.

3.   🖊 *Hinweis: Für die richtige Antwort in Aufgabe 3 gibt es zwei Punkte. Sind mehrere Möglichkeiten angekreuzt, wird kein Punkt vergeben.*

   $\boxed{X}$ Nur C und D stehen im Text.

   🖊 *Hinweis: **Antwort A** trifft nicht zu, da in den Zeilen 136–141 die Besonderheiten des Ladens beschrieben werden, der ganz auf Plastikverpackungen verzichtet. Auch **Antwort B** stimmt nicht, denn aus den Zeilen 141–143 geht hervor, dass die Kunden ihre Stoffbeutel selbst mitbringen. **Antwort C** trifft zu (vgl. Z. 147 f.), ebenso wie **Antwort D**: „Selbst sie glaubt heute, dass Plastik nicht immer schlecht ist." (vgl. Z. 151 f.)*

4.   🖊 *Hinweis: Die Merkmale eines journalistischen Textes (hier: Reportage) sollen nicht nur stichwortartig genannt, sondern auch mit passenden Textstellen belegt werden. Als Textbeleg gelten Zitate, reine Zeilenangaben, Verweise auf Textausschnitte oder Umschreibungen, die eine Aussage mit eigenen Worten wiedergeben. Für jedes richtig genannte und belegte Textmerkmal gibt es einen Punkt; für das bloße Nennen eines Merkmals ohne Textbeleg wird kein Punkt vergeben.*

   Mögliche Lösungen:
   – Interessante Überschrift
     🖊 *Hinweis: Die Überschrift erweckt Aufmerksamkeit, da ihre Aussage dem schlechten Image von Plastik widerspricht.*
   – Vorspann, Teaser, Lead (Z. 1–3)
     🖊 *Hinweis: Im Vorspann werden die wichtigsten inhaltlichen Aspekte des Artikels in Kurzform zusammengefasst.*
   – Szenischer oder erlebnisorientierter Einstieg (Z. 4–16)
     🖊 *Hinweis: Der Autor steigt in das Thema ein, indem er der Leserschaft die Büroräume der Deutschen Bank vor Augen führt, wo die Fotos des Künstlers Gabriel Orozco ausgestellt sind. So wird auf bildhafte und drastische Weise nicht nur die Problematik des Plastikmülls im Meer deutlich, sondern gleichzeitig auch auf den Zusammenhang zwischen der Wirtschaft und dem weltweiten Müllproblem hingewiesen.*
   – Zahlen, Daten, Fakten und Erläuterungen als Hintergrundwissen (z. B. Z. 13 f., 18–24, 31–39, 44–50)
     🖊 *Hinweis: Der Autor ergänzt und stützt die Resultate seiner Recherchen durch wissenschaftlich abgesicherte Ergebnisse aus Statistiken und Forschung.*
   – Expertenmeinung (z. B. Z. 50–52, 71–75, 124–129, 162–1)6)

Hinweis: Erfahrungsberichte von Fachleuten, Behörden und Umweltverbänden sichern die Äußerungen des Autors ab.

– Autorenkommentar (z. B. Z. 4–6, 17 f., 24–29, 30–35, 40–42)

Hinweis: Die Äußerung „Niemand kann bei diesen Bildern ungerührt bleiben" (Z. 17 f.) gibt einen Hinweis auf die Haltung des Autors gegenüber der unter dem Plastikmüll leidenden Natur. Gleichzeitig macht er aber auch seine eigene differenzierte Einstellung zum Plastik deutlich (vgl. Z. 40–42).

– Zitate von Betroffenen (Z. 152–155)

Hinweis: Der Autor lässt nicht nur Fachleute zu Wort kommen, sondern zitiert auch eine Ladenbesitzerin aus Kreuzberg, die ihre eigene Haltung zu Plastikverpackungen inzwischen verändert hat. Das verleiht dem Text besondere Aktualität und Lebensnähe.

– Wahl der Zeitform: überwiegend Präsens, nur bei Vorzeitigkeit Formen der Vergangenheit (Z. 91 f.)

Hinweis: Die fast durchgängig verwendete Zeitform Präsens unterstreicht die Aktualität des Themas.

– Fazit (Z. 180–188)

Hinweis: Am Ende fasst der Autor das Ergebnis seiner Recherche in Form eines Appells zusammen und greift zur Abrundung noch einmal auf das Eingangsbild der Müllcollagen des Künstlers Gabriel Orozco zurück.

5. *Hinweis: Bei dieser Aufgabe sollst du zum einen erklären, was eine Personifikation überhaupt ist, und zusätzlich mit eigenen Worten deutlich machen, was diese Textstelle bedeutet. Die Erklärung des sprachlichen Mittels ist einen Punkt wert, wird die Bedeutung im Textzusammenhang richtig erklärt, werden zwei weitere Punkte vergeben. Als Textbezug gelten Zitate, Zeilenangaben oder Umschreibungen einer bestimmten Textstelle mit eigenen Worten.*

Mögliche Lösung:

Erklärung des Stilmittels: Wenn Gegenständen, Tieren, Pflanzen oder abstrakten Begriffen menschliche Eigenschaften oder Fähigkeiten zugeschrieben werden, bezeichnet man das als Personifikation.

Bedeutung im Textzusammenhang: Die Kunststoffindustrie ist selbst daran schuld, dass Plastik inzwischen weltweit einen schlechten Ruf hat und überall „verteufelt" wird. Auf die wachsenden Probleme mit dem Plastikabfall hätte sie früher reagieren müssen und nicht abwarten sollen, dass z. B. Supermärkte und Verbraucher Ideen entwickeln, den Verpackungsmüll zu reduzieren (vgl. Z. 86–88, 138–141).

6. *Hinweis: Drei Punkte gibt es für eine zutreffende Erklärung des Stilmittels **und** seiner Wirkung. Wird nur das sprachliche Mittel erklärt, gibt es einen Punkt, für die Erklärung seiner Wirkung im Textzusammenhang zwei weitere. Der Textbezug kann als Zitat, Zeilenverweis oder Umschreibung erfolgen.*

Mögliche Lösung:

Erklärung des Stilmittels: Wer eine rhetorische Frage stellt, erwartet keine Antwort, weil sie z. B. schon bekannt ist oder sich so selbstverständlich aus der Fragestellung ergibt, dass es überflüssig ist zu antworten.

Wirkung: Da der Autor in seinem Text die Vorzüge von Plastik gegenüber anderen Verpackungen dargestellt hat, wirkt die rhetorische Frage an dieser Stelle wie ein Fazit, in dem er seine eigene Meinung ausdrückt. Er empfiehlt, Plastik nicht pauschal abzulehnen und auch weiterhin zu verwenden, wo es sinnvoll ist.

7. a) *Hinweis: Beim Erläutern wird ein aus dem Text abzuleitender Sachverhalt mithilfe von Beispielen verständlich formuliert. Drei Punkte gibt es für jede schlüssige Erläuterung eines Beispiels aus dem Text. Fehlt der Textverweis, werden zwei Punkte vergeben. Eine Textstelle ohne Erläuterung wird nicht bewertet. Als Textbezug gelten Zitate, Zeilenangaben oder Umschreibungen.*

Mögliche Lösungen:
-   Bei der Herstellung von Plastik wird vergleichsweise wenig Energie und Wasser benötigt (vgl. Z. 112–114), während die Produktion von Glas wegen der dafür benötigten Hitze sehr viel Energie kostet (vgl. Z. 60–62).
-   Das gilt auch für das Recycling: Um Glas zu recyceln (d. h. einzuschmelzen), muss man es auf über 1 000 Grad erhitzen (vgl. Z. 64–66). Plastik kann umweltschonend recycelt werden (vgl. Z. 160 f.), und bei der Verbrennung von Plastikmüll werden sogar Wärme und Strom erzeugt (vgl. Z. 175–177).
-   Für die Wiederverwendung als Pfandflasche müssen die gesammelten Glasflaschen über weite Strecken transportiert werden (vgl. Z. 69–71). Weil Glas viel schwerer ist als Plastik, kostet schon der Transport von Pfand-Glasflaschen mehr Energie als der von Plastik-Mehrwegflaschen (vgl. Z. 109–112).
-   Vor ihrer Wiederverwendung werden Glasflaschen heiß ausgespült, was natürlich auch wieder Energie kostet (vgl. Z. 68 f.).

b) *Hinweis: Beim Herausarbeiten sollen Informationen und Sachverhalte unter einer bestimmten Fragestellung aus dem Text entnommen und mit eigenen Worten wiedergegeben werden. Die Frage in dieser Aufgabe heißt: Welche **weiteren** Vorteile von Plastik lassen sich aus dem Text entnehmen? Das bedeutet, dass die in Aufgabe 7. a genannten Aspekte nicht noch einmal angeführt werden dürfen. Es gibt jeweils zwei Punkte für das schlüssige Herausarbeiten eines positiven Aspektes von Plastik, bezogen auf jeweils eine Textstelle. Fehlt der Textbezug, gibt es noch einen Punkt.*

Mögliche Lösungen:

– Wenn man ihre Lebensdauer betrachtet, sind Plastiktüten umweltfreundlicher als Papiertüten und Tragetaschen aus Bio-Baumwolle, wie eine Studie der dänischen Umweltschutzbehörde ergab. Die Herstellung von Papiertüten ist sehr aufwendig, und die Produktion von Baumwolle hat wegen des hohen Wasser- und Landverbrauchs eine schlechte Klimabilanz (vgl. Z. 90–108).

– Plastikverpackungen können helfen, die Lebensmittelverschwendung einzudämmen. Wer nur kleine Portionen eines Produktes verbraucht, z. B. bei Joghurt, ist mit einer Plastikverpackung besser bedient. Denn in den großen Halbliter-Behältern aus Glas bleiben häufig Reste übrig, die dann weggeworfen werden (vgl. Z. 119–129).

– Bei manchen Obst- und Gemüsesorten können Plastikverpackungen dafür sorgen, dass die Früchte nicht so schnell schrumpelig werden. Zwei bis drei Wochen bleibt eine eingeschweißte Gurke frisch, ohne Folie verliert sie schon nach wenigen Tagen Wasser (vgl. Z. 130–135).

8. *Hinweis: Beim Erklären sollen verschiedene Textinformationen verknüpft und verständlich gemacht werden. Dabei musst du möglicherweise auch auf eigenes Wissen/eigene Vorkenntnisse zurückgreifen: Was heißt in diesem Zusammenhang „Verteufelung"? Was bedeutet „allgegenwärtig"? Drei Punkte gibt es für eine zutreffende Erklärung im Textzusammenhang, Teilpunkte werden bei dieser Aufgabe nicht vergeben.*

Mögliche Lösung:

Der Ausdruck „verteufeln" bedeutet, etwas als schlecht und gefährlich hinzustellen. Mit dieser Aussage ist gemeint, dass Plastik generell und inzwischen in allen Verwendungsbereichen als umweltschädlich wahrgenommen wird und als Umweltsünde gilt. „[…] wenn Verbraucher irgendwo Gurken in Plastikfolie verpackt sehen, kann der Händler praktisch sofort einen Mitarbeiter für die Beschwerden abstellen" (Z. 21–24). An dieser Textstelle wird deutlich, dass selbst die sinnvolle Nutzung, z. B. um die Haltbarkeit von Lebensmitteln zu verlängern (vgl. Z. 131–135), am schlechten Image von Plastik nichts ändert.

9. *Hinweis: Du kannst der Behauptung zustimmen, sie ablehnen oder eine abwägende Position vertreten, solange du deine Haltung nachvollziehbar begründest, gibt es dafür drei Punkte. Teilpunkte werden nicht vergeben. Auf den Text brauchst du dich bei dieser Aufgabe nicht zu beziehen.*

Mögliche Lösungen:

Zustimmung:
Es gibt kaum noch Gegenstände des täglichen Gebrauchs, die nicht wenigstens teilweise aus Plastik sind. Ob Fahrzeuge, Schreibgeräte, Küchenutensilien oder Kommunikationshardware, überall ist Plastik enthalten. Dazu kommen die zahllosen Verpackungen für Lebensmittel, Alltagsgegenstände und Hygieneartikel, die beim täglichen Einkauf in den Haushalten landen. Es ist also sehr schwer, die Nutzung von Plastik zu reduzieren. Trotzdem bin ich der Meinung, dass jeder versuchen sollte, in seinem persönlichen Umfeld weniger Plastik zu benutzen und z. B. beim Einkaufen bewusst nach Alternativen zu suchen, wo es möglich ist. Denn da Plastik nicht verrottet, sammeln sich die Überreste unseres Wohlstandsmülls in der Umwelt. Zudem werden gesundheitsschädliche Mikroplastikteilchen, zum Beispiel aus dem Abrieb von Autoreifen, ins Grundwasser gespült und gelangen auf diese Weise in die Nahrungskette.

Ablehnung:
Ich stimme dieser Behauptung nicht zu, denn Plastik ist besser als sein Ruf. Aus dem Text wird ersichtlich, dass z. B. Plastikverpackungen in der Ökobilanz besser abschneiden als die möglichen Alternativen aus Papier oder Glas. Besonders zum Transport und zur Aufbewahrung von Lebensmitteln haben sie sich bewährt, weil sie leicht und hygienisch sind. Zudem ist nicht nur die Recyclingquote bei Plastik ziemlich hoch, zusätzlich lässt sich mit der Verbrennung von Plastikmüll sogar noch Energie erzeugen. Auch wurde erwiesen, dass der Plastikmüll aus Deutschland nicht in den Weltmeeren landet, sondern dass die Abfälle in den Ozeanen überwiegend aus Afrika und Asien stammen. D. h., es muss zwar etwas gegen die Vermüllung der Meere getan werden, es spricht aber nichts grundsätzlich gegen die Nutzung von Plastik.

10. *Hinweis:* Um die volle Punktzahl zu erreichen, musst du anhand von zwei eigenen Beispielen erläutern, wie man Plastik einsparen kann oder könnte.

Mögliche Lösungen:
- Eine sinnvolle Möglichkeit, Plastik einzusparen, sind Nachfüllpacks für flüssiges Duschgel und Shampoo. Denn wenn die Flasche leer ist, ist sie ja noch lange nicht kaputt und kann wiederverwendet werden. Das Gleiche gilt auch für Flüssigseife und die meisten Putzmittel.
- Statt in Plastikschalen eingepacktes Obst und Gemüse zu kaufen, kann man entweder ganz auf eine Verpackung verzichten oder dünne Mehrwegnetze verwenden, die es inzwischen in vielen Supermärkten zu kaufen gibt. Bananen, Avocados und viele Südfrüchte benötigen mit ihrer dicken Schale keine Verpackung. Für größere Mengen kann man Behälter aus Pappe, hölzerne Obstkisten oder Stofftaschen verwenden.
- Noch nicht überall, aber an immer mehr Wurst- und Käsetheken kann man Plastik einsparen, indem man sich den Aufschnitt oder die Käsescheiben in mitgebrachte Edelstahlbehälter füllen lässt. Der Behälter wird vorher gewogen, sodass man nicht befürchten muss, zu viel zu bezahlen.
- Coffee to go wird immer beliebter. Die achtlos weggeworfenen Becher und ihre Deckel aus Plastik vermüllen die Landschaft. Hier könnte man Plastik einsparen, indem Kunden mitgebrachte Tassen befüllen lassen können oder Pfand auf die Behälter zahlen müssen. Dann müssten sich die Anbieter um die Entsorgung kümmern und es würde mehr Plastikmüll recycelt, statt in der Landschaft zu landen.
- Küchenhelfer wie Kochlöffel, Pfannenwender, Salatbesteck oder Schneebesen können statt aus Plastik auch aus Holz oder Edelstahl sein. Diese Materialien sind hygienisch einwandfrei und halten vermutlich sogar länger als die Plastikteile.

Teil II: Schreiben

II.A: Textproduktion (Wahlaufgabe)

a) Bericht

*Hinweis: Aufbau/Inhalt: In einem **Bericht** wird in sachlicher Sprache ein Ereignis aus der Vergangenheit dargestellt. Der Bericht enthält alle wichtigen Fakten, jedoch nicht die Meinung des Verfassers oder seine persönlichen Kommentare. Da das Ereignis bereits passiert ist, schreibt man in den Zeitformen der Vergangenheit (Ausnahme: Zitate von Beteiligten).*

*Wähle eine interessante **Überschrift**, die zum Thema passt. In einer kurzen **Einleitung (Lead)** fasst du den sogenannten Berichtskern zusammen: **Was** ist **wann** und **wo** passiert, **wer** war beteiligt? Im **Hauptteil** gehst du ausführlich auf den Ablauf des Geschehens ein, indem du die weiteren W-Fragen beantwortest (**wie, warum, womit?**). Im **Schlussteil** kommt zur Sprache, **welche Folgen** das Ereignis hat. Zur Abrundung kannst du z. B. noch ein Zitat formulieren oder einen Ausblick auf ähnliche Projekte in der Zukunft geben.*

***Sprachangemessenheit**: Achte bei der sprachlichen Gestaltung deines Textes auf die richtige Verwendung der Zeitform, treffende Formulierungen, eine zum Thema passende Wortwahl, einen abwechslungsreichen Satzbau und die Vermeidung von Wiederholungen.*

***Sprachrichtigkeit**: Denke daran, dass auch Rechtschreibung, Grammatik und Zeichensetzung bewertet werden; sie zählen bis zu vier Punkte (Rechtschreibung und Grammatik: ganze Fehler; Zeichensetzung: halbe Fehler).*

Ist das Müll oder wird das Kunst?

treffende Überschrift

Seit 2018 findet an jedem dritten Samstag im September der „World Cleanup Day" statt, an dem verschmutzte Grünflächen, Parkanlagen und Uferbereiche von Abfall, Schrott und Unrat befreit werden. Die 10 B2 der Bertha-von-Suttner-Schule hat in diesem Jahr nicht nur an der Aktion teilgenommen, sondern anschließend aus dem gesammelten Müll Kunstwerke gestaltet, die seit letzter Woche auf dem unteren Flur vor dem Mensaeingang zur Besichtigung ausgestellt sind.

Einleitung/Lead mit einer kurzen Zusammenfassung der wichtigsten Informationen

Die Idee, an der Aktion teilzunehmen, hatte Frau Sanchez, unsere Klassen- und Kunstlehrerin. Anfangs gab es Widerspruch aus der Klasse, denn die Mehrzahl der Schüler*innen war nicht gerade begeistert von dem Vorschlag, an einem

Hauptteil
Warum? / Wie? / Womit?

Samstag zum Müllsammeln in die Schule zu kommen. Weil es aber um die Umwelt ging und außerdem ein spannendes Kunstprojekt lockte, ließen wir uns schließlich doch überreden. Bewaffnet mit Zangen, Handschuhen und Müllsäcken schwärmte die ganze Klasse in die scheinbar grüne Umgebung der Schule aus und staunte nicht schlecht über das, was alles in den Hecken, an den Wegrändern und entlang der Uferböschung des Family-Parks unweit der Schule zu finden war: Nicht nur ein halbmeterhohes zerborstenes Spielzeugpferd, sondern auch eine kaputte Mikrowelle, ebenso achtlos in der Natur entsorgt wie ein alter Rasenmäher, ein demolierter Staubsauger, ein Stück Treppengeländer, eine defekte Wanduhr in Form einer E-Gitarre, der Arm einer Schaufensterpuppe, ein verrosteter Einkaufswagen, Matratzenfedern, ein halbes Fahrrad und ein zerschlissener Kinderautositz. Dazu füllten sich im Lauf der rund dreistündigen Aktion unsere mitgebrachten Abfallsäcke mit jeder Menge Papier und Plastikmüll, die wir mithilfe von Greifzangen und Arbeitshandschuhen aus dem Gestrüpp und entlang der Wege aufklaubten. Unterstützung gab es vom Bauhof der Stadt Nidderau, den Frau Sanchez für unsere Aktion um Hilfe gebeten hatte und dessen Mitarbeiter*innen den gesammelten Müll mithilfe eines Kleintransporters zur Schule brachten. Noch am gleichen Tag haben wir unsere „Beute" gesichtet. Schmutz und Scherben, durchweichte Kartons, Elektroschrott, Sperrmüll und mehrere Plastikbeutel mit undefinierbarem Inhalt nahmen die Bauhofmitarbeiter*innen gleich wieder mit zur endgültigen Entsorgung. Brauchbares wie die zahllosen Kunststoffflaschen in verschiedenen Größen und Farben, kaputtes Spielzeug, bunte Folien und Kunststoffreste, Verpackungen, rostige Metallteile, die Uhr und natürlich den Puppenarm sortierten wir in saubere Kartons und Säcke und deponierten sie in der Fahrradgarage, die uns der Hausmeister dafür zur Verfügung gestellt hatte.

In den darauffolgenden Wochen haben wir aus dem Müll verschiedene Objekte gestaltet, die auf die zunehmende Verschmutzung unserer Umwelt aufmerksam machen sollen. Die Gruppe von Joyce, Lara, Lia und Lennart hat z. B. einen gro-

Ergebnis der Müllsammelaktion

Abtransport und Sortieren des gesammelten Mülls

Beispiele für die entstandenen Kunstwerke

ßen Wal aus Drahtgeflecht gebaut und ihn mit Plastikflaschen vollgestopft. Auf einer Tafel daneben findet man einen QR-Code mit einem direkten Link zu einer Reportage über Meerestiere, die an Plastikabfall erstickt sind. Julia, Nathalie, Cheyenne und Oliver haben zahllose Kunststoffteilchen nach Größe und Farben sortiert und zu einem prachtvollen Mosaik zusammengefügt. Erst beim genauen Hinsehen erkennt man, dass es aus Resten von Wäscheklammern, Plastikbesteck, zerbrochenen Spielzeugresten, Knöpfen, Flaschenverschlüssen und anderem Abfall besteht. Aus dem kaputten Einkaufswagen, dem Rest des Spielzeugpferdes und rostigen Fahrradteilen ist ein traurig schauendes Einhorn auf Rädern entstanden, gebaut von Muhammet, Dennis, Lorenzo und Emilia.

Diese und alle anderen Objekte des Kunstprojektes zeigen auf eindrückliche Weise, wie unser Alltag von Wegwerf-Material geprägt ist und was wir unserer Umwelt damit antun. „Die ganze Aktion hat viel Spaß gemacht. Aber beim Einkaufen passe ich jetzt besser auf, wie die Sachen verpackt sind und ob es nicht auch anders geht", so das Fazit von Linus.

Schluss
Welche Folgen?
positives Fazit
Sensibilisierung

b) Erzählung

Hinweis: Aufbau/Inhalt: Inhaltlich soll deine Geschichte zwei Erzählelemente beinhalten: Das Sammeln verschiedener Gegenstände am Strand sowie die besondere Begegnung bzw. das besondere Erlebnis. Dennoch lassen dir die Vorgaben einen großen Gestaltungsspielraum. Auch ob deine Geschichte lustig oder traurig, spannend oder nachdenklich ist, bleibt dir überlassen. Du kannst deine Geschichte ganz klassisch in Einleitung, Hauptteil und Schluss gliedern oder sie als Kurzgeschichte mit einem offenen Anfang beginnen und auch offen enden lassen. Überlege dir eine passende Überschrift und baue die Handlung schlüssig auf.

Sprachangemessenheit: Gestalte deinen Text abwechslungsreich, indem du Wiederholungen bei Satzbau und Wortwahl vermeidest. Anschaulich und interessant wird die Geschichte, wenn du sie mit Sprachbildern ausstattest und treffende Verben und Adjektive sowie wörtliche Rede verwendest. Halte die zu Beginn gewählte Erzählperspektive und auch die Zeitform durchgängig ein. Geeignet für Erzähltexte ist sowohl die Ich-Form als auch die personale Perspektive aus Sicht einer der Figuren deines Textes (Er-/Sie-Perspektive), wie sie für das Lösungsbeispiel gewählt wurde. Schreibe deinen Text im Präteritum (Vergangenheit), bei Vorzeitigkeit verwendest du das Plusquamperfekt (Beispiel: „Nachdem er den Eimer mit Zauberwasser gefüllt hatte, machte er sich auf den Rückweg.").

Sprachrichtigkeit: *Fehler in der Rechtschreibung und Grammatik werden als ganze Fehler, die in der Zeichensetzung als halbe Fehler gewertet. Mit dem Fehlerindex wird berechnet, wie viele von maximal vier Punkten du für die Rechtschreibung bekommst.*

Besuch beim Muschelmonster

Überschrift

„Und lauf nicht so weit weg, sonst holt dich das Muschelmonster!" Mattis verdrehte die Augen, tippte sich an die Stirn und lief los, den Henkel des roten Eimers fest im Griff seiner kleinen Faust. Muschelmonster! Er war fast neun Jahre alt und ließ sich nichts mehr vom Weihnachtsmann erzählen. Schon gar nicht von seinem großen Bruder Tom, der soeben mal kurz ein Muschelmonster erfunden hatte, nur weil er keine Lust hatte, auf ihn aufzupassen.

Einleitung
Hauptpersonen,
Ausgangssituation

Mattis stapfte los, entschlossen, heute am Strand den großen, den einzigartigen Fund zu machen. Jeden Tag dieses Urlaubs war er bereits mit seinem roten Eimer unterwegs gewesen, immer entlang des Spülsaums gelaufen und hatte dort die schönsten Muscheln und Schneckenhäuser gefunden, außerdem glatte weiße Kiesel, rundgeschliffene farbige Glasscherben, wollige Kugeln aus Seegras und ausgeblichene Krebsbeinchen. Sein Bruder reagierte zunehmend genervt auf Mattis' Sammlung, die täglich wuchs und sich wie ein fantastisch gemusterter Stoffbezug auf jeder freien Fläche in ihrem gemeinsamen Zimmer im Ferienhaus ausbreitete. „Es reicht langsam, du kannst das ganze Zeug sowieso nicht mit nach Hause nehmen, wir haben doch keinen Lkw", hatte er gestern noch geschimpft. Aber Mattis ließ sich nicht beirren. Jedes einzelne seiner Fundstücke war wertvoll, und heute, am letzten Tag vor der Rückreise, würde er seine Sammlung krönen. Womit, wusste er noch nicht, aber er war sicher, dass es passieren würde. Der Tag war perfekt dafür, die meisten Strandbesucher hatten sich vor der Hitze des frühen Nachmittags unter ihre Sonnenschirme verkrochen und vor Mattis lag die weite weiße Sandfläche, die jetzt ihm allein gehörte.

Hauptteil
Mattis hat einen Plan.

In dunstiger Ferne ahnte man die Felsen mit ihren vielen Buchten und Höhlen. Dorthin war er noch nie gelaufen, aber heute war es endlich so weit. Zunächst ignorierte er tapfer die glänzenden Kiesel auf seinem Weg, die rosa schimmernden Muscheln, die gewundenen Schneckenhäuser mit ihren Bändermustern – der Eimer sollte doch leer bleiben für das, was ihm später ganz sicher begegnen würde. Doch je weiter er ging, desto verlockender erschienen ihm die Schätze des Strandes. Die Schneckenhäuser größer, die Kiesel glänzender, die Glasscherben funkelnder. Schon bald war der rote Eimer wieder voll. Wie von einer unsichtbaren Kraft gezogen, marschierte Mattis weiter, er spürte weder Durst noch Hitze. Mattis macht sich auf den Weg.

Schon bald nahmen die Felsen schärfere Konturen an, der Sand unter seinen Füßen wurde gröber, algenbewachsene Steine machten das Vorwärtskommen schwieriger. Schließlich stand Mattis vor einem schmalen Spalt zwischen zwei hohen Felsen, der Weg hinein verlor sich in der Dunkelheit. Mattis zögerte. Sollte er umkehren? Kurz dachte er an das Muschelmonster und wo es wohl wohnen mochte. Er schluckte, seine Kehle war wie ausgetrocknet. Dann nahm er allen Mut zusammen und trat in den Schatten der hohen Felsen. Augenblicklich wurde es kühl. Fröstelnd und mit klopfendem Herzen folgte Mattis im Dämmerlicht dem schmaler werdenden Pfad, immer tiefer hinein in die Felsspalte. Schon glaubte er, dass es nicht weiterging und er umkehren müsse, da schienen die Felsen plötzlich zurückzuweichen. Auch die Luft wurde wieder wärmer. Noch ein Schritt weiter, und Mattis war in einer anderen Welt. Er befand sich in einer weiten Höhle mit schimmernden Wänden. Durch einen schmalen Spalt in der Decke fiel ein Streifen gleißenden Sonnenlichts und vergoldete das Wasser in dem Becken zu seinen Füßen. Mattis hörte ein leises Plätschern. Es kam von der hinteren Wand der Höhle. Als sich seine Augen an das Dämmerlicht gewöhnt hatten, erkannte er einen kleinen Wasserfall, der sich in das Becken ergoss: Er hatte eine Quelle entdeckt! Kurzentschlossen leerte er den Eimer aus, kniete sich an den Rand des Beckens und schöpfte von dem golde- Der Weg wird schwieriger.

Mattis braucht Mut.

Mattis macht eine Entdeckung.

nen Wasser. Noch nie hatte er etwas so Köstliches getrunken! Er füllte den Eimer erneut und machte sich auf den Rückweg, wobei er darauf achtete, möglichst wenig zu verschütten. Immer wieder trank er von dem goldenen Zauberwasser, und als er bei seinem Bruder ankam, war der Eimer leer. „Na Kurzer, wars schön? Hast du wieder den Strand leergesammelt? Zeig mal her!" Verdutzt schaute Tom in den Eimer. „Dafür warst du ganz schön lange weg. Hat das Muschelmonster dein Strandgut gefressen?", feixte er.

„So ähnlich, aber dafür hat es mir einen Schatz geschenkt", antwortete Mattis geheimnisvoll, stellte seinen Eimer ab und ging schwimmen.

Schluss

Mattis behält sein Geheimnis für sich.

II.B: Sprachliche Richtigkeit

1. *Hinweis: Für jeden richtig korrigierten Fehler gibt es einen halben Punkt. Markierst und verbesserst du mehr als zwölf Fehler im Text, gehen nur die ersten zwölf in die Wertung ein. Für fehlerhafte Korrekturen gibt es keinen Punkt.*

Applaus scheint ein ~~Uhrbedürfnis~~ **Urbedürfnis**[1] des Menschen zu sein. Moderne Europäer sorgen auf Rock- und Popkonzerten damit für Stimmung und ~~erwaisen~~ **erweisen**[2] Sportlern im Wettkampf und Schauspielern auf der Bühne so Respekt. Im antiken Griechenland war Beifall ein ~~Geeignetes~~ **geeignetes**[3] Mittel, die Dramenwettbewerbe zu ~~beeinflußen~~ **beeinflussen**[4], ähnlich einem Applausmessgerät bei einer TV-Show oder einem Poetry Slam. Applaus ist immer auch Ausdruck gesellschaftlicher ~~Konvenzionen~~ **Konventionen**[5], zum Beispiel der Standardapplaus. In Deutschland kann jeder Künstler vor einem Publikum damit rechnen. Anders in Italien: Nach einem Konzert des Pianisten Alfred Brendel habe dort einmal niemand geklatscht**, (fehlendes Komma)**[6] erinnert sich eine Musikwissenschaftlerin. Selbst bei Nichtgefallen sei so etwas hierzulande undenkbar. Dass Klatschen gelernt sein will, veranschaulicht die Reihe von Gesten**, (fehlendes Komma)**[7] mit denen Römer ihrem Gefallen einst Ausdruck verliehen. Man konnte den Zipfel der Toga ~~schwencken~~ **schwenken**[8] mit einem ~~spetziellen~~ **speziellen**[9] Taschentuch wehen, nicken oder mit den Fingern schnipsen. Wer in die Hände klatschte**, (fehlendes Komma)**[10] zeigte sich hellauf begeistert. Auf die Spitze soll es Kaiser Nero getrieben haben, der ~~durchchnittliches~~ **durchschnittliches**[11] Talent besaß, sich aber für einen großen Künstler hielt. Er stellte ein Heer von Männern zusammen und ließ sie in der Kunst des Beifalls ~~unterichten~~ **unterrichten**[12], um sich mit ihrer Hilfe zum Publikumsliebling von musischen Wettbewerben erklären zu lassen.

Nach: Ludwig Hruza: Und jetzt alle!, FAZ vom 01.01.2020,
https://www.faz.net/aktuell/stil/trends-nischen/klatschen-und-jetzt-alle-16556146.html

*Hinweis: 1) **Ur**bedürfnis – Die Vorsilbe „Ur" steht für etwas sehr Altes, lange Vergangenes oder auch **Ur**sprüngliches (vgl. „uralt"). Nur im Zusammenhang mit Zeitmessung wird die Schreibweise „Uhr" verwendet. 2) erw**ei**sen – im Sinne von „sich herausstellen" – wird ebenso wie nachweisen, unterweisen, anweisen und beweisen mit „ei" geschrieben. Im Deutschen gibt es fast keine Verben, die* mit „ai" geschrieben werden (Ausnahmen sind Lehn- oder Fremdwörter wie trainieren oder emaillieren). **3) geeignet** – Adjektivattribut zu „Mittel". **4) beeinflussen** – Doppelkonsonant nach kurzem Vokal „u". **5) Konventionen** – Fremdwort aus dem Lateinischen (conventio), Bezeichnung für gesellschaftliche Bräuche, Regeln und Gewohnheiten. **6) Komma bei indirekter Rede:** Die indirekt, d. h. nicht in wörtlicher Rede wiedergegebene Aussage wird mit Komma vom Hauptsatz abgetrennt. Du erkennst die indirekte Rede an der Verwendung des Konjunktivs („habe"). **7) Komma zwischen Haupt- und Relativnebensatz,** erkennbar am Relativpronomen „denen", das durch „welchen" ersetzt werden könnte. **8) schwenken** – einfaches „k" nach einem Konsonanten; das „ck" wird nur nach kurzem Vokal verwendet („meckern", „Lack"). **9) speziell** – Fremdwort für „besonders"; die Schreibung mit „tz" kommt in Fremdwörtern nicht vor. **10) Komma** zwischen vorangestelltem Relativnebensatz (Relativpronomen „wer", gleichbedeutend mit „derjenige, welcher …") und Hauptsatz. **11) durchschnittlich** – aus der Wortfamilie „schneiden", deshalb mit „sch". **12) unterrichten** – zusammengesetztes Verb aus der Vorsilbe „unter" und „richten", deshalb zweimal der Buchstabe „r".

2.   *Hinweis: Markiere nur vier Wörter, sonst wird deine Lösung nicht gewertet.*

b) Wir haben uns bereit erklärt, ihn Morgen Abend beim Vorbereiten zu unterstützen.

   *Hinweis: In diesem Satz wird die Zeitangabe als Adverb gebraucht und muss deshalb kleingeschrieben werden. Es fehlen Nomensignale wie bei „**Der** Morgen ist sonnig."/„An **einem** sonnigen Morgen …".*

c) Für das leibliche Wohl ist gesorgt, die eine Hälfte bringt Essen, die andere zu Trinken mit.

   Hinweis: Das vorangestellte „zu" kennzeichnet das Verb „trinken" als Form im Infinitiv, deshalb ist die Großschreibung falsch.

e) Sevda bringt drei dutzend rote Laternen mit, denn Rot ist ihre Lieblingsfarbe.

   Hinweis: Das Wort „Dutzend" ist ein feststehender Begriff für die Zahl Zwölf. Nur wenn man eine unbestimmte Menge damit bezeichnen will, kann man es auch kleinschreiben, z. B.: „Er hat schon dutzende Male versucht, sie zu erreichen."

k) Denn es gibt eine Million Gründe, ihm etwas $\boxed{\text{gutes}}$ zu tun!

    🖊 *Hinweis: Die Mengenangabe „etwas" führt genauso wie „viel", „alles", „wenig" oder „nichts" zur Nominalisierung des dazugehörigen Adjektivs. (Vgl. z. B.: Ich wünsche dir **alles Gute** zum Geburtstag". In der Zeitung steht wieder mal **nichts Neues**.)*

3. 🖊 *Hinweis: Einen Punkt gibt es nur, wenn jeweils die Schreibweise **und** die Bezeichnung der Wortart richtig sind. Halbe Punkte werden nicht vergeben.*

In der Antike war **das (A)**[1] Blau, **das (R)**[2] wir heute als selbstverständlich hinnehmen, eine seltene und teure Farbe. Es ist verblüffend, **dass (K)**[3] selbst im frühen Mittelalter Dichter den Himmel noch als weiß, rot oder golden, aber nie als blau bezeichneten, weil es noch kein einheitliches Wort dafür gab. **Das (D)**[4] änderte sich allmählich ab etwa dem 12. Jahrhundert, als z. B. die Kirche und Könige diese wertvolle Farbe für sich entdeckten. Blau gibt es heute in allen Schattierungen, und **das (A)**[5] meistverkaufte Kleidungsstück ist die „Blue Jeans".

Nach: Nicole Röndigs: FARBENLEHRE - Wieso die Farbe Blau erst spät entdeckt wurde, GEOlino, https://www.geo.de/geolino/forschung-und-technik/15962-rtkl-farbenlehre-wieso-die-farbe-blau-erst-spaet-entdeckt-wurde

    🖊 *Hinweis: 1) Bestimmter Artikel zum Nomen „Blau". 2) Relativpronomen, bezieht sich auf das vorangestellte Nomen „Blau" und kann mit „welches" ersetzt werden. 3) Die Konjunktion „dass" leitet den Nebensatz ein, der dem einleitenden Hauptsatz Aussagekraft verleiht (sog. Aussagesatz). 4) Das Demonstrativpronomen bezieht sich auf den im vorangegangenen Satz beschriebenen Zustand und nicht auf ein spezielles Nomen; ersetzbar mit „dies". 5) Bestimmter Artikel zu dem Nomen „Kleidungsstück".*

4. 🖊 *Hinweis: Für jeden richtig umgeformten Haupt- oder Nebensatz wird ein Punkt vergeben. Achte bei der Umwandlung darauf, die vorgegebene Zeitform beizubehalten. Bei fehlenden Satzgliedern oder falschem Tempus gibt es für den jeweiligen Satz keinen Punkt. Für Fehler in der Rechtschreibung und Zeichensetzung wird pro Satz ein halber Punkt abgezogen.*

Aktiv	Passiv
Mit Hocksprüngen trainiert man viele Muskeln.	**Mit Hocksprüngen werden viele Muskeln trainiert.**
Aus der gehockten Position springt man schnell vom Boden ab.	Aus der gehockten Position wird schnell vom Boden abgesprungen.
Während des Sprungs zieht man die Knie zur Brust.	**Während des Sprungs werden die Knie zur Brust gezogen.**
Nachdem man einen Sprung absolviert hat, leitet man sofort den nächsten ein.	Nachdem ein Sprung absolviert worden ist, wird sofort der nächste eingeleitet.

Hinweis: Wie bei Kochrezepten findet sich in Übungsanleitungen in der Aktivform kein Subjekt in Gestalt eines Nomens oder Personalpronomens, stattdessen wird das allgemeine „man" verwendet. Bei der Umformung zum Passiv wird aus dem Akkusativobjekt des Aktivsatzes das Subjekt (Satz 1: „viele Muskeln"). Das „man" aus dem Aktivsatz verschwindet, sodass es keine handelnde Person mehr gibt. Das Verb benötigt dafür, je nach Zeitform, beim Passiv eine konjugierte Form des Hilfsverbs „werden" („werden trainiert"). Umgekehrt muss man bei der Umwandlung von der Passiv- in die Aktivform ein Subjekt („man") ergänzen, da das Subjekt des Passivsatzes zum Akkusativobjekt im Aktivsatz wird (Satz 4: „einen Sprung"; „den nächsten [Sprung]"). Satz 2 enthält statt des Akkusativobjekts zwei Präpositionalergänzungen („Aus der gehockten Position", „vom Boden"), die bei der Umformung in den Aktivsatz unverändert übernommen werden. Aber auch hier muss, wie bei Satz 4, das Subjekt „man" ergänzt werden.

Teil I: Lesen

Hinweis: In den Aufgaben 1 bis 3 ist jeweils nur eine Lösung richtig. Hast du mehrere Kästchen pro Teilaufgabe angekreuzt, gibt es für diese Teilaufgabe keinen Punkt.

1. a) ☒ Herbst.
       Hinweis: vgl. Z. 12

    b) ☒ hat eine Schwester und einen Bruder.
       Hinweis: vgl. Z. 35 f.

    c) ☒ die Terrasse zu hart
       Hinweis: vgl. Z. 47 f.

    d) ☒ im ersten Schuljahr
       Hinweis: vgl. Z. 69 f.

    e) ☒ einen armdicken Ast.
       Hinweis: vgl. Z. 93 f.

    f) ☒ fast 40 Jahre
       Hinweis: vgl. Z. 108 f.

2. a) ☒ als Junge knapp über einen Meter groß war.
       Hinweis: Durch das Verb „messen" im Zusammenhang mit der Längenangabe und dem Hinweis auf Schuhgröße und Körpergewicht wird deutlich, dass es sich um die damalige Körpergröße des Ich-Erzählers handelt.

    b) ☒ beinahe.
       Hinweis: Die Redensart bedeutet, dass dem Erzähler bildlich nur „eine Haaresbreite" zum wirklichen Fliegen gefehlt hat.

    c) ☒ langsam.
       Hinweis: Das altmodische Wort „gemächlich" bedeutet so viel wie „in aller Ruhe, bedächtig, allmählich".

d) $\boxed{X}$ suchend.

Hinweis: Der Erzähler beschreibt eine Situation, in der er nichts sehen kann und wie ein Blinder mit seinen Füßen einen sicheren Halt ertasten bzw. nach ihm suchen muss.

3. a) $\boxed{X}$ Nur B und D sind richtig.

Hinweis: Aussage A stimmt nicht, denn mitten in der Geschichte schweift der Erzähler mehrmals ab und erzählt von seinen Schwierigkeiten beim Klettern oder erklärt die Fallgesetze. Aussage B trifft zu, da der einzige Handlungsträger der Erzähler selbst ist. Aussage C ist falsch, denn die Geschichte wird in der Ich-Perspektive erzählt. Aussage D: Ähnlich wie ein Märchen beginnt die Geschichte mit „Zu der Zeit, als …", sie hat also keinen offenen Anfang wie z. B. eine Kurzgeschichte.

b) $\boxed{X}$ Nur A und D stehen im Text.

*Hinweis: Aussage A stimmt, vgl. Z. 19 f. Aus den Zeilen 52 bis 94 ergibt sich, dass der Erzähler als Kind gern auf Bäume geklettert ist, deshalb ist **Aussage B** falsch. **Aussage C** widerspricht der Aussage, die in Zeile 76 bis 81 steht: Sein Sturz war „kürzer als die Zeit, die man braucht, um die Zahl ‚Einundzwanzig' […] auszusprechen". Hingegen stimmt die **Aussage D**, wie sich den Zeilen 113 bis 116 entnehmen lässt.*

4. *Hinweis: Für die zutreffende Erklärung des Stilmittels gibt es einen Punkt. Kannst du zudem noch seine Wirkung im Textzusammenhang verdeutlichen, gibt es zwei weitere Punkte.*

Mögliche Lösung:
Erklärung des Stilmittels: Wenn ein Satz durch einen Einschub unterbrochen wird, bezeichnet man dies als Parenthese. Neben der vom Erzählfluss abweichenden inhaltlichen Aussage sind Parenthesen daran zu erkennen, dass sie von Gedankenstrichen, Klammern oder auch Kommas umschlossen und so vom restlichen Satz abgetrennt sind.

Wirkung des Stilmittels im Text:
Der Erzähler unterbricht sich an dieser Stelle selbst. Damit möchte er seine zuvor formulierte Behauptung, er habe tatsächlich fliegen können, verstärken. Es hat auch den Anschein, als wollte er einen möglichen Widerspruch verhindern.

5.   *Hinweis: Auch hier gibt es für die allgemeine Erklärung des sprachlichen Mittels einen Punkt. Zwei weitere Punkte ist die Erklärung seiner Bedeutung im Textzusammenhang wert.*

Mögliche Lösung:

Erklärung des Stilmittels: Mit Personifikationen werden Tiere, Pflanzen, Gegenstände oder abstrakte Begriffe „vermenschlicht". Es werden ihnen also Eigenschaften oder Fähigkeiten zugeschrieben, die sie nicht haben können. Durch Personifikationen erhalten Texte Lebendigkeit und Anschaulichkeit.

Wirkung des Stilmittels im Text:
Der Wind hat keine Arme, um jemanden oder etwas emporzuheben. Der Erzähler möchte deutlich machen, dass der Wind an diesem Tag so stark war, dass er sich von ihm getragen fühlte.

6.   a)   *Hinweis: Bei dieser Aufgabe genügt es, passende Zitate aus dem Text abzuschreiben. Fehlen Zeilenangaben oder Anführungsstriche, wird jeweils ein halber Punkt abgezogen, auch wenn die korrekte Textstelle zitiert worden ist.*

Mögliche Lösungen:
– Z. 5 f.: „[…] ich konnte wirklich fliegen damals – oder wenigstens fast […]."
– Z. 7–10: „Es hätte seinerzeit tatsächlich in meiner Macht gelegen zu fliegen, wenn ich es nur wirklich ganz fest gewollt und richtig versucht hätte […]."
– Z. 11: „[…] dass ich einmal um ein Haar geflogen wäre […]."
– Z. 27: „[…] jedenfalls flog ich beinahe […]."
– Z. 43 f.: „Aber ich habe den Mantel nicht aufgeknöpft und bin nicht wirklich hoch hinaufgeflogen."

   b)   *Hinweis: Beim **Herausarbeiten** sollen Zusammenhänge aus dem Text herausgelöst und mit eigenen Worten sowie auf das Wesentliche beschränkt wiedergegeben werden. Die Aufgabe heißt: Welche **weiteren** Übertreibungen des Erzählers sind im Text enthalten? Die in der Aufgabenstellung genannte Übertreibung (vgl. Z. 5 f.) darf in der Lösung also nicht verwendet werden. Für das schlüssige Herausarbeiten zweier Übertreibungen mit den richtigen Textverweisen gibt es jeweils zwei Punkte, ohne Textbezug nur einen. Es genügt nicht, nur eine Textstelle zu nennen oder zu zitieren.*

Mögliche Lösungen (zwei erforderlich):
- In Zeile 4 f. behauptet der Erzähler, er sei als Kind so leicht gewesen, dass er hätte fliegen können. Das ist eine Übertreibung, denn kein Kind hat ein so geringes Gewicht, dass es fliegen kann bzw. dass es vom Wind über längere Zeit in die Höhe gehoben wird. Bei sehr starkem Sturm wird es möglicherweise umgeweht bzw. in Bodennähe durch die Luft geschleudert, aber nicht nach oben getragen.
- Die Aussage in den Zeilen 7 bis 10 ist übertrieben. Auch mit einem starken Willen und weiteren Flugversuchen wäre dem Erzähler das Fliegen nicht möglich gewesen.
- Der Vergleich mit dem Skispringer (vgl. Z. 15 f.) ist übertrieben. Die Sportler*innen liegen im freien Flug fast waagrecht in der Luft, was auch bei starkem Sturm für einen stehenden Menschen nicht möglich ist, ohne dass er umfällt.
- Seine Beschreibung von drei Meter hohen und zwölf Meter weiten Sprüngen dank des starken Windes (vgl. Z. 22–25) ist eine Übertreibung, die der Erzähler auch kurz darauf selbst relativiert.
- Z. 93 f.: Wenn der Ast, den der Erzähler bei seinem Kletterunfall als Kind mit dem Hinterkopf durchschlug, tatsächlich so dick wie ein Arm gewesen wäre, hätte er eine größere Verletzung als nur eine Beule davontragen müssen. Deshalb ist dieser Vergleich übertrieben.
- Eine Übertreibung ist auch die Aussage, als Spätfolge des Aufpralls würde ihm der Hinterkopf als „zuverlässiges Barometer" (Z. 109 f.) dienen. Zwar gibt es wetterfühlige Menschen, aber eine so exakte Voraussage wie im Text beschrieben erscheint eher unwahrscheinlich.

7. ✐ **Hinweis:** *Das **Erläutern** zielt auf ein etwas tieferes Textverständnis. In diesem Fall soll der Zusammenhang zwischen Form und Inhalt der Erzählung erkannt und formuliert werden. Dir ist sicher die sprunghafte Erzählweise bereits aufgefallen: Der Ich-Erzähler beschreibt am Ende, dass er Schwierigkeiten hat, sich zu konzentrieren. Deine Aufgabe ist es, an zwei konkreten Beispielen aus dem Text darzustellen, inwiefern sich diese Verwirrtheit in der Erzählweise widerspiegelt. Für jede schlüssige Erläuterung mit Bezug auf eine Textstelle (Zeilenangabe oder Umschreibung oder Zitat) gibt es zwei, ohne den Textverweis nur einen Punkt. Das alleinige Nennen oder Zitieren einer Textstelle wird mit null Punkten bewertet.*

Mögliche Lösungen (zwei erforderlich):
- Besonders im ersten Teil der Geschichte unterbricht der Ich-Erzähler sich selbst mehrfach durch Einschübe (vgl. Z. 5 f., Z. 19 f., Z. 25 f.). Diese Erzählweise spiegelt die fehlende Konzentration des Erzählers auf die eigentliche Handlung.
- Der Erzähler beendet begonnene Hauptsätze nicht (vgl. Z. 1) und reiht immer neue Haupt- und Nebensätze aneinander, sodass sehr lange Schachtelsätze entstehen (vgl. Z. 7–42, Z. 81–94). Auch lässt er seine Gedankenketten teilweise einfach auslaufen (vgl. Z. 10, Z. 17, Z. 87). Das vermittelt den Eindruck, als ob ihm beim Erzählen immer neue Einfälle und Erinnerungen kommen. Die Geschichte wirkt damit ungeordnet; es fällt schwer, dem Textverlauf zu folgen.
- Im weiteren Verlauf der Geschichte wechselt der Erzähler mehrfach unvermittelt das Thema: Der erste Satz lässt vermuten, dass sie vom Bäumeklettern handelt (vgl. Z. 1), jedoch folgt zunächst eine ausführliche Darstellung der kindlichen Flugversuche des Protagonisten (vgl. Z. 5–51). Anschließend greift er das Thema „Bäumeklettern" aus dem ersten Satz wieder auf (vgl. Z. 52 ff.) und schweift bei der Beschreibung eines Sturzes, über den er eigentlich berichten will, ab zu einer wissenschaftlichen Erklärung der Galileischen Fallgesetze (vgl. Z. 71–81). Diese wiederum bringen ihn auf Gedanken über die allgemeine Rolle der Schwerkraft (vgl. Z. 94–101), bevor er zurück zu dem Sturz kommt und dessen Folgen beschreibt (vgl. Z. 101–123). Mit diesem sprunghaften Themenwechsel bestätigt er seine eigene Aussage am Ende der Geschichte: „[…] dann muss ich höllisch aufpassen, dass ich den Faden nicht verliere […]" (Z. 120 f.).
- Mit Füllwörtern und überflüssigen Wiederholungen, die keinen Informationsgehalt haben, verzögert der Erzähler seine Geschichte. Es scheint so, als müsste er beim Erzählen die Gedanken immer wieder neu ordnen und überlegen, was er eigentlich sagen wollte, z. B.: „lang, lang ist's her, […] Jahre und Jahrzehnte" (Z. 1 f.), „wirklich" (Z. 6, 9, 44), „oder wenigstens fast, oder sagen wir besser" (Z. 6 f.), „ganz fest", „richtig" (Z. 9), „denn … denn" (Z. 10).

8. *Hinweis: Beim **Erklären** sollen Zusammenhänge (oft Ursachen, Gründe) mithilfe zusätzlicher Informationen verständlich gemacht werden. Eigenes Wissen oder Vorkenntnisse können dabei natürlich in die Erklärung einfließen. Hier soll die persönliche Wahrnehmung des Erzählers bezüglich der Schwerkraft mithilfe der Definition des „Gängelbandes" verdeutlicht werden. Drei Punkte gibt es für eine zutreffende Erklärung im Textzusammenhang, Teilpunkte werden bei dieser Aufgabe nicht vergeben.*

Mögliche Lösung:
Der Erzähler nimmt die Schwerkraft als eine Art Fessel wahr, die ihn gegen seinen Willen kontrolliert und festhält. Die Schwerkraft ist dafür verantwortlich, dass er seinen Traum vom selbstständigen Fliegen nicht verwirklichen kann. So wie ein Kleinkind vom „Gängelband" daran gehindert wird, selbst seinen Weg zu bestimmen oder sich der Kontrolle der Eltern zu entziehen, hält ihn die Schwerkraft am Boden fest. Nur unter Wasser bekommt man eine Ahnung davon, wie es sein könnte, von der Schwerkraft befreit zu „schweben".

9. a) *Hinweis: Bei dieser Aufgabe kannst du dich sowohl auf den Text beziehen als auch auf eigene Erfahrungen zurückgreifen. Für eine nachvollziehbare Erklärung des Zitats erhältst du drei Punkte, Teilpunkte gibt es auch bei dieser Aufgabe nicht.*

Mögliche Lösung:
Mit unserer Vorstellungskraft können wir der Realität entfliehen und uns eine eigene Welt aus Träumen und Wünschen erschaffen. In dieser erdachten Welt ist es z. B. möglich zu fliegen, zu zaubern oder eine beliebige andere Gestalt anzunehmen. Auch wenn sich solche Erlebnisse sehr real anfühlen können, existieren sie nur in unserer Fantasie.

b) *Hinweis: Mit „begründen" ist gemeint, dass eine Aussage mit nachvollziehbaren Argumenten gestützt werden soll. Hier musst du anhand von Beispielen aus dem Text begründen, warum bestimmte Inhalte der Erzählung zu der Aussage in Aufgabe 9 a passen. Du kannst also auf deine Erklärung aus Aufgabe 9 a zurückgreifen und sie auf den Teil der Erzählung beziehen, in dem es um die Vorstellung des Protagonisten geht, wirklich fliegen zu können.*

Mögliche Lösung:
Die Leserschaft ist sich durch viele kleine Andeutungen des Ich-Erzählers darüber im Klaren, dass er nicht wirklich fliegen kann. Die Schilderungen seiner Vorstellungen vom Fliegen, seiner Gefühle und Wahrnehmungen, z. B. beim Flug über sein Elternhaus, sind durch die verwendeten sprachlichen Mittel jedoch so plastisch und anschaulich, dass sie real wirken. Auf diese Weise können die Leserinnen und Leser teilhaben an seinen Flugerlebnissen, die, wie alle wissen, nur in der Fantasie existieren.

Teil II: Schreiben

Teil II.A: Textproduktion (Wahlaufgabe)

a) Erzählung

*Hinweis: Bezüglich des **Inhaltes** und der formalen Gestaltung (z. B. Erzähl-perspektive) erlaubt diese Textproduktion viele Spielräume. Beim **Aufbau** sind bestimmte Vorgaben zu berücksichtigen, die neben dem Inhalt Grundlage der Bewertung sind: Dazu gehören zunächst eine treffende **Überschrift** und eine kurze **Einleitung** mit Informationen über Zeit, Ort und Personen der Handlung sowie über das Thema: ein Kindheitstraum und die Idee, diesen zu verwirklichen. Im **Hauptteil** erzählst du von den Hindernissen, die sich bei der Umsetzung des Traums ergeben, und leitest mit einer gradlinigen Handlungsführung zum Höhepunkt deiner Geschichte: Am **Schluss** sollte entsprechend der Aufgabenstellung die Verwirklichung des Kindheitstraums stehen.*

***Sprachangemessenheit:** Vermeide Wiederholungen bei Satzbau und Wortwahl, sonst liest sich dein Text schnell langweilig. Verwende anschauliche Sprachbilder, z. B. Vergleiche und Metaphern, außerdem abwechslungsreiche Verben und Adjektive sowie wörtliche Rede. Achte auch darauf, die zu Beginn gewählte Erzählperspektive (Er-/Sie- oder Ich-Perspektive) und Zeitform durchgängig einzuhalten.*

***Sprachrichtigkeit:** Fehler in der Rechtschreibung und Grammatik werden als ganze Fehler, die in der Zeichensetzung als halbe Fehler gewertet. Mit dem Fehlerindex wird berechnet, wie viele von maximal vier Punkten du für die Rechtschreibung bekommst.*

Leons Traum vom Fliegen
Überschrift

Seit er denken konnte, wünschte sich Leon, fliegen zu können. Als kleiner Junge lag er oft stundenlang im hohen Gras und schaute in den Himmel, wo die Vögel im endlosen Blau ihre stillen Kreise zogen. Das Märchen von Nils Holgersson, der mit den Wildgänsen auf die Reise geht, kannte er auswendig, so oft mussten seine Eltern es ihm vor dem Schlafengehen vorlesen. Später, als er selbst lesen konnte, verschlang er alle Sachbücher und Romane, in denen es um den alten Menschheitstraum vom Fliegen ging. An seinem zwölften Geburtstag beschloss er, seine Idee Wirklichkeit werden zu lassen – koste es, was es wolle.

Einleitung
Hauptperson

Ausgangssituation: Leon nimmt sich vor, seinen Traum zu verwirklichen.

Schnell war ihm klar, dass es nicht einfach werden würde.
Längst hatte er herausgefunden, was eine Segelflugausbildung kostete. Und für seine Eltern war das alles sowieso nur Fantasterei. „Warte, bis du 18 bist, zu gefährlich, zu teuer …" – ihre Kommentare waren immer dieselben. Es erschien ihm unmöglich, noch so lange zu warten. Was konnte er tun?

Er nahm sich vor, zunächst das Geldproblem zu lösen. Von nun an knauserte er mit seinem Taschengeld, steckte die Geburtstagsspenden von Oma und Opa in die Spardose und bot in der Nachbarschaft seine Hilfe bei Gartenarbeiten gegen einen kleinen Geldbetrag an. Und er hatte Erfolg! Seine Eltern gaben ihm die nötige Unterschrift, damit er ein eigenes Konto eröffnen konnte, das langsam, aber stetig anschwoll.

Als Leon 13 Jahre alt wurde, hatte er immerhin schon das Geld für die Aufnahmegebühr in der Segelflugschule zusammengespart – theoretisch, denn seine Eltern würden ihm nie die Erlaubnis geben. Dennoch gab er nicht auf. Nach seinem 14. Geburtstag begann er, zweimal in der Woche im Getränkemarkt zu jobben. Monat für Monat kam er seinem Traum ein Stück näher – zumindest finanziell. Seine Beharrlichkeit und sein Ehrgeiz schienen sogar den elterlichen Widerstand aufzuweichen. Wenigstens schalteten sie nicht mehr auf Durchzug, wenn Leon vom Fliegen schwärmte.

Doch dann passierte etwas, was Leons hochfliegende Träume jäh zum Absturz brachte. Bei der Arbeit im Getränkemarkt übersah ein Lieferant beim Rangieren mit dem Lkw den Jungen, der gerade Wasserkästen stapelte, und Leon geriet unter die Räder des Anhängers. Als er im Krankenhaus aufwachte, steckte sein Körper vom Becken abwärts in einem Gips.

Ein komplizierter Trümmerbruch beider Hüftknochen und des rechten Oberschenkels verursachten nicht nur höllische Schmerzen, sondern ließen auch seine Träume davonfliegen wie einen Schwarm aufgescheuchter Spatzen. Leon war verzweifelt. Sollte alles umsonst gewesen sein? Würde er sich je wieder normal bewegen können? War es das mit der Fliegerei – es hatte doch noch gar nicht angefangen! „Sei froh, dass du noch lebst!", sagte sein Vater, als Leon bei einem seiner Besuche im Krankenhaus das Gespräch darauf brachte. Die Ärztin zeigte Röntgenbilder und machte ein sorgenvolles Gesicht. „Wenn der Gips ab ist, werden wir operieren müssen", sagte sie. „Du wirst wieder laufen können, aber es wird lange dauern." Leon kämpfte gegen die Hoffnungslosigkeit. Die Schule schickte Aufgaben, aber die Schmerzen, die Tabletten und die trüben Gedanken hinderten ihn daran, sich zu konzentrieren.

In einer seiner schlaflosen Nächte dachte er an Nils Holgersson und schickte seine Gedanken mit ihm auf die Reise, wie er es früher als kleiner Junge getan hatte. Am nächsten Morgen stellte er das Krankenhausbett in eine bequeme Position, packte seinen Laptop auf die eingegipste Hüfte und begann zu schreiben. Er schrieb sich hinaus aus dem grauen Klinikalltag, hinaus aus dem engen Gipskorsett, schrieb und schrieb. Er erfand einen kleinen Jungen, der mit seinem Zaubermantel fliegen konnte, sobald genug Wind wehte, und ließ ihn die tollsten Abenteuer erleben. Das Schreiben half ihm, seine Zukunftsängste zur Seite zu schieben.

Leon lässt seine Fantasie fliegen.

„Was schreibst du da eigentlich?", fragte die Krankenschwester, als er wieder einmal wie besessen auf seine Tastatur einhackte. „Ach nichts", antwortete Leon und klappte den Bildschirm zu. Aber die Schwester ließ nicht locker, und weil sie nett war und ihm in den letzten Wochen immer wieder Mut zugesprochen hatte, schob er ihr den Laptop hin und ließ sie seinen Text lesen. Die Schwester machte große Augen. „Hast du noch mehr davon?" Leon nickte. „Und alles gespeichert?" Leon nickte erneut. „Warte mal." Die Schwester sah sich suchend im Zimmer um, fischte dann eine leere Tablettenschachtel aus dem Papierkorb und kritzelte eine Mailadresse auf die Rückseite. „Das ist ein alter Freund von mir. Er arbeitet in einem Kinderbuch-Verlag. Schick deine Texte doch mal hin, die können bestimmt was damit anfangen." „Ich weiß nicht …", sagte Leon zweifelnd. Aber dann ließ er sich doch überreden, schickte die Datei an die angegebene Adresse und fügte ein paar Zeilen über sich und seine Situation hinzu.

Die Krankenschwester macht Leon einen Vorschlag.

Ein paar Tage später klopfte es und die Krankenschwester erschien strahlend in Begleitung eines älteren Herrn. Er war groß und dünn, hatte weiße Haare und trug eine Brille mit

Leon bekommt unerwarteten Besuch.

einem feinen Goldrand. „Ich bin Patrick Salzmann vom Verlag Silbermöwe", stellte er sich vor, „ich würde gerne mit dir über dein Buch reden, wenn es dir recht ist." Leon musste schlucken. „Mein Buch?", stammelte er. „Wir verlegen Kinder- und Jugendbücher. Deine Geschichten haben uns gefallen. Du schreibst lustig und sehr lebendig. Sie müssen noch ein wenig redaktionell bearbeitet werden, aber sie sind gut geeignet zum Vorlesen und für Grundschulkinder, also das erste Lesealter. Eine unserer Illustratorinnen hat sich deine Texte auch schon angeschaut und wird passende Zeichnungen dazu entwerfen." Leon fand immer noch keine Worte. „Zeichnungen?", krächzte er. „Ja, wir machen ein Bilderbuch mit deinen Texten. Es wird sicher sehr schön. Ich lasse dir mal die Vertragsunterlagen hier. Lies sie gründlich durch und besprich sie mit deinen Eltern. Wenn du einverstanden bist und deine Eltern zustimmen, machen wir einen Autorenvertrag. Denk drüber nach und ruf mich an, wenn du so weit bist." Herr Salzmann verabschiedete sich und ließ Leon mit einer Mappe voller Papiere zurück. Nur langsam realisierte Leon, was eben passiert war. Behutsam blätterte er durch den Vertrag, las Worte wie „Vorschuss", „Honorar" und „Trickfilmrechte" und sah am Ende eine Summe, die ihn schwindlig machte. Dafür hätte er jahrelang Getränkekisten stapeln müssen – aber das ging ja sowieso nicht mehr. Versonnen sah er auf den Briefkopf mit dem Logo des Verlags. Silbermöwe – das klang wie ein kostbares Versprechen.

> Aus Leons Geschichten soll ein Kinderbuch entstehen.

Auch wenn es anders war, als er es sich ursprünglich vorgestellt hatte, so hatte er dennoch das Gefühl, dass sich in diesem Augenblick sein Lebenstraum zu verwirklichen begann. Über zwei Jahre lang schickte Leon sein zweites Ich auf erfundene Höhenflüge, während er selbst mühselig wieder laufen lernte. Aber mit den wiederkehrenden Kräften wuchs auch sein Bankkonto, weil das Kinderbuch ein Bestseller wurde und sogar als Vorlage für eine Trickfilmreihe bei der „Sendung mit der Maus" diente. Als seine Klassenkameraden sich zu ihren ersten Fahrstunden anmeldeten, unterschrieb Leon den heiß ersehnten Ausbildungsvertrag als Segelflugschüler. Der Traum konnte beginnen!

> **Schluss**
> Leon wird seinen Traum verwirklichen, wenn auch anders als gedacht.

b) Bericht

*Hinweis: Ein **Bericht** ist ein neutraler Text, der sachlich über ein Ereignis aus der Vergangenheit informiert. Er enthält alle wichtigen Fakten, jedoch keine eigene Meinung oder Bewertung des Verfassers oder der Verfasserin. Mit Ausnahme von Zitaten schreibt man Berichte in den Zeitformen der Vergangenheit (v. a. Präteritum, bei Vorzeitigkeit Plusquamperfekt).*

*Folgende Elemente sollte dein Bericht enthalten: Eine interessante **Überschrift**, die auf den Inhalt hinweist, eine kurze **Einleitung (Lead)** mit dem sogenannten Berichtskern (**was** ist **wann** und **wo** passiert, **wer** war beteiligt), den **Hauptteil** mit der ausführlichen Beantwortung der weiteren W-Fragen (**wie** war der Ablauf des Geschehens, **warum** und **womit** fand es statt?), den **Schlussteil** mit der Antwort auf die Frage, **welche Folgen** das Ereignis hat. Zur Abrundung passt z. B. ein Zitat einer beteiligten Person oder ein Hinweis auf zukünftige Projekte.*

Achte darauf, alle in der Aufgabenstellung angesprochenen Punkte (Vorbereitungen, Ablauf, Ergebnis, Ausblick auf das kommende Schuljahr) in deinem Bericht zu berücksichtigen. Plane deinen Aufsatz gut, bevor du mit dem Schreiben beginnst. Sammle Stichpunkte zu jedem der genannten Aspekte und bringe sie in eine sinnvolle Reihenfolge.

*Neben Aufbau und Inhalt wird bewertet, ob Wortschatz, Satzbau und Ausdruck zur Textart „Berichten" passen (**Sprachangemessenheit**). Achte auf eine sachliche, themenbezogene Wortwahl, auf abwechslungsreiche Satzanfänge und Überleitungen und vermeide Wiederholungen. Korrigiere deinen Aufsatz zum Schluss gründlich, denn auch die **Sprachrichtigkeit** fließt in die Bewertung mit ein (Rechtschreibung und Grammatik: ganze Fehler, Zeichensetzung: halbe Fehler).*

Handstand auf der Slackline – Bertha's Got Talent

treffende Überschrift

Zu einem Talentwettbewerb hatte der Schülerrat der Bertha-von-Suttner-Schule alle Schülerinnen und Schüler kurz vor Beginn der Sommerferien aufgerufen. Alle, die etwas Besonderes zeigen wollten, konnten sich daran beteiligen und ihr Können beim Abschlussfest auf der Bühne präsentieren. Eine Jury aus Schülerinnen und Schülern, Lehrkräften und Eltern wählte die Siegerinnen und Sieger, die sich über einen Pokal und eine Jahreskarte für das Schwimmbad freuen durften.

Einleitung

Lead mit einer kurzen Zusammenfassung der wichtigsten Informationen (Berichtskern): was, wann, wer, wo

Die Idee zu dem Talentwettbewerb hatte Henriette vom Schulsprecherteam. Die Mitglieder des Schülerrats entwickelten ein Konzept für die Planung und Durchführung des

Hauptteil

warum, wie, womit Organisation

Wettbewerbs und entwarfen einen Info-Flyer mit den Teilnahmebedingungen, der gedruckt und anschließend in den Klassen verteilt sowie auf der Homepage veröffentlicht wurde. Alle, die bei der Talentshow mitmachen wollten, ob allein oder mit einer Gruppe, mussten eine kurze Beschreibung ihres geplanten Acts bis zu einem bestimmten Termin einreichen. Jede Präsentation sollte zwischen zwei und höchstens fünf Minuten dauern. Auch musste sichergestellt sein, dass bei der Vorführung niemand gefährdet werden würde. Es sollte Pokale für verschiedene Kategorien geben sowie ein Schulsieger oder eine Schulsiegerin gekürt werden.

Teilnahmevoraussetzungen

Am Tag vor der Verabschiedung der Schulabgänger*innen fand schließlich bei strahlendem Wetter das traditionelle Sommerfest mit kulinarischen Angeboten und Unterhaltungsmöglichkeiten wie zum Beispiel den Aufführungen der Schulband und der Hip-Hop-Gruppe statt. Die Talentshow sollte den Höhepunkt des Festes bilden.

Talentwettbewerb als Höhepunkt des Sommerfestes

Zur angekündigten Uhrzeit versammelten sich alle Besucher*innen vor der Bühne auf dem unteren Schulhof, wo der Wettbewerb durchgeführt werden sollte. Nach der Begrüßung durch die Schulsprecherin starteten die jüngsten Jahrgänge mit ihren Talentvorführungen. Als Erstes lieferte Emilia aus der 5 B eine zirkusreife Hula-Hoop-Nummer ab: Einen Reifen nach dem anderen ließ sie sich von ihrer Partnerin zuwerfen, bis schließlich zwölf bunte Plastikringe mit hoher Geschwindigkeit um ihre Taille, ihre Arme und Beine kreisten.

Ablauf des Wettbewerbs:

Begrüßung

Hula-Hoop-Nummer

Sportlich ging es auch weiter mit Sinan: Der Fußballfan aus der 6 C schaffte es, zweieinhalb Minuten lang einen Ball mit Kopf und Füßen in der Luft zu halten.

Fußballnummer

Für Begeisterung sorgte anschließend die Vorführung von Tyler, Esma, Florian und Fynn aus der 6 A: Wochenlang hatten sie an ihrem Synchron-Speed-Stacking-Act gearbeitet, bei dem die Becher nicht nur atemberaubend schnell, sondern auch bei allen gleichzeitig und in derselben Reihenfolge zu Pyramiden auf- und wieder abgebaut wurden.

Synchron-Speed-Stacking-Act

Der Siebtklässler Timon zeigte, dass er auf den Händen fast so flott laufen kann wie andere Leute mit ihren zwei Beinen.

auf den Händen laufen

Goethes „Erlkönig" war die Grundlage für eine besondere

„Erlkönig"-Rap

Performance der Zwillingsschwestern Lena und Luisa aus der 7 A. Sie hatten den Text der Ballade zu einer Parodie umgestaltet, die sie als Rap mit Schlagzeugbegleitung vortrugen.

Die Showtanzgruppe „Flying Bertha" aus der 8 D beeindruckte mit akrobatischen Sprung- und Wurfeinlagen.

Showtanz

Besonderen Beifall gab es für die Klassenvorführung der 9 C. Unter Anleitung ihres Sportlehrers hatte sie den Aufbau einer Menschenpyramide mit Beteiligung der gesamten Klasse so lange einstudiert, dass bei der Talentshow jeder Griff und jede Bewegung saßen. Es dauerte kaum zwei Minuten, bis sich die wuselige Schülergruppe zu einem geordneten dreistöckigen Turm aufrichtete, kurz in dieser Position verharrte und dann geordnet wieder in sich zusammenfiel.

Menschenpyramide

Das Highlight der Talentshow präsentierte Jonas aus der 10 B, der auf einer zwischen zwei Bäumen auf dem Schulhof gespannten Slackline einen Handstand machte.

Highlight: Handstand auf Slackline

Das beeindruckte auch die Jury am meisten, weshalb er zum Schulsieger gekürt wurde. Die 9 C erhielt den Preis für die beste Gruppenvorführung, Sinan wurde Sieger in der Einzelwertung und den Publikumspreis erhielten die Speed-Stacker aus der 6 A. Und wenn es auch nicht für jede Talentvorführung Preise oder Pokale gab, so war es doch für alle ein tolles Erlebnis und für die Schulabgänger*innen ein unvergesslicher Abschluss ihrer Schulzeit an der „Bertha".

Ergebnis, Siegerehrung

Ein positives Fazit zieht auch Henriette vom Schülerrat: „Es war zwar viel Arbeit, das alles zu organisieren, aber es hat auch Spaß gemacht. Und für die Schulgemeinschaft hat es ebenfalls viel gebracht. Ich denke, dass es auch im nächsten Jahr wieder heißt: Bertha's Got Talent."

Schluss
positives Fazit

Welche Folgen?
Ausblick

c) Argumentation

*✎ **Hinweis:** Die Vor- und Nachteile zusätzlicher Sportangebote an Schulen sollen in dieser Argumentationsaufgabe gegeneinander abgewogen werden. Bevor du anfängst zu schreiben, solltest du in einer Tabelle die Pro- und-Kontra-Argumente notieren und nach Wichtigkeit ordnen.*

*In der **Einleitung** weist du auf die Aktualität des Themas hin und greifst dann die Fragestellung auf, mit der du zum Hauptteil überleitest. Im **Hauptteil** führst du die Argumente für und gegen solche Zusatzangebote aus und veranschaulichst sie mit jeweils einem konkreten Beispiel. Beim Aufbau des Hauptteils hat sich das sogenannte Sanduhr-Prinzip bewährt: Zunächst führst du die Argumente der Gegenseite aus, und zwar absteigend vom stärksten zum schwächsten. Anschließend kommen in aufsteigender Reihenfolge die Argumente, die deiner Meinung entsprechen. Das überzeugendste Argument nennst du als Letztes, damit es beim Zuhören bzw. Lesen gut im Gedächtnis bleibt. Deine eigene Haltung formulierst du erst im **Schlussteil** als Fazit und stützt sie noch einmal mit dem besten Argument aus dem Hauptteil.*

*Berücksichtige die **Sprachangemessenheit** deines Textes, das heißt die richtige Verwendung der Zeitform (Präsens), treffende Formulierungen, passende Wortwahl, einen abwechslungsreichen Satzbau, Vermeidung von Wiederholungen. Rechtschreibung, Grammatik und Zeichensetzung (**Sprachrichtigkeit**) werden mit maximal vier Punkten bewertet, die sich aus dem Fehlerindex ergeben (Rechtschreibung und Grammatik ganze Fehler, Zeichensetzung halbe Fehler).*

Nachteile	Vorteile
Reduzierung von Unterricht in anderen Fächern	Steigert die soziale Kompetenz/Teamfähigkeit
Die angesprochene Zielgruppe wird nicht erreicht	Möglichkeit, neue Sportarten kennenzulernen
Konkurrenz zu den Sportvereinen	Fitness und Gesundheit der Jugendlichen werden gefördert

Bewegung statt Ballerspiele – Soll die Schule mehr Sportangebote machen? *Überschrift*

Im Bereich der Kinder- sowie der Sportmedizin wird zunehmend beklagt, dass es immer mehr übergewichtige Kinder gibt und dass durch Bewegungsmangel die allgemeine Fit-   *Einleitung*
Diskussion über Übergewicht, Bewegungsmangel bei Kindern

ness der Kinder und Jugendlichen nachlässt. Sollte die Schule gegensteuern und trotz voller Stundenpläne mehr Bewegungs- und Sportangebote schaffen?

Überleitung zum Hauptteil: Fragestellung

Was vor allem gegen die Ausweitung des Sportangebotes spricht, ist die damit verbundene Reduzierung der anderen Unterrichtsfächer. Bereits jetzt findet an den meisten Nachmittagen „normaler" Fachunterricht statt, also z. B. Mathematik- oder Fremdsprachenunterricht. Für zusätzliche Sportangebote müssten andere Stunden gestrichen werden. Da ohnehin viel Unterricht wegen Krankheit, Praktika, Projektwochen oder Hitzefrei ausfällt und viele Klassen mit dem Stoff „hinterherhängen", sollte die Situation nicht noch verschärft werden, indem man zugunsten von Sport die Stundenzahl in anderen Fächern verringert.

Hauptteil
Nachteile der zusätzlichen Sportangebote
1. Argument: mehr Sport geht auf Kosten der anderen Fächer

Ein weiteres Argument gegen die Ausweitung des Sportangebotes ist, dass diese Maßnahme die eigentliche Zielgruppe nicht erreichen würde. Denn bereits jetzt zählt bei vielen Schülerinnen und Schülern der Sport nicht gerade zu den Lieblingsfächern. In keinem anderen Fach werden so viele Ausreden erfunden und Krankheiten vorgeschoben, um nicht teilnehmen zu müssen. Schülerinnen und Schüler, die gerne Sport treiben, brauchen hingegen solche Zusatzangebote nicht, weil sie andere Möglichkeiten nutzen, z. B. den Vereinssport oder den Besuch des Fitnessstudios.

2. Argument: zusätzliche Sportangebote erreichen die Zielgruppe nicht

Gegen die Forderung nach mehr Schulsport spricht außerdem die problematische Lage der Sportvereine. Viele Vereine leiden unter Nachwuchsmangel. Der örtliche Fußballclub musste z. B. die Spieler der D-, E- und F-Jugend zusammenlegen, um überhaupt ein Team für die Turniere am Wochenende bilden zu können. Gäbe es zusätzliche Sportangebote an der Schule, würde sich der Mitgliederschwund der Vereine möglicherweise noch beschleunigen, weil der Schulsport im Gegensatz zur Vereinsmitgliedschaft nicht mit regelmäßigen Kosten verbunden ist.

3. Argument: Konkurrenz für die Sportvereine

Trotz dieser Einwände hätte die Einführung zusätzlicher Bewegungs- und Sportangebote an den Schulen aber auch viele Vorteile.

Überleitung zu den **Vorteilen**

Im Sport und bei Bewegungsspielen lernen sich die Schüler*innen untereinander besser kennen, als wenn sie nur im Klassenraum zusammensitzen. Das fördert das Gruppengefühl, stärkt die Teamfähigkeit und verbessert auf diese Weise das Klassenklima und die Lernatmosphäre. An unserer Schule gibt es in jedem Jahrgang eine Profilklasse mit dem Schwerpunkt „Sport". Diese Klassen zeichnen sich durch eine besonders starke Klassengemeinschaft und eine niedrige Zahl an „Sitzenbleibern" aus.

1. Argument: steigert die soziale Kompetenz / Teamfähigkeit der Jugendlichen

Ein weiteres Argument für zusätzliche Sportangebote ist die damit verbundene Möglichkeit, neue Sportarten kennenzulernen und bislang verborgene Fähigkeiten an sich zu entdecken. Viele Jugendliche kennen nur ihren normalen Sportunterricht und haben keine Gelegenheit, auch mal andere Aktivitäten auszuprobieren. Im vergangenen Schuljahr hat z. B. ein Vertretungslehrer an unserer Schule eine Kletter-AG angeboten, die stark nachgefragt wurde. Ein weiterer Kurs im Nachmittagsunterricht war ein Box-Lehrgang, für den es ebenfalls mehr Interessenten als Plätze gab.

2. Argument: Gelegenheit, neue Sportarten kennenzulernen

Der wichtigste Grund, Schülerinnen und Schüler zu mehr Sport in der Schule zu motivieren, ist der gesundheitliche Aspekt. Kinder und Jugendliche verbringen sehr viel Zeit an ihrem Handy oder PC, bewegen sich oft wenig und lieben ungesundes Fast-Food-Essen. Die Folgen davon sind Übergewicht und sogar zunehmend mehr ernährungsbedingte Krankheiten wie z. B. Diabetes schon im Jugendalter. Aus Kinderarztpraxen ebenso wie dem Sportunterricht mehren sich zudem die Rückmeldungen, dass bereits Grundschulkinder Probleme mit der körperlichen Kondition haben und an einfachen Turn- und Koordinationsübungen wie z. B. einem Purzelbaum scheitern. Mehr schulische Sportangebote könnten dazu beitragen, die Kinder wenigstens zeitweise vom Bildschirm wegzuholen und sie mit Bewegung, Spiel und Spaß in der Gruppe dabei zu unterstützen, ihre Fitness und Gesundheit zu verbessern.

3. Argument: zusätzliche regelmäßige Bewegung steigert Fitness und Gesundheit der Kinder und Jugendlichen

Ich unterstütze die Forderung nach mehr schulischen Sport- und Bewegungsangeboten, da diese Maßnahme die Fitness und Gesundheit bei Kindern und Jugendlichen fördern würde.

Schluss

Fazit / eigene Meinung

Teil I: Lesen

Hinweis: In den Aufgaben 1 bis 3 ist jeweils nur eine Lösung richtig. Hast du mehrere Kästchen pro Teilaufgabe angekreuzt, gibt es für diese Teilaufgabe keinen Punkt.

1. a) [X] zehn

    Hinweis: vgl. Z. 7 f., Z. 189

    b) [X] die Ältesten des Dorfes.

    Hinweis: vgl. Z. 26–29

    c) [X] für sauberes Trinkwasser in Reservaten zu sorgen.

    Hinweis: vgl. Z. 67–69

    d) [X] „Children with Nature".

    Hinweis: vgl. Z. 189 f.

2. a) [X] protestieren.

    Hinweis: „Protestieren" heißt, dass man einen Zustand nicht akzeptieren will, sondern sich dagegen auflehnt. „Die Stimme erheben" bedeutet, mit der eigenen Stimme zu protestieren, sich also v. a. mit Worten zur Wehr zu setzen.

    b) [X] von jemandem etwas bekommen.

    Hinweis: Jemandem etwas „abringen" bedeutet, dass man erst den Widerstand einer anderen Person überwinden muss, weil sie das Gewünschte eigentlich nicht hergeben möchte.

    c) [X] aufpasst.

    Hinweis: „Über jemanden wachen" bedeutet, auf jemanden besonders zu achten, jemanden zu behüten (vgl. „Wache halten"). Hier ist damit gemeint, dass die Mutter ihre Tochter beschützt.

    d) [X] gegraben.

    Hinweis: Will man einen Baum pflanzen, muss ein Loch gegraben und die darin enthaltene Erde herausgehoben oder – verkürzt – ausgehoben werden.

3. a) $\boxed{X}$ Nur A und D stehen im Text.

    🖉 *Hinweis: Aussage A trifft zu (vgl. Z. 37 f.). **Aussage B** stimmt nicht, denn der Begriff „Generation Greta" ist nicht der Name einer Organisation, sondern wird von der Autorin des Artikels als Sammelbezeichnung für die Generation der jungen Aktivistinnen verwendet (vgl. Z. 40–44). Auch **Aussage C** ist falsch; im Text steht nur, dass es auch auf Bali eine Protestbewegung gibt (vgl. Z. 34–37). **Aussage D** hingegen trifft zu, wie aus Zeile 37 hervorgeht.*

  b) $\boxed{X}$ Nur C und D stehen im Text.

    🖉 *Hinweis: **Aussage A** ist falsch, denn Ellyanne Wanjiku lebt in Kenia (vgl. Z. 14 f.). Auch **Aussage B** stimmt nicht (vgl. Z. 76–78). Für die richtige **Aussage C** findet sich ein Textbeleg in den Zeilen 127 bis 129. Auch **Aussage D** ist richtig (vgl. Z. 154 f.).*

4.   🖉 *Hinweis: Um jeweils einen Punkt pro Textmerkmal zu bekommen, müssen die Merkmale sowohl genannt als auch mit passenden Textstellen belegt werden. Das können Zitate, reine Zeilenangaben, Verweise auf Textausschnitte oder Umschreibungen sein, die eine Aussage des Textes mit eigenen Worten wiedergeben. Für das bloße Nennen eines Merkmals ohne Textbeleg gibt es keinen Punkt.*

Mögliche Lösungen (drei erforderlich):
– Interessante Überschrift

  🖉 *Hinweis: Die Überschrift ist zwar sehr kurz, weckt aber Aufmerksamkeit durch die weibliche Form: Bei einer Rebellion denkt man eher an Männer und nicht an Mädchen oder Frauen.*

– Vorspann, Teaser, Lead (Z. 1–5)

  🖉 *Hinweis: Der Vorspann gibt einen kurzen Überblick über den Inhalt des Artikels.*

– Szenischer oder erlebnisorientierter Einstieg (Z. 6–13)

  🖉 *Hinweis: Der Artikel beginnt mit der Beschreibung eines virtuellen Treffens der Autorin mit der jungen Aktivistin Ellyanne Wanjiku. Beim Lesen des ersten Abschnitts hat man das Gefühl, selbst bei dieser Videokonferenz dabei zu sein.*

– Zahlen, Daten, Fakten und Erläuterungen als Hintergrundwissen (z. B. Z. 14–33, Z. 45–54, Z. 60–85, Z. 104–114, Z. 129–141, Z. 144–149, Z. 176–182, Z. 193–200)

  🖉 *Hinweis: Die Autorin ergänzt und stützt die Aussagen ihrer Recherchen durch die Beschreibung bereits stattgefundener Aktionen sowie durch bestätigte Daten und Zahlen.*

- Expertenmeinung (vgl. Z. 96–99)

  *⁄ **Hinweis:** Die Darstellung der Autorin wird durch den Hinweis auf die Einschätzung von Fachleuten, in diesem Fall Soziologen, abgesichert.*
- Autorenkommentar (z. B. Z. 5, Z. 39–44, Z. 84 f., Z. 93–95, Z. 160 f.)

  *⁄ **Hinweis:** Die Formulierung „Niemand ist zu jung, um die Welt zu verändern" (Z. 5) spiegelt z. B. die positive Einstellung der Autorin gegenüber den Aktivistinnen wider.*
- Zitate von Beteiligten (Z. 12, Z. 31–33, Z. 74–76, Z. 121 f., Z. 152 f., Z. 184 f., Z. 188 f., Z. 201 f.)

  *⁄ **Hinweis:** Die Vielzahl von Zitaten vor allem der jungen Ellyanne Wanjiku lässt den Text lebendig und aktuell wirken.*
- Wahl der Zeitform: überwiegend Präsens, nur bei Vorzeitigkeit Formen der Vergangenheit (Z. 19–29, Z. 105–107)

  *⁄ **Hinweis:** Die überwiegend verwendete Zeitform Präsens betont die Aktualität des Themas.*

5. *⁄ **Hinweis:** Für die allgemeine Erklärung des sprachlichen Mittels gibt es einen Punkt, für die Erklärung seiner Bedeutung im Textzusammenhang zwei weitere.*

   Mögliche Lösung:

   Erklärung des Stilmittels: Bei einer Personifikation werden Tiere, Pflanzen, Gegenstände oder auch abstrakte Begriffe mit menschlichen Eigenschaften oder Fähigkeiten ausgestattet.

   Bedeutung im Textzusammenhang: Der Naturschutz als Sammelbegriff für eine Vielzahl von Ideen, Projekten und Institutionen hat keine Stimme und kann deshalb nicht rufen. Durch die Personifikation wird anschaulich dargestellt, dass es der Natur schlecht geht und sie auf Hilfe von Naturschutzorganisationen und von Menschen wie Ellyanne Wanjiku angewiesen ist.

6. *⁄ **Hinweis:** Es genügt, die Projekte stichpunktartig aufzuführen. Auch Zitate aus dem Text gelten als Lösungen. Textverweise (Zeilenangaben) sind nicht nötig.*

   Mögliche Lösungen (drei erforderlich):
   - Einsatz gegen die Waffenlobby (Z. 2 f., Z. 48)
   - Mobilmachung gegen die Kinderehe (Z. 3, Z. 49 f.)
   - Kampf für sauberes Trinkwasser (Z. 46 f., Z. 68 f.)
   - Bereitstellung kostenloser Hygieneartikel an Schulen (Z. 181 f.)
   - Buchspenden für Schulkinder (Z. 182 f.)

7. ✒ **Hinweis:** *Die Aufgabe verlangt, passende Textstellen **wörtlich** zu übernehmen, **Anführungszeichen** zu setzen und die **Zeilenzahl** anzugeben. Erklärungen oder Kommentare zu den Zitaten werden nicht erwartet. Für jede richtig zitierte Textstelle gibt es einen Punkt. Fehlende Zeilenangaben oder Anführungszeichen kosten pro Zitat einen halben Punkt.*

Mögliche Lösungen (drei erforderlich):
– „Die Rebellinnen" (Überschrift; Z. 45 f., Z. 55, Z. 96 u. a.)
– „kämpfen" (Z. 2)
– „Eco Warrior" (Z. 18 f.)
– „die Welt erobern" (Z. 36)
– „bekämpfen" (Z. 48)
– „machen […] mobil" (Z. 49 f.)
– „verleiht […] Macht" (Z. 58)
– „Weltkonzerne erschüttern" (Z. 59)
– „Geh raus, kämpfe […]" (Z. 102 f.)

8. ✒ **Hinweis:** *Die Anweisung „**Erläutere**" bedeutet, dass du Zusammenhänge im Text erkennen und mit deinen eigenen Worten formulieren sollst. Drei Punkte gibt es für eine schlüssige Erläuterung mit Verweis auf die dazugehörige Textstelle. Eine Erläuterung ohne Textbezug wird mit zwei Punkten bewertet. Für eine Textangabe ohne Erläuterung gibt es keinen Punkt. Als Textbezug gelten sowohl Zitate, reine Zeilenangaben als auch Umschreibungen.*

Mögliche Lösungen (eine erforderlich):
– Z. 6–13: Beim virtuellen Interview mit der Autorin hat Ellyanne Wanjiku ein Stofftier auf dem Schoß und hält es zwischendurch auch stolz in die Kamera. Dieses Verhalten ist für eine Zehnjährige typisch und macht deutlich, dass sie innerlich noch ein Kind ist.
– Z. 9–11: Wie viele Mädchen in ihrem Alter spielt auch Ellyanne Wanjiku gern mit Puppen. Das zeigt, dass sie sich in ihre Kinderwelt zurückziehen kann.
– Z. 12: „Der hilft mir": Trotz ihres selbstbewussten Auftretens klammert sich Ellyanne Wanjiku an ein vertrautes Spielzeug, das ihr beim Treffen mit der fremden Journalistin und in der ungewohnten Situation Halt gibt.
– Z. 114–117: Die schwärmerische Haltung gegenüber einem Vorbild ist typisch für ein Kind in Ellyanne Wanjikus Alter.
– Z. 156–159: Ellyanne Wanjiku kennt sich zwar in der Welt der Erwachsenen aus und hat auch keine Berührungsängste gegenüber wichtigen Persönlichkeiten, genießt aber ebenso Spiel und Spaß mit ihren Freundinnen.

- Z. 161–167: Die junge Aktivistin kann die Rollen wechseln wie Kleidungs-stücke und sich so verhalten, wie es die jeweilige Situation erfordert. Aber immer wieder kommt das Kind in ihr zum Vorschein.

9. a) *Hinweis: Beim **Herausarbeiten** werden Informationen und Sachverhalte unter einer bestimmten Fragestellung aus dem Text entnommen und zusam-menhängend wiedergegeben. Die Fragestellung in dieser Aufgabe bezieht sich darauf, was zum Engagement und zum Erfolg der jungen Aktivistinnen beigetragen hat. Es gibt jeweils zwei Punkte für das schlüssige Herausarbei-ten eines Aspektes bezüglich der Fragestellung anhand einer Textstelle. Ohne den Textbezug gibt es nur einen Punkt.*

Mögliche Lösungen (zwei erforderlich):
- Eine wichtige Rolle bei der öffentlichen Wahrnehmung und der Verbrei-tung von Ideen spielen die sozialen Medien (vgl. Z. 55–58). Eine Voraus-setzung, sich überregional zu engagieren, ist der Zugang zum Internet und eine entsprechende digitale Ausstattung, um Aufmerksamkeit zu erregen und Diskussionen anzustoßen.
- Die im Text vorgestellte Aktivistin Ellyanne Wanjiku war erst vier Jahre alt, als sie nach einem Kindergarten-Projekt ihren ersten Baum pflanzte (vgl. Z. 15 f., Z. 107 f.). Ohne die Unterstützung ihrer wohlhabenden und bildungsbewussten Eltern (vgl. Z. 76–84) hätte sie ihre Ideen nicht ver-wirklichen können. Ein gleichermaßen verständnisvolles und finanziell ab-gesichertes familiäres Umfeld ist eine wichtige Stütze für die jungen Akti-vistinnen (vgl. Z. 201 f.).
- Wer schon als Kind mit wichtigen Personen des öffentlichen Lebens zu-sammentrifft und sie von der eigenen Sache überzeugen will (vgl. Z. 50–54, Z. 67 f.), benötigt viel Selbstbewusstsein, Redegewandtheit und Durchhaltevermögen. Zudem muss man Widerstände überwinden und Rückschläge einstecken können. Das erfordert Persönlichkeitsmerkmale und Fähigkeiten, die ebenfalls durch den sozialen Hintergrund und die ideelle Unterstützung der Eltern gefördert werden (vgl. Z. 100–103).
- Sowohl in ihrer privaten Umgebung als auch bei ihren Projekten orientiert sich Ellyanne Wanjiku an realen Vorbildern, denen sie nacheifert und von denen sie sich inspirieren lässt (vgl. Z. 76, Z. 104–117, Z. 152 f.). Solche Vorbilder aus Vergangenheit und Gegenwart ermutigen einen, an die eige-nen Ziele zu glauben und sie beharrlich zu verfolgen.

– Nicht nur das Elternhaus, auch das schulische Umfeld muss Verständnis aufbringen und die jungen Aktivistinnen beurlauben, z. B. „wenn der Naturschutz ruft" (Z. 144). Ohne diese Rücksicht auf das außerschulische Engagement der Jugendlichen wäre es ihnen nicht möglich, z. B. an Projekten teilzunehmen oder zu internationalen Konferenzen zu reisen (vgl. Z. 50–54).

b) *Hinweis: Wie in Aufgabe 8 sollen auch hier wieder Zusammenhänge im Text erkannt und bezogen auf die Aufgabenstellung abgeleitet werden. Drei Punkte gibt es für eine zutreffende Erläuterung im Textzusammenhang, Teilpunkte werden bei dieser Aufgabe nicht vergeben.*

Mögliche Lösungen (eine erforderlich):

– Der Text beschreibt, dass die weltweite Präsenz in den sozialen Medien für die jungen Aktivistinnen von Vorteil ist (vgl. Z. 55–58). Dies führt aber vermutlich auch dazu, dass sie mit unsachlicher Kritik oder sogar Hasskommentaren konfrontiert werden, was schon für Erwachsene schwer auszuhalten ist. Bei Kindern wie Ellyanne Wanjiku könnten fortgesetzte Anfeindungen zur Folge haben, dass sie an ihren Zielen und auch an sich selbst zweifeln.

– Die Teilnahme an weltpolitisch wichtigen Konferenzen, der Kontakt mit berühmten Persönlichkeiten und der Fokus auf das jeweils nächste Projekt lassen den Jugendlichen weniger Zeit und Möglichkeiten, sich mit Gleichaltrigen zu treffen (vgl. Z. 50–54, Z. 168–170). Das könnte dazu führen, dass sie ihrer eigenen Generation fremd bleiben.

– Wenn die jungen Aktivistinnen von der Schule für Projekte freigestellt werden (vgl. Z. 143 f.), versäumen sie automatisch Unterricht. Auch wenn sie bei ihren Engagements viele Dinge lernen, die die Schule nicht vermitteln kann, müssen sie für Prüfungen dennoch den Schulstoff parat haben und privat nacharbeiten.

– Der Text macht deutlich, dass Ellyannes Mutter einen großen Anteil an ihrem Erfolg hat (vgl. Z. 70–76). Es stellt sich die Frage, ob das Mädchen tatsächlich aus eigenem Antrieb so viel geleistet hat oder ob nicht in Wirklichkeit die Mutter ihre ehrgeizigen Ziele und den Wunsch nach öffentlicher Aufmerksamkeit mithilfe ihrer kleinen Tochter verwirklicht.

10. a) *Hinweis: Die Aufgabe enthält zwei Bestandteile: Die Bedeutung des Zitats soll erklärt und mit einem Beispiel veranschaulicht werden. Dabei musst du auf eigene Einfälle und eigene Erfahrungen zurückgreifen, denn bei der Erklärung des Zitats wird kein Textbezug erwartet. Es gibt drei Punkte für eine plausible Erklärung mit einem nachvollziehbaren Beispiel, Teilpunkte werden nicht vergeben.*

Mögliche Lösung:
Bei Vorschriften handelt es sich um Regeln, die man gezwungenermaßen einhalten muss. Vorbilder dagegen sind Menschen, die man respektiert oder sogar bewundert und deshalb versucht, sie nachzuahmen bzw. ihre Denkweise zu übernehmen. Wenn Eltern z. B. ihren Kindern das Rauchen verbieten, weil es erst mit 18 gesetzlich erlaubt ist, sollten sie selbst Nichtraucher sein, um glaubwürdig zu wirken.

b) *Hinweis: Ob du dem Zitat zustimmst oder es ablehnst, für die volle Punktzahl kommt es in beiden Fällen auf eine nachvollziehbare Begründung deiner Haltung an. Teilpunkte werden nicht vergeben. Auch bei dieser Aufgabe brauchst du dich nicht auf den Text zu beziehen.*

Mögliche Lösungen:
Zustimmung:
Meiner Meinung nach entspricht das Zitat der Wahrheit. Denn im Gegensatz zu Vorschriften sucht man sich seine Vorbilder selbst aus und ist dann auch entsprechend motiviert, ihnen nachzueifern. Auch erscheinen einem als junger Mensch nicht alle Vorschriften als sinnvoll: Warum muss man bei Rot an der Fußgängerampel warten, wenn die Autos noch weit weg sind? Es hilft, wenn Erwachsene sich vorbildhaft verhalten und das Befolgen solcher Vorschriften vorleben.

Ablehnung:
Ich stimme der Aussage des Zitats nicht zu. Gerade in der heutigen Zeit suchen sich junge Menschen Vorbilder, die mit ihren Musiktexten und teilweise auch mit ihrer Lebensweise ein zweifelhaftes Regelverständnis vermitteln, z. B. aus der Rapper-Szene. Auch auf Social-Media-Kanälen wie TikTok werden Influencer zu Vorbildern, die ihre Follower zu völlig sinnlosen, schädlichen und bewusst regelbrechenden Aktionen veranlassen. Vorschriften müssen sein, um solches Fehlverhalten zu begrenzen und ein Zusammenleben zu ermöglichen.

Teil II: Schreiben

II.A: Textproduktion (Wahlaufgabe)

a) Erzählung

*Hinweis: **Aufbau/Inhalt:** Die Aufgabe ist so formuliert, dass die wesentlichen Textelemente bereits vorgegeben sind: Die Hauptperson, ein Projekt, ein erfolgreiches Engagement, eine positive Veränderung. Innerhalb dieses Gestaltungsspielraums entwickelst du deine Geschichte. Überlege dir eine passende **Überschrift** und einen schlüssigen und gradlinigen Handlungsaufbau. In der **Einleitung** sollten die Hauptperson/en, der Handlungsort sowie die Ausgangssituation vorgestellt werden. Im **Hauptteil** steht die Durchführung des Projekts im Mittelpunkt. Dabei könnten z. B. unerwartete Probleme, die den Erfolg gefährden, für Spannung sorgen. Der **Schlussteil** beschreibt das glückliche Ende bzw. die positive Veränderung, die das Engagement trotz möglicher Widerstände bewirkt hat.*

Sprachangemessenheit: *Verwende abwechslungsreiche und anschauliche Formulierungen (keine Wiederholungen, treffende Verben und Adjektive, passende Vergleiche, Metaphern und Personifikationen). Wechsle nicht die Zeitform (außer, wenn du über Dinge schreibst, die in der Vergangenheit oder Zukunft des Handlungsgeschehens liegen) und halte die zu Beginn gewählte Erzählperspektive (Ich- oder Er-/Sie-Form) durchgängig ein.*

Sprachrichtigkeit: *Fehler in der **Rechtschreibung und Grammatik** zählen als ganze Fehler, die in der **Zeichensetzung** als halbe Fehler.*

Franzi for future

„Da, schon wieder eine! Und da! Und noch eine!" Franzi zeigte auf die zertretenen schmutzigen Lappen von undefinierbarer Farbe, die sich rechts und links des Schulwegs im Gebüsch und im Rinnstein knäulten. „Was meinst du?" Franzis Freundin Lea schaute irritiert von ihrem Handy auf. „Na die Corona-Masken. Überall fliegen sie rum. Das ist doch eine Sauerei!" Lea zuckte die Achseln. „Na und? Wen juckt's. Die landen sowieso alle im Meer." „Spinnst du?" Franzi war empört. „Ich habe gelesen, dass es Jahrhunderte dauert, bis sich der Maskenstoff zersetzt. Und bis dahin verseucht er nicht nur das Meer, sondern landet als Mikroplastik in unserem Essen, also in uns!" Lea ließ sich nicht aus der Ruhe bringen. „Mir egal. Ich esse sowieso keinen Fisch",	Überschrift

Einleitung
Hauptperson (Franzi)

Handlungsort (Schule, Schulweg)

Ausgangssituation (Franzi erkennt, dass man/sie aktiv werden muss.) |

sagte sie und vertiefte sich wieder in ihr Handy. „Tolle Einstellung! Man muss doch was tun, wenn man nicht an dem ganzen Dreck ersticken will!"

Lea merkte, dass Franzi jetzt wirklich sauer war. „Hast ja recht", sagte sie und schob das Handy in die Hosentasche. „Aber was willst du denn machen? Freitags auf der Demo mitlaufen? Werden dann weniger Masken in der Pampa entsorgt?" Franzi schüttelte den Kopf. „Nein. Ich meine was Richtiges. Hier bei uns, sodass es alle mitkriegen und vielleicht sogar mitmachen." Lea stupste ihr freundschaftlich den Ellenbogen in die Seite. „Dann schnapp dir halt einen Plastiksack und eine Müllzange und sammele die Masken ein. Das kriegen bestimmt alle mit", grinste Lea. Ihre Freundin schwieg. Vielleicht war das gar keine so schlechte Idee. Aber allein würde sie nur wenig ausrichten können. Wie könnte sie möglichst viele ihrer Mitschülerinnen und Mitschüler motivieren, ebenfalls aktiv zu werden und sich zu beteiligen? Die vielen achtlos weggeworfenen Masken waren ja nur ein Teil des Problems. Der Müll entlang des Schulwegs und am Bahnhof zeugte davon, dass ein Großteil der Jugendlichen dieselbe Mir-doch-egal-Einstellung wie Lea hatte.

„Ich hab's! Das ist es! Hör zu …" Franzi blieb so abrupt stehen, dass Lea fast gestolpert wäre. Den Rest des Schulweges redete Franzi ununterbrochen auf Lea ein, die immer wieder den Kopf schüttelte oder abwehrend die Hände hob. Erst als sie in der Klasse angekommen waren, gab Lea ihren Widerstand auf. „Na gut, du hast mich fast überzeugt. Wir versuchen es. Mehr als schiefgehen kann es nicht. Morgen ist Klassenratsstunde. Ich werde dich unterstützen. Vielleicht fallen sie dir ja um den Hals und krönen dich zur Umweltkönigin. Aber ich bezweifle es."

Den ganzen Nachmittag und Abend feilte Franzi an ihrem Konzept und notierte sich Stichworte für ihre Ansprache an die Klasse. Denn ohne möglichst viele Mitstreiter*innen würde sie keinen Erfolg haben, das war ihr klar. Und so sah ihr Plan aus: Im Rahmen eines Müllsammelwettbewerbs sollte die Klasse belohnt werden, die innerhalb eines Schulhalbjahres den meisten Abfall auf einer vorgegebenen Fläche

Lea bringt Franzi auf eine Idee.

Franzi erklärt Lea ihren Plan.

Lea hat Vorbehalte, will Franzi aber helfen.

Franzis Plan

bzw. Strecke einsammelt. Jede Woche sollte eine andere Klasse auf ihrem morgendlichen Schulweg zwischen Bahnhof und Schulgelände alles einsammeln, was eigentlich in den Müll gehört. Die Aufgaben, die sie ihrer eigenen Klasse zugedacht hatte und von denen sie ihre Mitschüler*innen überzeugen wollte, waren die Ausgabe der Müllzangen und Plastiksäcke, die Aufsicht besonders am Bahnhof und natürlich das Wiegen des gesammelten Mülls.

„Statt Strafe fürs Wegschmeißen gibt es eine Belohnung für das Aufheben des Mülls", erläuterte sie ihrer Klasse am nächsten Tag den Kerngedanken ihres Umweltprojektes. Die 10 B3 war skeptisch. „Und wann sollen wir das machen? Da geht Unterrichtszeit verloren, das erlaubt die Schulleitung nie", war Sebastian überzeugt. Am meisten regte sich Jannis auf. „Ich habe keine Lust darauf. Bin ich Müllsammler? Was habe ich denn mit dem Abfall auf dem Schulweg zu tun? Das ist eine einzige Zumutung!", schimpfte er in aggressivem Ton. „Was ist mit der Belohnung für den ersten Preis? Sollen wir die etwa aus der Klassenkasse bezahlen?", wollte Anke wissen. Aber es gab auch Zustimmung zu Franzis Konzept. „Ich finde es gut und würde mitmachen. Mich stört der Müll auf dem Schulweg auch. Wenn das Müllsammeln eine Challenge wird, schmeißt keiner mehr seinen Dreck einfach so weg, weil er den anderen Gruppen keinen Vorteil verschaffen will", erklärte Marvin. Am Ende hatte Franzi den Großteil der Klasse von ihrem Projekt überzeugt.

Wider Erwarten stieß ihr Plan auch bei der Schulleitung auf ungeteilte Zustimmung. „Großartige Idee", sagte Herr Klose, „wir holen den Förderverein mit ins Boot, der kümmert sich sicher gerne um die Preise für die besten Müllsammler. Frau Sperber soll einen Zeitungsbericht über eure Aktion schreiben. Und auf die Website stellen wir das auch." Franzi fühlte sich fast ein bisschen überrumpelt von der Begeisterung des Direktors. „Bis jetzt haben wir ja nur eine Idee. Also schon auch ein Konzept. Aber wir brauchen auch Hilfe, z. B. die Zangen und Müllsäcke … und wann welche Klassen eingeteilt werden sollen … und dass dann manche vielleicht zu spät zum Unterricht kommen, weil sie noch bei der Aufsicht sind

Es gibt Widerstände in der Klasse.

Franzi kann ihre Klasse überzeugen.

Die Schulleitung gibt ihre Zustimmung und will Franzi unterstützen.

oder den Müll wiegen." Franzi geriet ins Stammeln. „Ihr müsst das nicht alleine machen", beruhigte sie der Schulleiter. Aber dein Plan ist so gut, dass er unbedingt ausprobiert werden muss. Ich werde die Hausmeister beauftragen, euch zu unterstützen.

Schon nach wenigen Tagen Vorbereitung ging es los. Biniam und Jannis, der sich schließlich doch widerwillig zum Helfen bereit erklärt hatte, positionierten sich frühmorgens am Bahnhof und übergaben den Mädchen und Jungen aus der 6 C, die das Los als erste Gruppe bestimmt hatte, Müllzangen und Plastiksäcke. Dann begleiteten sie die Gruppe auf ihrem Weg und achteten darauf, dass die Zangen nicht als Fechtwaffen genutzt wurden. „Nicht trödeln", trieb Jannis einen Sechstklässler an, der sich damit abmühte, mit der Müllzange eine Zigarettenkippe aus einer Pflasterfuge zu greifen. „Aber wir wollen gewinnen, da zählt jeder Dreck", antwortete der Junge ernst, „außerdem verseucht eine einzige Kippe rund 50 Liter Grundwasser." Jannis war verblüfft. „Ehrlich? Das habe ich gar nicht gewusst. Warte, ich helfe dir." Er holte einen Plastikhandschuh aus der Hosentasche, zog ihn über, hob die Kippe auf und warf sie in den Müllbeutel.

„Vielleicht hat Franzi ja doch recht", dachte er mit Blick auf die zahllosen Zigarettenkippen rechts und links des Weges. „Wir müssen alle besser aufpassen, sonst ersticken wir in unserem eigenen Dreck." Dann eilte er hinter den Schülerinnen und Schülern her, um den anderen in seiner Klasse beim Müllwiegen zu helfen. Am Ende des Projektzeitraums hatte die 6 C tatsächlich gewonnen. Stolz präsentierten die Mädchen und Jungen auf dem Zeitungsfoto ihren Pokal, die Ehrenurkunden und die Schwimmbadgutscheine, die der Förderverein spendiert hatte. „Macht ihr nach den Ferien weiter?", wollte der Reporter von Franzi wissen. Die Zehntklässlerin musste lachen. „Wahrscheinlich nicht", antwortete sie fröhlich, „es liegt nämlich überhaupt kein Müll mehr auf dem Schulweg. Aber wir planen schon ein neues Umweltprojekt. Mehr wird noch nicht verraten!"

Das Projekt beginnt.

Jannis ändert seine Meinung.

Schluss
Franzis Projekt hat eine positive Veränderung erreicht.

b) Bericht

✏ *Hinweis: Der Bericht ist eine Textsorte, die besonders in Zeitungen zu finden ist. Anders als bei erzählenden Texten kommt es hier auf die sachliche und informative Gestaltung des Inhaltes an. Meinungen, Wertungen und Kommentare der Verfasserin oder des Verfassers gehören nicht hinein. Wie bei einer Kamera, die das Geschehen von außen filmt, ist die Perspektive also die eines neutralen Beobachters. Es gibt eine **Einleitung** („Lead"), in der als Berichtskern die Antworten auf die Fragen **was, wann, wo, wer** in Kurzform zusammengefasst werden. Im **Hauptteil** wird der Ablauf des Geschehens (**warum, wie, womit**) chronologisch dargestellt. Am Ende sollte ein kurzer **Schlussteil** den Bericht abrunden, z. B. mit einem zitierten Kommentar einer/eines Beteiligten und/oder einem Ausblick auf weitere Projekte (**welche Folgen**).*

*Die meisten Punkte erhältst du für **Aufbau, Inhalt** und die formalen Aspekte deines Berichtes (24 Punkte). Dazu gehören eine treffende Überschrift und die plausible Darstellung des gewählten Ereignisses. Achte darauf, dass du beim Thema bleibst und nicht weitläufig abschweifst. Das heißt, dass du Informationen, die keinen Bezug zum dargestellten Inhalt haben, weglässt.*

*Bis zu zwölf Punkte gibt es für die **Sprachangemessenheit** deines Textes. Achte auf die Zeitformen der Vergangenheit, bleibe bei der sachlichen Außenperspektive und verwende treffende und abwechslungsreiche Formulierungen.*

*Mit bis zu vier Punkten wird die **Sprachrichtigkeit** bewertet. Dabei zählen Fehler in der Rechtschreibung und Grammatik als ganze Fehler, die in der Zeichensetzung als halbe Fehler.*

Prima Klima an der „Bertha" — treffende Überschrift

Mit einem selbst gebauten Windrad hat die Klima-AG der Bertha-von-Suttner-Schule in Nidderau gezeigt, dass man bei entsprechendem Ehrgeiz auch mit vergleichsweise einfachen Mitteln und auf einem eher kleinen Grundstück genügend Strom erzeugen kann, um z. B. die Backöfen und Teigrührer in der Schulküche zu betreiben.

Einleitung — Lead mit den wichtigsten Informationen (Berichtskern): was, wann, wer, wo

Über vier Meter lang war die Kuchentheke, die die Schulcafé-AG unter der Leitung von Frau Sanchez-Hohmann zur Einschulungsfeier der neuen Fünftklässler mit Gebäck und Torten bestückt hatte. Das Besondere an dem verlockenden Tisch: Der Strom zum Backen der Muffins und Cupcakes, Biskuitböden und Blechkuchen war, genauso wie die Lecke-

Hauptteil — warum, wie, womit

reien auf der Kuchentheke, in diesem Jahr komplett selbst erzeugt. Möglich wurde das durch MiWiAn, wie die Schülerinnen und Schüler der Klima-AG ihre Mini-Windkraftanlage getauft hatten.

AG-Leiter und Physiklehrer Michael Stein hatte die Idee, mit Unterstützung einer ortsansässigen Schlosserei einen zehn Meter hohen Mast auf dem zugigen oberen Schulhof zu errichten und ein kleines Generatorgehäuse mit drei Rotoren darauf zu installieren. Ein Jahr Planung, Tüftelei und auch Papierkrieg war nötig, bis aus dieser Idee tatsächlich Wirklichkeit wurde und der erste selbst erzeugte Strom ins schulische Netz eingespeist werden konnte. Idee und Voraussetzungen

Zunächst musste ein geeigneter Platz gefunden werden, weit genug entfernt von Bäumen und Gebäuden, damit der Wind freie Fahrt hat. Weil im letzten Herbst auf dem oberen Schulhof zwei kranke Platanen gefällt worden waren, bot sich an dieser Stelle genügend Raum für das geplante Projekt. Jannis und Mike aus der 10 B3 kümmerten sich um die notwendigen Genehmigungsformulare bei der Gemeinde, der Bundesnetzagentur sowie bei der Naturschutzbehörde. Nachdem alle Ämter grünes Licht gegeben hatten, begann für die Mitglieder der Klima-AG eine mehrwöchige Planungsphase. Kataloge mit verschiedenen Bausätzen und Zubehörteilen wurden gewälzt, Entwürfe gezeichnet und Modelle gebaut. Als außerschulischer Kooperationspartner ließ sich die ortsansässige Firma „Control Mechatronics" für das Projekt begeistern und übernahm die Patenschaft. Regelmäßig besuchte einer der Auszubildenden die Klima-AG und stand den Jugendlichen mit seinem Anwendungswissen zur Seite. Ablauf der Planung und Umsetzung Unterstützung durch außerschulische Experten

Nach mehrmonatiger Arbeit in der Klimawerkstatt war es endlich so weit: MiWiAn, die Windmühle mit drei silbrig glänzenden Rotorblättern und einem technischen Innenleben aus Generator und Steuerelektronik, war einsatzbereit. Jetzt musste sie nur noch auf den Mast montiert und an das schulische Stromnetz angeschlossen werden. Damit der dreibeinige Stahlmast die nötige Stabilität erhielt, hob der Wahlpflichtkurs „Arbeitslehre" aus dem Jahrgang 9 entsprechend tiefe Löcher aus und betonierte den Mast fachgerecht ein. Für den Fertigstellung Montage und Anschluss letzten Schritt griffen die jungen Windkraftaktivistinnen und -aktivisten auf professionelle Hilfe zurück. Um MiWiAn mit dem schulischen Stromnetz zu verbinden, mussten eine Tiefbaufirma und ein Elektriker beauftragt werden. Das ermöglichte eine großzügige Spende der Bürgerstiftung, die nachhaltige Schulprojekte immer gern unterstützt.

Am 4. Mai, nachdem der Wetterdienst ein paar Tage mit der passenden Windstärke vorhergesagt hatte, durfte Emilia aus der Klima-AG die Steuerungssoftware starten, und unter dem Jubel aller setzten sich MiWiAns Rotoren in Bewegung. Gleichzeitig leuchtete das Display im eigens installierten Stromzähler auf und begann, die gesammelten Kilowattstunden zu zählen. Für die Stromversorgung der gesamten Schule reicht der kleine Generator natürlich nicht, aber zur Herstellung der Kuchen und Kekse für die diesjährige Einschulungsfeier hat sich der Wind genügend angestrengt, wie AG-Leiter Michael Stein zufrieden vermerkte. *(Ergebnis: Die Anlage funktioniert.)*

Seinen Schülerinnen und Schülern hat das Projekt nicht nur Spaß gemacht, sondern auch ihr Wissen und Können im Zusammenhang mit nachhaltiger Energieerzeugung ein ganzes Stück erweitert. „Jetzt weiß ich, wie Windkraft funktioniert. Nächstes Jahr werde ich siebzehn, bis dahin bauen wir ein Elektroauto", kündigte Marvin augenzwinkernd an.

(Schluss — Welche Folgen? Wissen und Können erweitert — Pläne für ein neues Projekt)

c) Argumentation

*Hinweis: In dieser Argumentation sollen die Vor- und Nachteile, die es für junge Menschen hat, ihr Leben einem politischen Ziel zu widmen, einander gegenübergestellt werden. Der Text „Die Rebellinnen" liefert dir dazu einige Denkansätze sowohl für die Pro- als auch für die Kontra-Seite. Du kannst die Argumente aus dem Text ebenso verwenden wie deine eigenen. Notiere zunächst in einer Tabelle die Vor- und Nachteile und sortiere sie nach Wichtigkeit bzw. Überzeugungskraft. In der **Einleitung** kannst du dich auf den Text beziehen oder auch auf aktuelle Ereignisse, z. B. die „Fridays for Future"-Bewegung. Anschließend formulierst du das Thema als Fragestellung und leitest damit zum **Hauptteil** über. Hier führst du aus, welche Vor- und Nachteile politisches Engagement für junge Menschen hat. Erst stellst du, absteigend vom stärksten zum schwächsten, die Argumente der Gegenseite dar. Anschließend formulierst du in aufsteigender Reihenfolge die Argumente, die deiner eigenen Meinung entsprechen (Sanduhr-Prinzip). Jedes Argument sollte mit einem konkreten Beispiel überzeugend veranschaulicht werden. Der **Schlussteil** beinhaltet das Fazit mit deiner eigenen Haltung zur Diskussionsfrage. Erst hier äußerst du deine Meinung und bekräftigst sie noch einmal mit dem überzeugendsten Argument aus dem Hauptteil.*

*Neben Aufbau und Inhalt wird auch bewertet, ob du die sprachlichen Anforderungen an eine Argumentation erfüllt hast (**Sprachangemessenheit**). Besonders wichtig sind sachliche, knappe Formulierungen sowie ein treffender Wortschatz. Nutze den Text, um passende themenbezogene Ausdrücke zu finden. Achte auf logische Satzverknüpfungen (vor allem kausal: „deshalb", „daher", „weil/da" etc.) sowie einen abwechslungsreichen Satzbau und vermeide Wiederholungen. Auch Rechtschreibung, Grammatik (ganze Fehler) und Zeichensetzung (halbe Fehler) fließen mit bis zu vier Punkten in die Bewertung ein (**Sprachrichtigkeit**).*

Nachteile	Vorteile
Unterrichtszeit/Schulstoff wird versäumt	Andere Menschen/andere Orte kennenlernen
Einschränkungen bei der Freizeitgestaltung/beim Ausüben eines Hobbys	Einblick in politische Abläufe und Strukturen erhalten
Psychische Belastungen durch Anfeindungen im Netz und auf der Straße	Einfluss nehmen auf die politische Entwicklung/auf die eigene Zukunft

Auf die Straße statt in die Schule – Sollen junge Leute sich politisch engagieren?

Überschrift

Weltweit schließen sich immer mehr Schülerinnen und Schüler der jungen schwedischen Aktivistin Greta Thunberg an, die zum Kampf gegen die Klimaerwärmung aufgerufen hat. Jeden Freitag finden in verschiedenen Städten Demonstrationen und Mahnwachen statt, bei denen junge Menschen mit fantasievollen Aktionen für eine klimafreundliche Politik demonstrieren. Doch welche Vor- und Nachteile hat es, sich als junge Aktivistin oder junger Aktivist für politische Ziele einzusetzen?

Einleitung

aktuelle Diskussion über die „Fridays for Future"-Bewegung

Überleitung zum Thema: Aufgreifen der Fragestellung

Wenn sich Jugendliche an Demonstrationen während der Schulzeit beteiligen, versäumen sie Unterrichtsstoff, den sie nur schwer wieder nachholen können. Es gibt Schüler*innen, die jeden Freitag zu einer anderen der verschiedenen Protestveranstaltungen reisen, die deutschlandweit in mehreren Städten stattfinden. Manche sind zusätzlich in Ortsgruppen aktiv, in denen sie Veranstaltungen vorbereiten, Petitionen entwerfen oder z. B. Protestschreiben und Flyer verfassen. Auf diese Weise fehlt ihnen noch mehr Zeit für die Schule. Das kann am Ende zu schlechten Abschlussprüfungen führen und sich nachteilig auf ihr weiteres Leben auswirken, denn bei Bewerbungen zählen gute Zeugnisse.

Hauptteil
Nachteile des politischen Engagements:

1. Argument: Fehlstunden in der Schule, versäumter Unterrichtsstoff

Ein weiterer Nachteil, den das Leben als Aktivistin oder Aktivist mit sich bringt, sind die Einschränkungen bei der persönlichen Freizeitgestaltung. Der Einsatz für politische Ziele bestimmt bei manchen Jugendlichen das komplette Leben. Mein langjähriger Fußballfreund aus der Parallelklasse hat für den Klimakampf sogar seinen Sport aufgegeben, obwohl er sich bereits für die Jugendauswahl qualifiziert hatte. Er fand keine Zeit mehr für das regelmäßige Training. Auch an spontanen Treffen oder Unternehmungen am Wochenende nimmt er kaum noch teil, weil er auf eine Klimakonferenz muss oder einfach zu müde von der letzten Demo ist.

2. Argument: politisches Engagement schränkt die Möglichkeiten der Freizeitgestaltung und die Zeit für Hobbys ein

Der dritte Grund, sich bei politischen Aktionen eher zurückzuhalten, ist der raue Umgang mit den jungen Aktivistinnen und Aktivisten. Vielen Menschen sind die öffentlichen Aktionen und besonders die Freitagsdemos ein Dorn im Auge. Im

3. Argument: Hasskommentare im Netz und Beschimpfungen auf der Straße

Netz und auf der Straße sind die Aktivistinnen und Aktivisten gezielten Anfeindungen ausgesetzt und werden kritisiert, beleidigt und auch persönlich diffamiert. „Schulschwänzer" gehört noch zu den harmlosen Beschimpfungen, die sie sich anhören müssen. Auf Dauer können Pöbeleien und Hasskommentare, denen man vor allem im Netz hilflos ausgesetzt ist, zu psychischen Belastungen führen. Eine Freundin meiner Mutter hat erzählt, dass ihre Tochter nicht mehr gut schlafen kann, seit sie auf Instagram zu einer Klimademo aufgerufen hat und daraufhin mit bösartigen Kommentaren überzogen wurde.

daraus folgende psychische Belastungen

Trotz dieser Einwände spricht auch viel für das Engagement junger Leute für politische Ziele.

Überleitung zu den Vorteilen

Wer häufig an Demonstrationen in verschiedenen Städten teilnimmt, erweitert seinen Horizont. Man kommt ständig in Kontakt mit Gleichgesinnten, knüpft Freundschaften und bekommt Ideen für neue Aktionen. Zusätzlich lernt man Städte kennen, die man sonst nicht besucht hätte. Wenn ich mich mit meinem Fußballfreund montags in der Pause treffe, hat er immer spannende und lustige Erlebnisse von seinem Demo-Wochenende zu erzählen. Inzwischen hat er auch zahlreiche Städte innerhalb und sogar außerhalb Deutschlands bereist, die ich höchstens vom Namen her kenne.

1. Argument: Man lernt viele Gleichgesinnte kennen / reist an viele Orte.

Ein weiteres Argument für politisches Engagement ist die damit verbundene Möglichkeit, Einblicke in politische Strukturen und Abläufe zu erhalten. Es genügt nicht, auf die Straße zu gehen und Forderungen zu stellen. Wer sich für ein bestimmtes Ziel, z. B. die Bekämpfung der Klimakrise, einsetzen will, muss sich mit den thematischen Grundlagen und Zusammenhängen vertraut machen. Man muss Zahlen, Daten und Fakten kennen, um in Diskussionen überzeugen zu können. Auch lernt man, welche Entscheidungsträger in der Politik für das eigene Anliegen zuständig sind und wie man sie ansprechen bzw. erreichen kann. Seit mein Fußballfreund aktiv in der Klimabewegung mitarbeitet und sogar schon als Delegierter an einer Klimakonferenz teilgenommen hat, kann im Wahlpflichtkurs „Politik und Wirtschaft" keiner mehr mit

2. Argument: Einblicke in politische Abläufe und Strukturen

ihm mithalten. Sogar unsere Lehrerin muss vor seiner ausgefeilten Argumentation regelmäßig kapitulieren.

Der wichtigste Grund, sich schon als junger Mensch politisch zu engagieren und mit Aktivitäten öffentliche Aufmerksamkeit zu erregen, ist der Einsatz für die eigene Zukunft. Ob es um Klima, Energie, Umwelt oder Armutsbekämpfung geht, im Mittelpunkt stehen immer die Ressourcen der jungen und der folgenden Generationen. Jugendliche, die auf die Straße gehen und Forderungen stellen, handeln also in ihrem eigenen Interesse und wollen sich zudem nicht in einigen Jahren vorwerfen lassen, z. B. nichts gegen die Erderwärmung getan zu haben. Mit ihrem aktiven Einsatz haben junge Menschen die Möglichkeit, Einfluss auf die politische Entwicklung zu nehmen und Veränderungen zu bewirken.

3. Argument: Einflussnahme auf die politische Entwicklung / aktive Mitgestaltung der eigenen Zukunft

Abschließend bin ich der Meinung, dass junge Menschen sich aktiv politisch betätigen und z. B. Protestbewegungen unterstützen sollten, weil sie damit Verantwortung für die Gestaltung ihrer eigenen Zukunft übernehmen.

Schluss
Fazit / eigene Meinung: Vorteile überwiegen, v. a. die Mitgestaltung der eigenen Zukunft

II.B: Sprachliche Richtigkeit

1. *Hinweis: Für jeden richtig korrigierten Fehler gibt es einen halben Punkt. Wenn du mehr als zwölf Fehler im Text markierst und korrigierst, gehen nur die ersten zwölf in die Wertung ein. Für fehlerhafte Korrekturen gibt es keinen Punkt.*

Gemessen an ihrer Körpergröße haben Vögel zwar ein ~~verhältnismäsig~~ **verhältnismäßig**[1] großes Gehirn, mehr als fünf bis zwanzig Gramm bringt so ein Vogelhirn aber nicht auf die ~~Wage~~ **Waage**[2]. Trotzdem sind einige Arten wie Raben, Tauben, Eulen oder Elstern erstaunlich schlau. Sie benutzen Werkzeuge, spielen nach ~~endsprechendem~~ **entsprechendem**[3] Training Memory, planen in die Zukunft, können sich in andere ~~hineinversezen~~ **hineinversetzen**[4], Zusammenhänge erkennen und angemessene Schlussfolgerungen ziehen. Mehr noch: Raben erkennen sich selbst im Spiegel, Tauben sind in der Lage, die englische Rechtschreibung bis zum Niveau eines ~~Sechsjährigen~~ **sechsjährigen**[5] Kindes zu erlernen, und sie können zwischen einem Kunstwerk von Picasso und Monet unterscheiden, wie Experimente bewiesen haben. Diese Vögel sind damit ~~ofenkundig~~ **offenkundig**[6] genauso klug wie Schimpansen und Menschenaffen. Dabei erscheint das Gehirn der Vögel auf den ersten Blick sehr wenig organisiert. Den Tieren fehlt auch die für Säugetiere typische und in Falten gelegte Großhirnrinde**, (fehlendes Komma)**[7] in der das Denken und die Kreativität ~~angesidelt~~ **angesiedelt**[8] sind. Deshalb hält sich ~~seid~~ **seit**[9] 150 Jahren die Ansicht**, (fehlendes Komma)**[10] dass ein Vogelhirn lediglich aus Klumpen grauer Zellen besteht. Das ~~Schimfwort~~ **Schimpfwort**[11] „Spatzenhirn" ist vermutlich Ausdruck dieser historischen Geringschätzung. Dennoch ist das sensorische Hirnareal von Tauben und Eulen der Großhirnrinde von Säugetieren verblüffend ähnlich. Die Arbeiten von Tübinger Forschern werfen die Frage nach dem Ursprung des Bewusstseins auf. Nach ~~denn~~ **den**[12] aktuellen Befunden könnte diese Hirnfunktion älter und unter den Lebewesen weiter verbreitet sein als bisher angenommen.

Nach: Hildegard Kaulen: Krähen verfügen über eine Art von Bewusstsein, FAZ.net vom 02. 10. 2020, https://www.faz.net/aktuell/wissen/leben-gene/studie-aus-tuebingen-kraehen-haben-ein-bewusstsein-16976403.html © Alle Rechte vorbehalten. Frankfurter Allgemeine Zeitung GmbH, Frankfurt. Zur Verfügung gestellt vom Frankfurter Allgemeine Archiv.

*Hinweis: **1**) Der Wortteil „-mäßig" lässt sich ableiten von dem Nomen „das Maß"; langer Vokal **a** bzw. **ä**, deshalb wird hier das scharfe ß verwendet. **2**) Das Messgerät zur Bestimmung von Gewichten wird aus historischen Gründen mit -**aa**- geschrieben. Weder lässt sich ein Zusammenhang mit den Verben „wiegen" oder „abwägen" herstellen noch die Schreibweise beim Sprechen heraushören – eine der vielen Unwägbarkeiten in der deutschen Rechtschreibung. **3**) **ent**sprechend – Zusammensetzung aus der Vorsilbe „ent-" und dem Verb „sprechen"; gleichbedeutend mit „vergleichbar sein". Hingegen wird die Vorsilbe „end-" oder „End-" nur verwendet, wenn sinngemäß etwas „zu Ende" ist (endlich, endgültig, Endhaltestelle). **4**) Nach einem **kurzen Vokal** steht **tz** (setzen, Sitz, Schatz); das einfache **z** wird nach langen Vokalen, Doppelvokalen (siezen, reizen, Schnauze) oder nach Konsonanten verwendet (tanzen, Herz). **5**) Die Altersangabe wird hier als **attributives Adjektiv** zum nachfolgenden Nomen verwendet und muss deshalb kleingeschrieben werden. **6**) Da das **o** ein **kurzer Vokal** ist, folgt ein Doppelkonsonant. **7**) Zwischen dem Hauptsatz und dem nachfolgenden Relativnebensatz steht ein Komma. Der **Relativnebensatz** ist erkennbar an dem Relativpronomen „der", ersetzbar mit „welcher". **8**) In der Regel wird das **ie** verwendet, wenn der i-Laut am Ende einer Silbe steht, wie auch in diesem Fall. Bei einsilbigen Wörtern hilft man sich, indem man die Wörter verlängert (Kind, Kin-der). **9**) Vorsicht Falle! Beide Schreibweisen existieren, es handelt sich jedoch um verschiedene Wortarten: Die Präposition „seit" wird wie in diesem Text nur in Verbindung mit Zeitangaben verwendet. „Seid" hingegen ist die 2. Person Plural des Hilfsverbs „sein": „Ihr **seid** wirklich eine tolle Klasse!" **10**) Zwischen dem Hauptsatz und dem Nebensatz, erkennbar an der Konjunktion „**dass**", steht ein Komma. **11**) Die Schreibung „schimpfen" mit der Buchstabenkombination **pf** in der Mitte wird erst beim artikulierten Aussprechen deutlich. Eine spezielle Regelung oder Erklärung gibt es nicht. **12**) „**Den**" steht hier als bestimmter Artikel zum Nomen „Befunden". Der Vokal wird lang gesprochen. Bei der Konjunktion „denn" hingegen ist der Vokal kurz: „Ich habe keine Angst vor der Prüfung, **denn** ich habe mich gut vorbereitet."*

2.   *Hinweis: Damit deine Lösung gewertet wird, darfst du nicht mehr als vier Wörter markieren.*

a) Das Singen an einem Karaokeabend ist nichts ⟨neues⟩ und nicht jedermanns Geschmack.

*Hinweis: Mengenangaben wie „nichts" haben die gleiche Funktion wie Artikel, das heißt, sie wandeln das zugehörige Adjektiv in ein Nomen um. („Ich habe **viel Schlimmes** gehört.", „Wir haben **etwas Schönes** erlebt.")*

d) Im anschließenden Wettbewerb hat jedoch keiner $\boxed{\text{angst}}$ vor einer Niederlage.

*Hinweis: Wie andere Gefühle auch, z. B. Freude, Trauer etc., ist Angst ein abstraktes Nomen und muss deshalb großgeschrieben werden. Dass „Angst" hier als Nomen verwendet wird, lässt sich auch daran erkennen, dass man ein Begleitwort voranstellen kann („hat jedoch keiner **große** Angst"). Nur selten wird „angst" adjektivisch verwendet und kleingeschrieben („ihm wurde **angst und bange**").*

f) Unsere Regeln besagen, dass es nicht $\boxed{\text{Rechtens}}$ ist, nur die Melodie zu summen.

Hinweis: Das Wort „rechtens" bedeutet so viel wie „rechtmäßig". Es wird hier wie ein Adjektiv verwendet und bildet zusammen mit „ist" das Prädikat des Satzes. Daher musst du es kleingeschrieben.

i) Der Abend ist begleitet von gutem Essen und die Sieger stehen erst $\boxed{\text{Nachts}}$ fest.

*Hinweis: Tageszeiten werden dann kleingeschrieben, wenn sie wie hier als Adverb gebraucht werden. („Sie feierten in der **Nacht**."/„Sie feierten **nachts**.")*

3. *Hinweis: Für einen Punkt musst du sowohl die Schreibweise als auch die Bezeichnung der Wortart richtig eintragen. Es gibt keine halben Punkte.*

Man nimmt heute an, **dass (K)**[1] die ersten Origami-Figuren aus dem alten China stammten und dort im ersten oder zweiten Jahrhundert unserer Zeitrechnung erstmals entstanden. **Das (A)**[2] Papier stellten die Chinesen rund 200 Jahre zuvor zum ersten Mal her. Jahrhunderte später erreichte dieses Wissen um diese Kunst auch Japan, **das (R)**[3] sich damals in der „Heian-Zeit" (794 bis 1185) befand. Auch in Ägypten und Mesopotamien geschah **das (D)**[4] unabhängig hiervon. **Dass (K)**[5] die Japaner erst im 19. Jahrhundert dem Papierfalten den Namen „Origami" gaben, ist interessant.

Nach: Felicia Chacón Díaz und Björn Pawlak: „Origami" – Alte Kunst aus China und Japan – Aus gefaltetem Papier entstehen Figuren, HellesKöpfchen.de vom 17. 05. 2012, https://www.helles-koepfchen.de/artikel/2962.html

4. *Hinweis: Für jeden richtig umgeformten Haupt- oder Nebensatz gibt es einen Punkt. Dabei muss die Zeitform des Ursprungssatzes beibehalten werden. Ist das Tempus falsch oder fehlen Satzglieder, gibt es für den jeweiligen Satz keinen Punkt. Fehler in der Rechtschreibung und Zeichensetzung kosten pro Satz einen halben Punkt.*

Aktiv	Passiv
Nachdem man die Pfanne auf den Herd gestellt hat, schaltet man die Herdplatte an.	**Nachdem die Pfanne auf den Herd gestellt worden ist, wird die Herdplatte angeschaltet.**
Nun erhitzt man einen Esslöffel Öl.	Nun wird ein Esslöffel Öl erhitzt.
Man gibt ein aufgeschlagenes Ei in die Pfanne.	**Ein aufgeschlagenes Ei wird in die Pfanne gegeben.**
Das gebratene Spiegelei würzt man mit Salz und Pfeffer.	Das gebratene Spiegelei wird mit Salz und Pfeffer gewürzt.

Hinweis: Kochrezepte sind ein typisches Beispiel für die Verwendung von Passivformen. Da sie eine allgemeine Anleitung darstellen, gibt es auch keine handelnde Person. Will man einen Passiv- in einen Aktivsatz umformen, wird jedoch ein „Täter" benötigt und das allgemeine „man" als Subjekt eingefügt. Das Subjekt im Passivsatz bildet sich aus dem Akkusativ-Objekt des Aktivsatzes („die Pfanne", „ein aufgeschlagenes Ei") und das „man" aus dem Aktivsatz verschwindet. Das Verb im Passiv benötigt eine konjugierte Form des Hilfsverbs „werden" („gestellt worden ist", „wird angeschaltet", „wird gegeben"), achte dabei besonders auf die korrekte Zeitform.

Englisch

A Listening Comprehension

Hinweis: Der Hörverstensteil der Abschlussprüfung 2020 besteht aus drei Teilen. Alle Texte werden zweimal vorgespielt. Du kannst während des Abspielens jederzeit mit deinen Eintragungen beginnen. Im ersten Teil hörst du zwei Nachrichten, der zweite Teil ist eine Umfrage und der dritte Teil ist ein Interview.

Part One

Hinweis: Du hast am Anfang 20 Sekunden Zeit, dir die Aussagen zu „News Item 1" durchzulesen. Während des ersten Hörens kannst du mit Bleistift mögliche Antworten ankreuzen, deine endgültigen Antworten musst du dann aber mit Füller oder Kugelschreiber festhalten. Für jede richtige Antwort erhältst du einen Punkt. Wenn du bei einer Teilaufgabe mehrere Antworten ankreuzt, erhältst du keinen Punkt.
Im ersten „News Item" geht es um eine Zwölfjährige mit dem Spitznamen „Rapunzel", den sie wegen ihrer sehr langen Haare hat. Du musst beantworten, wie lang ihr Haar ist (a), wie sie im Alltag mit ihren Haaren umgeht (b), wie ihre Familie auf die Situation reagiert (c) und warum „Rapunzel" nicht schwimmen gehen kann (d).
Vor „News Item 2" hast du noch einmal 20 Sekunden Zeit, die Aufgaben zu lesen. Es geht um einen als Big Ben verkleideten Läufer. Du musst herausfinden, was die Rekordzeit eines als Wahrzeichen verkleideten Läufers ist (a), warum Lukas Bates den Marathon nicht beenden konnte (b), was am Ende geschah (c) und wo der Weltrekord des schnellsten als Wahrzeichen verkleideten Marathonläufers aufgestellt wurde (d).

News Item 1

a) Natasha's hair is
- [ ] longer than she is.
- [✓] shorter than she is.
- [ ] the same length as she is.

Hinweis: "she is just two centimetres taller than the length of her beautiful, thick brown hair." (Z. 6–8)

b) Natasha
- [ ] washes her hair every day.
- [ ] brushes her hair for one and a half hours every week.
- [✓] has to hold her hair when walking.

Hinweis: "She has to carry it when she walks" (Z. 10/11)

c) Her family
- [ ] call her Rapunzel.
- [ ] love her hair.
- [✓] suffer because of her hair.

Hinweis: "*Natasha's family cannot switch on the fan because her hair gets caught in it. The heat in the house is a real problem for them all.*" *(Z. 12–15)*

d) Natasha can't go swimming because
- [ ] her hair gets in the way.
- [✓] the saltwater ruins her hair.
- [ ] it takes hours to dry her hair.

Hinweis: "*because the seawater damages her hair*" *(Z. 20/21)*

News Item 2

a) The fastest time for a runner dressed as a landmark is
- [ ] 3 hours 54 minutes.
- [✓] 3 hours 34 minutes.
- [ ] 2 hours 59 minutes.

Hinweis: "*The current record stands at three hours and 34 minutes.*" *(Z. 6/7)*

b) Marathon runner Lukas Bates could not finish the race because
- [✓] of his costume.
- [ ] of Big Ben.
- [ ] of a volunteer.

Hinweis: "*the 30-year-old was unable to fit under the race clock at the finishing line because the top of his Big Ben costume was too tall.*" *(Z. 9–12)*

c) In the end, Lukas
- [ ] ran across the finishing line.
- [ ] was helped by a race volunteer.
- [✓] crawled over the line.

Hinweis: "*Lukas finally crossed over the line on his hands and knees.*" *(Z. 14/15)*

d) The world record for the fastest marathon time dressed as a landmark was set in
- [✓] Berlin.
- [ ] Lübeck.
- [ ] London.

Hinweis: "*The record for the fastest marathon time dressed as a landmark, […] was set by Richard Mietz at the Berlin Marathon*" *(Z. 18–21)*

Part Two

Hinweis: Teil 2 ist eine Umfrage, in der ein Reporter sieben Personen zum Thema „Insekten essen" befragt. Die Aussagen sind in Sprechblasen vorgegeben und du musst sie den richtigen Personen zuordnen. Für jede richtige Zuordnung bekommst du einen Punkt. Beachte, dass es sieben Personen, aber acht Aussagen gibt, eine Aussage bleibt also übrig.

Zum Lesen der Aussagen hast du 40 Sekunden Zeit. Unterstreiche Schlüsselwörter in den Sprechblasen, auf die du dich während des Zuhörens konzentrieren kannst.

Julie	David	Mia	Archie	Katy	Dora	Jenna
C	H	F	E	B	A	D

Hinweise:

zu Julie: "Insects are a regular part of the diet in many countries in Central and South America, Africa and Asia." (Z. 11–14)

zu David: "insects are really good for you. For example, a 100-gramme portion of red ants contains about 14 grammes of protein as well as a lot of iron. Many other insects are a great source of nutrients as well." (Z. 20–24)

zu Mia: "Farming insects [...] produces between 10 and 80 times less methane gas than farming other animals." (Z. 29–31)

zu Archie: "Many insects feed on rotting food, dead animals and human waste, which is full of bacteria, and unfortunately, many insect farms in Asia don't follow high hygienic standards and this results in illness." (Z. 37–41)

zu Katy: "Did you know that insect farms are not as difficult to operate as cattle farms?" (Z. 42–44)

zu Dora: "A kilogramme of feed given to a cricket will produce twelve times more protein than the same amount given to cattle" (Z. 54–57)

zu Jenna: "we actually already eat more insects than you think." (Z. 62/63)

Part Three

Hinweis: Hier hörst du ein Interview mit dem Schwimmer Ross Edgley, der als erste Person rund um Großbritannien geschwommen ist.

Lies die Aufgabenstellung genau durch und ergänze die gesuchten Informationen in der Tabelle. Du sollst jeweils nur eine Information angeben; machst du mehrere Angaben und ist eine davon falsch, erhältst du keinen Punkt. Pro Tabellenfeld kannst du einen Punkt erreichen. Bei sprachlichen Fehlern werden dir keine Punkte abgezogen, solange der Inhalt verständlich und korrekt ist. Stichpunkte reichen aus, Zahlen musst du nicht ausschreiben.

(1) how far Ross swam	2,885 km / 2,885 kilometres / around the coast of Great Britain
(2) one of Ross' other world records	• longest rope climb • climbing 8,800 metres up a rope • running a marathon pulling a (small) car
(3) when Ross started his swim	1st June
(4) one reason why the swim took longer	• (The) weather was unpredictable. • (There were) high waves / strong currents. • (The) cold slowed him down.
(5) swimming routine	(He) swam for six hours and slept six hours.
(6) where Ross slept	on the (support) boat
(7) one difficulty Ross experienced	• jellyfish stings • (open) wounds • (He) damaged (the muscles in) his shoulder.
(8) what food he ate to get energy (one detail)	• pizza • pasta • rice pudding • bananas
(9) how he felt when he arrived back in Margate	(He was really) emotional. / (He) started to cry. / (He felt) relieved.
(10) current plans (one detail)	(He wants to) • stay warm and dry. • learn to use his feet again for walking. • adapt to normal life (again). • wait for the next adventure.

/ *Hinweise:*

zu 1: "Ross, you swam 2,885 kilometres around the coast of Great Britain." (Z. 6/7)

zu 2: "You have two other world records. You hold the record for the longest rope climb. You climbed 8,800 metres in 19 hours. You have run a marathon pulling a small car." (Z. 12–15)

zu 3: "I left Margate [...] on the 1st of June" (Z. 23/24) *zu 4:* "the weather was unpredictable." (Z. 28)/"There were days when the waves were really high." (Z. 28/29)/"There were strong currents" (Z. 30)/"the cold slowed me down" (Z. 31)

<u>Beachte:</u> *Für die Antworten "weather" oder "cold" oder "water" wird kein Punkt vergeben. Deine Antwort muss immer ein Nomen und ein dazugehöriges Merkmal enthalten, z. B. "bad weather" oder "cold water".*

zu 5: "I swam for six hours and then slept for six hours." (Z. 33/34)

zu 6: "I slept on the support boat." (Z. 40/41)

zu 7: "I was stung 37 times by jellyfish." (Z. 47/48)/"I also had open wounds on my body" (Z. 48)/"I damaged the muscles in my shoulder." (Z. 49/50)

zu 8: "Pizza, pasta, rice pudding […] bananas" (Z. 55)

<u>Beachte:</u> *Für die Antworten "proteins" oder "energy drinks" werden keine Punkte vergeben, da nach konkreten Nahrungsmitteln gefragt ist.*

zu 9: "I was really emotional." (Z. 60); "I had to put my goggles back on because I was starting to cry." (Z. 63–65)

zu 10: "I just want to stay warm and dry" (Z. 68)/"I have to learn to use my feet again for walking." (Z. 69/70)/"I […] just need to adapt to normal life again." (Z. 70/71)

<u>Beachte:</u> *Für die alleinigen Antworten "learn walking" oder "enjoy the moment" werden keine Punkte vergeben.*

B Reading Comprehension

1. Influence of social media on teens

✎ Hinweis: Hier musst du die Überschriften (A–G) den Abschnitten eines Textes (1–5) zuordnen. Es gibt sieben Überschriften, aber nur fünf Textabschnitte, zwei Überschriften bleiben also übrig. Für jede richtige Zuordnung bekommst du einen Punkt. Lies die Textabschnitte durch und suche nach Schlüsselwörtern, die du in den Überschriften wiederfindest. Vielleicht findest du auch Synonyme oder Umschreibungen wieder. Achte bei der Zuordnung darauf, dass die Überschrift alle Aspekte des Textabschnittes berücksichtigt.

part of the text	❶	❷	❸	❹	❺
heading	F	A	G	D	E

✎ Hinweise:

zu 1: Im ersten Textabschnitt wird die wachsende Sorge vieler Eltern beschrieben, dass Social-Media-Seiten wie Instagram und Facebook schlecht für ihre Kinder sein könnten.

E 2020-5

zu 2: Hier geht es um Studien zu den Auswirkungen sozialer Medien auf junge Menschen. Die Studienergebnisse zeigen, dass die Nutzung sozialer Medien sowohl negative Folgen haben kann als auch positive, sie sind also „mixed" und stehen im Widerspruch zueinander.

zu 3: Textabschnitt 3 verweist auf die negativen Folgen des Social-Media-Gebrauchs: Jugendliche, die sehr häufig soziale Netzwerke nutzen, neigen zu Depressionen und Stimmungsschwankungen.

zu 4: Textabschnitt 4 zeigt auf, dass vor allem junge Frauen sich mit digital bearbeiteten Bildern in sozialen Netzwerken vergleichen und sich dadurch oft hässlich oder dick fühlen. Dies kann zu Essstörungen führen.

zu 5: Hier wird erklärt, dass von den Jugendlichen, die sehr viele Videospiele machen, diejeinigen seltener psychische Probleme bekommen, die über soziale Netzwerke Freundschaften pflegen.

2. Why Scotland loves haggis

✎ **Hinweis:** Bei dieser Multiple-Choice-Aufgabe musst du die vorgegebenen Satzanfänge vervollständigen. Es ist immer nur eine Antwort richtig. Die Aufgaben sind in der Regel chronologisch angeordnet, d. h. die Antwort zur ersten Aufgabe findest du zu Beginn des Textes, die zur nächsten etwas weiter unten im Text usw. Lies dir den Text einmal komplett durch, bevor du mit dem Beantworten der Fragen beginnst. Wenn du beim ersten Lesen nicht alles verstehst, lass dich nicht verunsichern. Wenn du dich intensiver mit den einzelnen Abschnitten beschäftigst, kannst du vieles aus dem Zusammenhang erschließen. Markiere zuerst Schlüsselwörter in dem Satz, den du vervollständigen musst, und dann in dazugehörigen Stellen im Text, die dir die Antwort verraten. So findest du die entsprechenden Textstellen schnell wieder, wenn du deine Lösungen am Ende noch einmal überprüfst.

a) In the past, especially poorer people needed to
- ☐ preserve their internal organs.
- ☐ salt and dry their haggis.
- ☐ eat their haggis at once.
- ☑ use almost all parts of an animal.

✎ **Hinweis:** *"In those days it was essential for poorer people to use as much of an animal as possible."* (Z. 1/2)

b) Haggis is cooked
- ☐ with whisky.
- ☐ in a balloon.
- ☑ gently.
- ☐ in a dish.

Hinweis: *"cooked slowly for two or three hours at a low temperature."*
(Z. 8/9)

c) Originally, haggis was eaten
- [✓] by travellers.
- [ ] by Robert Burns.
- [ ] out of tins.
- [ ] in restaurants.

Hinweis: *"In its early days, haggis served as a hearty meal for those on the move across Scotland" (Z. 12)*

d) Today, you can buy this traditional dish
- [ ] only on Burns Night.
- [ ] only in tins.
- [✓] at any time.
- [ ] only in fast-food shops.

Hinweis: *"haggis is still eaten year-round – you can even buy it in tins or from fast food shops." (Z. 16/17)*

e) Robert Burns was a Scottish
- [ ] whisky-maker.
- [ ] trader.
- [✓] writer.
- [ ] cook.

Hinweis: *"Scotland's national poet, Robert Burns" (Z. 19)*

f) Burns night was first celebrated
- [✓] five years after Burns had died.
- [ ] in 1759.
- [ ] on January 25th.
- [ ] on Robert Burns' birthday.

Hinweis: *"The first Burns Night was celebrated in 1801 [...] when a group of his friends came together [...] to celebrate his life and achievements on the fifth anniversary of the poet's death" (Z. 20–22)*

g) On Burns Night, haggis is normally served with
- [ ] soup.
- [✓] vegetables.
- [ ] meat.
- [ ] oats.

Hinweis: *"It is traditionally served with 'neeps and tatties' – turnip and potato" (Z. 26)*

h) Cooks sometimes pour whisky
- [ ] into the soup.
- [✓] into the sauce.
- [ ] over the haggis.
- [ ] onto the plates.

Hinweis: "Cooks can make a whisky-based sauce to serve with the haggis" (Z. 29/30)

i) Burns Night traditionally starts with
- [✓] Scottish music.
- [ ] Scottish history.
- [ ] a glass of whisky.
- [ ] a reading of the recipe.

Hinweis: "The feast tradtionally begins with a bagpiper playing while haggis is carried to the table." (Z. 34/35)

k) "Auld Lang Syne" is usually sung
- [ ] at the beginning of the evening.
- [✓] at the end of the evening.
- [ ] when the haggis arrives.
- [ ] before reading a poem.

Hinweis: "The host closes the evening by inviting guests to stand and sing 'Auld Lang Syne'". (Z. 36)

3. Take your seats, everyone

Hinweis: Ganz am Anfang solltest du den Romanauszug einmal komplett durchlesen, damit du weißt, wovon er handelt. Danach liest du am besten die Fragen, damit du beim zweiten Lesen des Textes die Stellen, die die Antworten verraten, markieren kannst. Du musst nicht in vollständigen Sätzen antworten. Für sprachliche Fehler werden dir keine Punkte angezogen, sofern deine Antwort verständlich und inhaltlich richtig ist.

a) – huge
– sparkly chandeliers
– red velvet walls
– rows of cushioned seats
– giant stage
– wide aisle

Hinweis: "The auditorium was huge inside. Big sparkly chandeliers. Red velvet walls. Rows and rows and rows of cushioned seats leading up to the giant stage. We walked down the wide aisle" (Z. 3–5)

b) (They are in) fifth grade.

Hinweis: *"We walked down the wide aisle and followed the signs to the fifth-grade staging area" (Z. 5/6)*

c) (They should sit) alphabetically.

Hinweis: *" 'you're sitting alphabetically.' " (Z. 8)*

d) He tells her that she looks awesome.

Hinweis: *" 'Wow, Summer, you look awesome' " (Z. 13).*

<u>Beachte:</u> *Für eine Antwort in falscher Perspektive, z. B. "<u>I</u> tell <u>her</u>", wird kein Punkt vergeben.*

e) Because of the program./Summer's mom dozed off last year./Mr. Jansen's speeches always go on forever/Because of Mr. Jansen's speech.

Hinweis: *" 'Oh man, look at this program' […] 'We're going to be here all freakin' day.' " (Z. 17/18)/" 'Because Mr. Jansen's speeches go on forever' " (Z. 19)./" 'My mom said she actually dozed off when he spoke last year' " (Z. 21)*

f) She is annoyed that nobody is listening./The students don't sit down./The students forget that they are sitting in alphabetical order./They have a lot to get through.

Hinweis: *"Ms. Rubin started yelling louder now, like she was getting annoyed that nobody was listening. 'We have a lot to get through, so take your seats. Don't forget that you're sitting in alphabetical order!' " (Z. 25–27)*

g) He looks at Ms. Rubin blankly./He says, "I am?"/He looks confused./He looks like he has just played a joke on someone.

Hinweis: *"Jack looked at her blankly." (Z. 35)/"I am?' " (Z. 36)/"a mixture of looking completly confused and looking like he's just played a joke on someone" (Z. 36/37)*

h) He finds Summer very attractive and doesn't want to show it.

Hinweis: *Die Antwort auf diese Frage steht nicht direkt im Text. August ist, wie man in der Einleitung erfährt, ein einger Freund von Jack. Er bemerkt aber erst, dass Jack in Summer verliebt ist, als Jack zu Summer sagt, dass sie „okay" aussieht (vgl. Z. 14), obwohl sie richtig gut aussieht, wie August kurz zuvor sagt (vgl. Z. 13). Später gibt Jack das August gegenüber auch zu (vgl. Z. 31). Dass Jack sich nicht traut, offen zu sagen, wie hübsch er Summer findet, deutet darauf hin, dass er in sie verliebt ist, es ihr aber nicht zeigen möchte.*

<u>Beachte:</u> *Für die alleinige Antwort "He has a crush on her" wird kein Punkt vergeben. Aus deiner Antwort muss auch hervorgehen, dass Jack diesen „crush" für sich behalten möchte.*

i) (He means/is referring to) the very clever students/students who are very intelligent/the best students/students who get good marks.

C Use of Language

1. Mediation – The switched RV

Zwei Hauptanliegen:
– Der Vermieter teilt mit, dass das (gebuchte) (Standard-)Wohnmobil nicht zur Verfügung steht.
– Der Vermieter bietet als Ersatz ein kleineres/Compact Wohnmobil an./Der Vermieter bietet einen Ersatz/ein anderes Wohnmobil an.

Fünf weitere wichtige Informationen:
– Drei Personen können darin/im kleineren Wohnmobil schlafen./Es passen drei Passagiere in das (kleinere) Wohnmobil.
– (Der) Tisch lässt sich in (ein) Bett verwandeln.

- (Der) Raum über der Fahrerkabine lässt sich in (ein) Doppelbett verwandeln/zu einem Doppelbett ausziehen/umbauen.
- (Das kleinere) Wohnmobil (ist) nur 2,3 Meter breit.
- (Das kleinere) Wohnmobil (ist) besser für Wohnmobil-Anfänger geeignet.
- (Das) Fahren auf engen Straßen ist einfacher/sicherer.
- einfacheres Parken/Das Parken ist (mit dem kleineren Wohnmobil) einfacher.
- 300 Freimeilen
- Küchenutensilien (normalerweise $ 110) kostenlos./Man spart 110 Dollar.
- Du sollst schnell antworten, da die Wohnmobilvermietung viele Anfragen für diesen Zeitraum hat.
- Man kann bei der Vermietung anrufen oder eine E-Mail schreiben.
- *Hinweis: Die Antwort „300 freie Kilometer" statt „300 Freimeilen" ergibt keinen Punkt. Für „Küchen-Kit" statt „Küchenutensilien" wird kein Punkt vergeben.*

Hauptanliegen:
My uncle will accept the offer/book the Compact RV.

Vier weitere wichtige Informationen oder Fragen:
- My uncle is not happy about the smaller RV.
- How much work is it to prepare/make up the beds?
- My uncle is 1.95 metres tall – is the RV high enough for him to stand comfortably?
- Is the bathroom big enough for a tall person to shower comfortably?
- Does this RV use less gas?/Will the gas cost less?/What are the fuel costs?
- *Hinweis: Die Hauptaussage "My uncle has many questions about the RV" ergibt keinen Punkt.*

2. **Words and structures – Police museum[1]**

   Hinweis: Diese Aufgabe überprüft deine Kenntnisse in Wortschatz und Grammatik in Form eines Lückentextes. Lies den Text gut durch und wähle aus der Box das passende Wort für die jeweilige Lücke aus. Beachte, dass jedes Wort nur einmal verwendet werden darf und dass in der Box mehr Wörter stehen, als es im Text Lücken gibt. Du erhältst keinen Punkt, wenn du ein Wort falsch abschreibst oder es fälschlicherweise mit einem Großbuchstaben am Anfang schreibst.

   Police shows on TV are filled with high-speed car chases and crimes solved quickly – within a few (1) **minutes**. But that is not a typical day for a real-life police officer. At the new National Law Enforcement Museum in Washington, interactive (2) **displays** invite visitors to use their (3) **senses** of sight, hearing, touch and smell.

In that way, they can learn about the way police officers, detectives and forensic scientists do (4) **their** work.

Visitors can discover how footprints and DNA help solve crimes. They can also sit in a real police car that officers (5) **used** on the streets. There, the visitors can learn (6) **about** the meaning of different emergency light patterns and sirens.

Visitors will (7) **quickly** learn that crime-solving is a team effort, not only within one police department, but among many law enforcement agencies across the country. For example, six agencies worked together on a national park graffiti case. There is also a video of how dogs (8) **are trained** before they join the so-called K-9 units, where dogs are partners of police officers. Visitors learn which dogs are good for tracking the bad guys and which dogs are better (9) **at** sniffing out drugs.

Visitors (10) **who** are at least twelve years old can try the same training scenarios and equipment used in professional law enforcement classes. Short videos test the (11) **participants'** abilities to observe accurately and think quickly before reacting. The exercises give an understanding of what officers face on a daily basis. Because every community is different, the museum shows (12) **how** the needs and challenges of different communities are being addressed. There are programs to minimize problems and reduce (13) **crime**, while increasing trust between residents and police.

Ann Cameron Siegal: New museum lets visitors walk in the shoes of a police officer, *Washington Post* vom 28. 11. 2018, https://www.washingtonpost.com/lifestyle/kidspost/a-look-into-the-new-national-law-enforcement-museum/2018/11/27/f4928072-f1ae-11e8-aeea-b85fd44449f5_story.html (adaptiert), From The Washington Post. © 2018 The Washington Post. All rights reserved. Used under license.

1 Der Originaltext des Artikels aus der *Washington Post* lautet:

Police shows on TV are filled with high-speed car chases and crimes solved in a matter of minutes. But that's not a typical day for a real-life police officer. To get a more accurate picture, head to the new National Law Enforcement Museum in Washington. Interactive exhibits there invite visitors to use their senses of sight, hearing, touch and smell in gathering information the way police, detectives and forensic scientists do.

Explore how footprints and DNA, or genetic material, help solve crimes. Sit in an actual police cruiser as you learn the meaning of different emergency light patterns and sirens.

"It's a walk-in-their-shoes experience," said Julie Bell, the museum's manager of school programs. Let's look at a few exhibits.

The Web of Law Enforcement: You'll quickly learn that crime- solving is a team effort, not only within one department, but among agencies across the country. The FBI, Secret Service, Coast Guard and Postal […] Inspection Service are just some of the law enforcement groups helping local police when needed. For example, six agencies worked together on a national park graffiti case.

K-9 units: See a video of how dogs are trained to join K-9 units. Test your ability to smell and identify various scents. Learn which breeds are better at tracking the bad guys while others are better at sniffing out drugs. Why are Chihuahuas better at some tasks than German shepherds?

The Training Simulator: Those age 12 and older can try the same training scenarios and equipment used in professional law enforcement classes in which police try to resolve difficult situations. Short videos, based on real police encounters, test participants' abilities to observe accurately and think quickly before reacting.

The exercises give an understanding of what officers face on a daily basis.

"Many kids first think it's like a video game," said Alan Davis, an educator and retired New York police officer. "They soon realize that real-life split-second decision-making isn't easy, and they freeze. For real police, there are no second chances." […]

Five Communities (current programs): Every community is different. Learn how the needs and challenges of five communities are being addressed. These communities' goals are to develop programs to minimize problems and reduce crime, while increasing trust between residents and police. What might work in your neighborhood? There's a place for visitors to share their thoughts.

As Luther Reynolds, police chief in Charleston, South Carolina, told the museum, "There is no department in this country that doesn't have the room to get better."

Hinweise:

zu 1: Hier fehlt ein Nomen im Plural. Die Formulierung within a few *(„innerhalb weniger") zeigt, dass hier nur* minutes *passt.*

zu 2: Auch in diese Lücke muss ein Nomen gesetzt werden, und weil kein Artikel dabei steht, muss es wieder im Plural stehen. Inhaltlich kann die Lücke nur mit dem Wort displays *(→ „interaktive* Darstellungen*") gefüllt werden.*

zu 3: Daraus, dass nach dem gesuchten Wort sight, hearing, touch and smell *(Sehen, Hören, Fühlen und Riechen) steht, kannst du schließen, dass es sich um die Sinne* (senses) *handelt.*

zu 4: In dieser Lücke fehlt ein passender Begleiter zum Nomen work. *Der einzige Begleiter im grauen Kasten – und damit die richtige Lösung – ist der Possessivbegleiter* their *(→ „*ihre *Arbeit").*

zu 5: Das Wort real *verrät dir, dass es sich um ein echtes (aber ausrangiertes) Polizeiauto handelt, das früher wirklich verwendet wurde. Daher kommt nur die Verbform* used *infrage.*

zu 6: Hier fehlt eine Präposition, und das Verb learn *wird normalerweise mit der Präposition* about *verwendet, wenn „etwas lernen" gemeint ist.*

zu 7: Dass ein Adverb verlangt wird, kannst du an der Wortstellung erkennen (ein Adjektiv würde vor dem Nomen stehen, z. B. quick visitors). *Das fehlende Adverb beschreibt das Verb* learn *näher. Da* quickly *„schnell, rasch" bedeutet, ist es hier passend.*

zu 8: Hier passt nur die Passivform are trained, *denn es wird ein Verb im Präsens benötigt, wie du an der folgenden Verbform* join *(ebenfalls Präsens) erkennen kannst.*

zu 9: Der Ausdruck to be good/bad/better *(„in etwas gut/schlecht/besser sein") wird im Englischen immer mit der Präposition* at *benutzt.*

zu 10: Die Besucher (visitors) *werden hier durch einen Relativsatz näher beschrieben. Außer* whose, *das besitzanzeigend ist und daher hier nicht passt, ist* who *das einzige Relativpronomen im grauen Kasten; da* who *bei Personen verwendet wird, ist es die richtige Lösung.*

zu 11: Es wird ein Nomen im Genitiv benötigt (wessen Fähigkeiten? → die Fähigkeiten der Teilnehmenden). Da das Wort participants' *die einzige Genitivform in der Box ist, ist es die richtige Lösung.*

Beachte: Die Lösungen participant's *und* participant *ergeben keinen Punkt.*

zu 12: *Das Adverb* how *ist inhaltlich das einzige Wort, das Sinn ergibt. Der Ausdruck* to show how *bedeutet „zeigen, wie".*

zu 13: *Hier kannst du mit dem Ausschlussverfahren viel erreichen: Da es sich um etwas handelt, das reduziert werden soll, muss es etwas Negatives sein. Außerdem brauchst du ein Nomen. Da* criminal *(„Verbrecher*in") nicht passt, kann hier nur* crime *stehen.*

D Text Production

🖊 *Hinweis: Im letzten Teil der Abschlussprüfung, der Textproduktion, hast du die Wahl zwischen zwei Aufgaben. Bei der Textproduktion kannst du 25 Punkte, also ein Viertel der Gesamtpunktzahl, erreichen. Du kannst entscheiden, ob du einen Text zu dem vorgegebenen Bild oder einen Text für einen Schreibwettbewerb zum Thema „Die Bedeutung des Reisens" schreiben möchtest.*
Bei beiden Themen solltest du ungefähr 150 Wörter schreiben und in deinem Text mindestens vier der fünf vorgegebenen Fragen bearbeiten.
Neben den Punkten für Inhalt (10 Punkte), Grammatik (5 Punkte) und Wortschatz (5 Punkte) gibt es weitere 5 Punkte für die Organisation deines Textes. Achte deshalb darauf, dass dein Text klar strukturiert ist, d. h., es muss ein „roter Faden" durch Einleitung, Hauptteil und Schluss zu erkennen sein. Dein Text sollte darüber hinaus durch Absätze strukturiert sein. Im Lösungsvorschlag stehen als Hilfe bei jedem Absatz am Rand kurze Stichpunkte zur Orientierung. Auch wenn du andere Formulierungen oder Argumente verwendet hast, kannst du so vergleichen, ob du die wichtigen Aspekte bedacht und deinen Text gut strukturiert hast.
Zähle die Wörter, wenn du mit dem Schreiben fertig bist. Wenn dein Text durchgehend sinnvoll ist und es zu keinen Wiederholungen kommt, darfst du auch mehr als 150 Wörter schreiben. Die Lösungsvorschläge sind bewusst etwas länger, damit du Anregungen für die inhaltliche Ausgestaltung und für gute Formulierungen erhältst.

What is the story behind the picture?

🖊 *Hinweis: Schau dir das Bild genau an und überlege, was die beiden Jungen wohl machen und wo sie sich befinden könnten. Deiner Kreativität sind keine Grenzen gesetzt, solange deine Gedanken nachvollziehbar sind und du vier der fünf vorgegebenen Punkte berücksichtigst.*

So many people say that teenagers are just living for their mobiles nowadays. As a teen, I am annoyed by that and do not think it is true. But my experience yesterday showed me that sometimes it can be true and now I understand better why many parents do not like it if their children use their smartphones so much.

Einleitung

In the afternoon I went shopping and while I was walking along the street, I saw two of my friends, Tim and Leo, sitting on the pavement. However, I felt sad because they did not see me, even though I was standing right next to them. They were lost on their mobiles and did not realize what was happening around them at all. They did not even speak to each other because they were only thinking about the games they were playing. Normally, at school, we are best friends and have lots of fun together.

Wer?
Wo?

Was machen die beiden?

Was denken die beiden?

After waiting for a moment, I called them and they recognized my voice and looked up at me. They were surprised, but then smiled at me and told me they were sorry for not seeing me. They got up and we went to the next ice-cream corner and enjoyed the sunny afternoon together.

Was passiert als Nächstes?

In the end, it was a great afternoon, but the three of us will try to pay more attention to the world around us and less to our mobile phones in the future.

Schluss

240 words

The importance of travelling

🖉 **Hinweis:** *Bei dem Schreibwettbewerb geht es um das Thema „Die Bedeutung des Reisens". Überlege dir, warum das Reisen für dich wichtig ist, und vergiss nicht, in deinem Text vier der fünf Fragen zu beantworten.*

Travelling is a very important part of my life. Like many families, my sister, my parents and I always spend two weeks in a foreign country during the summer holidays.

Einleitung

Normally we start planning in winter because we think it is important to have a good plan. That way, we can relax during the journey and forget all stress at home. Besides, I love having so much time to look forward to the journey.

Wichtige Aspekte beim Reisen

Last summer we visited Austria. You may think that sounds boring, but we had lots of fun. While travelling, all of us need lots of action. And there was a lot of action in Austria: we went hiking, cycling and swimming in clear lakes and rivers. But our biggest adventure was a guided mountain bike trail tour with a great view over the mountains. I had never imagined how beautiful the Alps really are.

Welche Länder?

Spannendstes Erlebnis

For me, travelling means having fun, relaxing and enjoying time with the family. Moreover, by travelling you can learn a lot about other countries, for example about the culture or the language.

Vorteile des Reisens

We have already been to Spain, Croatia and Denmark, for example. Next year, we would like to fly to New York. This has always been

Welche Länder / Orte?

E 2020-15

my parents' biggest dream. I am excited about it, too, and maybe I can even practise my English there.

Negative effects of travelling that I can think of are that you must spend lots of money and that it also pollutes the environment.

Nachteile des Reisens

However, I am convinced that travelling has more advantages than disadvantages and I would not want to miss it for the world.

Schluss

270 words

A Listening Comprehension

Hinweis: Der Hörverstehensteil der Abschlussprüfung 2021 besteht aus drei Teilen. Alle Texte werden zweimal vorgespielt. Du kannst während des Abspielens jederzeit mit deinen Eintragungen beginnen. Im ersten Teil hörst du zwei Nachrichten, der zweite Teil ist eine Umfrage und der dritte Teil ein Interview.

Part One

Hinweis: Lies dir zunächst die Aussagen zu „News Item 1" durch. Dafür hast du 20 Sekunden Zeit. Während des ersten Hörens kannst du bereits mit Bleistift mögliche Antworten ankreuzen. Denke aber daran, dass du deine endgültigen Antworten mit Füller oder Kugelschreiber festhältst. Für jede richtige Antwort bekommst du einen Punkt. Wenn du bei einer Teilaufgabe mehrere Antworten ankreuzt, bekommst du keinen Punkt.

Im ersten „News Item" geht es um das sogenannte „Pancake race" in Olney, Buckinghamshire, eine fast 600 Jahre alte Tradition, bei der Frauen mit einer Bratpfanne in der Hand um die Wette laufen. Deine Aufgabe ist es, zu erkennen, wann das Rennen stattfindet (a), warum das Rennen nach einer Pause während des Zweiten Weltkriegs wieder aufleben konnte (b), welche Voraussetzungen man erfüllen muss, um an dem Rennen teilnehmen zu können (c) und was die Strecke charakterisiert (d). Bevor du „News Item 2" hörst, hast du erneut 20 Sekunden Zeit, dir die Aufgaben durchzulesen. Es geht hier um den Kater Clyde, der sechs Jahre lang vermisst und nach so langer Zeit zu seiner Familie zurückgebracht wurde. Du musst erkennen, nach welchem Ereignis Clyde entlaufen ist (a), wann die Familie Clyde bekommen hat (b), wie der Kater sechs Jahre lang lebte (c) und woran die Besitzerin ihn nach all der Zeit sofort erkannte (d).

News Item 1

a) The pancake race takes place _____ Lent.
- [x] before
- [ ] during
- [ ] after

Hinweis: "The race, which takes place on the day before the beg. *n*ing of Lent" (Z. 3–5)

b) In 1948, the race was held again after the vicar
   - ☐ had cleaned all the cupboards.
   - ☑ had discovered some old photographs.
   - ☐ came running with a frying pan.

   Hinweis: "When he was cleaning out a cupboard, he came across some old photos [...] of women running with frying pans." (Z. 10–13)

c) To take part in the race, you must
   - ☐ carry a skirt.
   - ☐ be male and over 18.
   - ☑ wear something on your head.

   Hinweis: "Participants must wear a skirt, a <u>headscarf</u> and carry a frying pan." (Z. 19/20)

   Lass dich von der Antwortmöglichkeit „carry a skirt" nicht veunsichern: das bedeutet nicht „einen Rock anhaben", sondern „einen Rock tragen" im Sinne von „mit sich führen, dabei haben". „Einen Rock anhaben" heißt auf Englisch „to wear a skirt".

d) The race
   - ☑ finishes at the church.
   - ☐ is about 400 metres long.
   - ☐ is about 365 yards long.

   Hinweis: "The race is about 400 yards, or about 365 metres, from the market-place to the church door." (Z. 20–22)

News Item 2

a) Clyde went missing after his owners had moved
   - ☐ away from Bradford-on-Avon.
   - ☐ at Halloween.
   - ☑ to a new house.

   Hinweis: "Clyde escaped and disappeared days after his owners moved to a new home" (Z. 3/4)

b) Clyde originally came from a rescue centre
   - ☐ 6 years ago.
   - ☑ 15 years ago.
   - ☐ in 2013.

   Hinweis: "they had got Clyde [...] from a rescue centre 15 years ago." (Z. 12–14)

c) The black cat had been
   ☐ found inside an old people's home.
   ☐ fed by someone called George.
   ☑ looked after at an old people's home.

   Hinweis: "after having been seen hanging around outside an old people's home […] He was fed by staff and people called him George." (Z. 21–24)

d) The owner Mrs Sargeant said she saw it was Clyde because
   ☑ he has shiny eyes.
   ☐ he looks like his sister.
   ☐ he has a microchip.

   Hinweis: "Mrs Sargeant recognised him straight away by his bright eyes." (Z. 24–26)

Part Two

Hinweis: In Teil 2 hat eine Reporterin sieben Personen zum Thema Videospiele befragt. Die Aussagen der Befragten sind in Sprechblasen vorgegeben. Du musst die Aussagen den entsprechenden Personen zuordnen. Für jede richtige Zuordnung erhältst du einen Punkt. Beachte, dass am Ende eine Aussage übrig bleibt, weil acht Aussagen vorgegeben sind, aber nur sieben Personen befragt wurden.
Du hast zum Lesen der Aussagen 40 Sekunden Zeit. Unterstreiche Schlüsselwörter in den Sprechblasen, auf die du dich während des Zuhörens konzentrieren kannst.

Kieran	Helena	Nina	Jordan	Mrs Townsend	Annie	Macaulay
C	G	A	D	B	F	H

Hinweise:
zu Kieran: "I can forget about school stress or any other problems I might have" (Z. 11/12)
zu Helena: "I can analyse problems faster and make decisions more quickly." (Z. 20/21)
zu Nina: "they are the ones whose grades suffer" (Z. 24/25)/"they forget their homework or are half-dead in the lessons." (Z. 27–29)
zu Jordan: "It really has improved my knowledge of history." (Z. 34/35)
zu Mrs Townsend: "he's losing touch with his children." (Z. 42/43)/"His relationship to my sister has got worse too." (Z. 45/46)
zu Annie: "I think that this is the same skill that young people need to build career networks" (Z. 52–54)
zu Macaulay: "first person shooter games can increase aggressive behaviour." (Z. 58/59)

Part Three

Hinweis: Der dritte Teil ist ein Interview mit Sunny, einem Einwanderer aus Nigeria, der fast 21 Jahre lang nachts in Londoner Bussen geschlafen hat.

Lies dir die Anweisungen genau durch und ergänze die gesuchten Informationen. Wo nicht anders verlangt, sollst du jeweils nur eine Information pro Tabellenzeile angeben und kannst pro Tabellenzeile einen Punkt erreichen. Machst du mehrere Angaben und ist eine davon falsch, gibt es keinen Punkt. Sprachliche Fehler führen nicht zum Punktabzug, solange der Inhalt verständlich und korrekt ist. Stichpunkte reichen aus, Zahlen musst du nicht ausschreiben.

(1) Sunny's age	**55**
(2) year he came to Britain	**1998**
(3) why he had to leave Nigeria	• **(he had been a) (political) prisoner** • **(he had) campaigned for democracy** • **(he had been given the) death sentence** • **persecution/(he was) persecuted**
(4) why he spent the night on buses	• **buses (were) safer/warmer** • **centres (were often) overcrowded** • **he was homeless**
(5) best place to sleep on a double-decker bus	**downstairs/at the back**
(6) why it was difficult to sleep on a bus (two details)	• **constant movement/movement of the bus** • **(neon) lights** • **noisy travellers** • **humming/sound of (the) engine**
(7) why Sunny did not have the right to stay in the UK	**(he had) no proof that he had lived in the UK/there (for twenty years)./** **(there was) no record of him living there/anywhere (in the UK)**
(8) what a bus driver did to help	**(he) wrote a letter (of support)**
(9) how he feels today	**(he has been very) lucky**

Hinweise:

zu 1: "Sunny, a fifty-five-year-old" (Z. 1/2)

zu 2: "I came to Britain in 1998." (Z. 8)

zu 3: "I was a political prisoner because I had campaigned for democracy. I had been given the death sentence" (Z. 9–11)

zu 4: "the London night buses were safer and warmer than the streets and the centres were often overcrowded." (Z. 22–24)

zu 5: "the best place to sleep was downstairs at the back of the bus." (Z. 34–36)

zu 6: "It is still not easy to sleep, though – the constant movement of the bus, the neon lights, the noisy travellers and the humming sound of the engine all make sleeping quite difficult." (Z. 38–42)

zu 7: "I didn't have any proof that I had lived in the UK for over twenty years. There was no record of me living anywhere." (Z. 48–51)

zu 8: "I asked one of the friendliest bus drivers to write a letter of support for me" (Z. 53/54)

zu 9: "I have been very lucky." (Z. 62/63)

B Reading Comprehension

1. Banksy

✦ *Hinweis:* Du musst die Überschriften (A–G) den Abschnitten eines Textes (1–5) zuordnen. Es gibt sieben Überschriften, aber nur fünf Textabschnitte, deshalb bleiben zwei Überschriften übrig. Für jede richtige Zuordnung bekommst du einen Punkt.

Lies zunächst die Textabschnitte durch und suche nach Schlüsselwörtern, die du so oder in ähnlicher Weise (z. B. in Form von Synonymen) in den Überschriften wiederfindest. Achte bei der Zuordnung darauf, dass die Überschrift alle Aspekte des Textabschnittes berücksichtigt.

part of the text	❶	❷	❸	❹	❺
heading	E	F	G	A	C

✦ *Hinweise:*

zu 1: An den Formulierungen „political artist", „provocative work" und „criticism of society and its conditions" erkennst du, dass es hier um politische Botschaften geht. Dass Banksy ein anonymer Künstler ist und sich seine Werke in einer legalen Grauzone bewegen, wird zwar jeweils kurz erwähnt, es sind aber nicht die Hauptthemen dieses Abschnitts, daher passen die Überschriften A und B nicht.

zu 2: Der zweite Textabschnitt befasst sich mit Banksys Motiven, u. a. Affen und Ratten – letztere sind sein Lieblingsmotiv und der gesamte zweite Teil des Abschnitts beschäftigt sich damit.

zu 3: Der dritte Abschnitt handelt von Fälschungen (auf Englisch „forgeries") von 10 Pfund-Scheinen, die Banksy erstellt und in Umlauf gebracht hat.

zu 4: Hier geht es um Banksys wachsenden Erfolg („success") und Reichtum. Banksy bereut nicht seine Werke, sondern nur die Tatsache, dass diese finanziell so wertvoll und kommerziell so erfolgreich sind, daher ist Überschrift D falsch.

zu 5: Hier wird erklärt, dass Banksy nach wie vor seine wahre Identität geheim hält und dass schon mehrfach versucht wurde, herauszufinden, wer er ist, allerdings ohne eindeutiges Ergebnis.

2. Young people and working attitudes

Hinweis: Hier musst du jeweils aus vier Antwortmöglichkeiten diejenige ankreuzen, die den Satz richtig vervollständigt. Die Sätze sind chronologisch angeordnet, d. h., die Antwort zu a) findest du zu Beginn des Textes, die zu b) etwas weiter unten im Text usw.

Lies dir zunächst den Text einmal komplett durch. Wenn du beim ersten Lesen nicht alles verstehst, ist das nicht schlimm. Sobald du dich genauer mit den einzelnen Abschnitten beschäftigst, lässt sich vieles aus dem Zusammenhang erschließen.

Markiere Schlüsselwörter in den Sätzen, den du vervollständigen musst, und dann auch in den Textstellen, die die dazugehörigen Antworten enthalten. So findest du die entsprechenden Stellen schnell wieder, wenn du deine Lösungen am Ende noch einmal überprüfst.

a) The number of teenagers working on Saturdays has _____ in the last 20 years.
- [ ] grown
- [ ] doubled
- [ ] increased
- [x] decreased

Hinweis: "The number of teenagers working in Saturday jobs has almost halved in the past 20 years." (Z. 1)

b) One in four 16- and 17-year-olds
- [ ] works online.
- [ ] has never worked.
- [x] has a traditional job.
- [ ] stacks shelves.

Hinweis: "Only one in four 16- and 17-year-olds takes up paid traditional work" (Z. 4)

c) A typical Saturday job will bring in about _____ a month.
- [ ] £ 20
- [ ] £ 48
- [x] £ 250
- [ ] £ 2,000

Hinweis: "the £250 a typical teenager would earn monthly working Saturdays." (Z. 9)

d) Many teenagers do not want to start working too soon because they
- [ ] want to postpone their studies.
- [✓] want to concentrate on their education.
- [ ] will not be prepared for working life.
- [ ] will not work for long enough.

Hinweis: "many young people [...] want to focus more strongly on studies." (Z. 10/11)

e) Not having a Saturday job can create problems because teenagers
- [✓] have no work experience.
- [ ] have no money.
- [ ] are not prepared for online work.
- [ ] struggle with long-term milestones.

Hinweis: "This lack of work experience can create longer-term problems" (Z. 14)

f) As a teenager, the London mayor worked
- [ ] in a food shop.
- [ ] in a restaurant.
- [✓] at a construction site.
- [ ] at a hairdresser's.

Hinweis: "the London mayor Sadiq Khan worked on a building site" (Z. 17/18)

g) According to Amy Leonard, young people starting work
- [ ] know how to behave in a working environment.
- [ ] can work in a team at the workplace.
- [ ] can explain the world of work.
- [✓] need help to adjust to the workplace.

Hinweis: "It's also about explaining the world of work and helping young adults to develop the confidence to take that next step from education into work." (Z. 26/27)

h) Many _____ think school leavers are not prepared properly for work.
- [ ] executives
- [✓] employers
- [ ] researchers
- [ ] entrepreneurs

Hinweis: "almost half of the employers believe that young people leaving school, college or university are not ready for work." (Z. 28/29)

i) Online work allows young people to
- ☑ be more flexible.
- ☐ try a traditional job.
- ☐ work locally.
- ☐ develop key skills.

Hinweis: *"they found this line of work more flexible" (Z. 31)*

k) A third of all unemployed people
- ☐ are socially disadvantaged.
- ☐ have always worked.
- ☐ have bought and sold clothes online.
- ☑ have never had a job.

Hinweis: *"a third of people who are currently out of work have never been employed" (Z. 33/34)*

3. Molly's first day at work

Hinweis: *Lies den Romanauszug zunächst vollständig durch, damit du weißt, worum es geht. Lies anschließend die Fragen, damit du beim zweiten Lesen die Textstellen markieren kannst, die die Antworten beinhalten.*
Du musst nicht in vollständigen Sätzen antworten. Für sprachliche Fehler gibt es keinen Punktabzug, sofern man versteht, was gemeint ist und deine Aussage inhaltlich richtig ist.

a) Her hands shake / start shaking.

Hinweis: *"Especially because my hands are shaking" (Z. 4)*

b) (You can buy) tablecloths / (painted) plates / (letterpress) notecards / (hand-crafted artisan) jewelry.

Hinweis: *"it looks like Zooey Deschanel exploded into five thousand table-cloths and painted plates and letterpress notecards." (Z. 5/6), "a bissel of handcrafted artisan jewelry." (Z. 9)*

c) Her voice comes out comically high. / She sounds squeaky (when she talks).

Hinweis: *"my voice comes out comically high. Squeaky Molly." (Z. 12)*

d) – They are (both) very nice.
  They are (both) tall.
  They are (both) big-boned.
- They (both) wear / have thick-framed glasses.
- They (both) have (brightly coloured / brightly colored / amazingly intricate) tattoos on their arms.
- Ari is bald and Deborah has wild black hair.

Hinweis: "She's intensely nice. They both are." (Z. 14/15), "they're a perfect matched set: tall and big-boned, with thick-framed glasses. Ari's bald, and Deborah has this kind of wild black hair" (Z. 17–19), "they both have these brightly colored, amazingly intricate tattoos" (Z. 20/21)

e) Because they are (about) the same age.

   Hinweis: "You guys are the same age. I bet you have a lot in common." (Z. 33)

f) – Reid wears a Lord of the Rings shirt and electric white sneakers./Reid is tall/big/husky.
   – Deborah and Ari are/seem punk rock/badass/are not into Lord of the Rings/have tattoos.

   Hinweis: Du musst ein Merkmal von Reid und ein Merkmal von Deborah und Ari nennen und den Unterschied zwischen Reid und seinen Eltern deutlich machen. Nur dann bekommst du zwei Punkte. An folgenden Textstellen findest du die gesuchten Informationen: "He's tall and kind of big, in that way people describe as husky." (Z. 28), "His shirt has a map of Middle Earth on it. And his sneakers are so electric white" (Z. 28/29), "Punkrock and badass and not into Lord of the Rings" (Z. 41/42), "They have tattoos" (Z. 42).

g) They make you feel comfortable and relaxed, so you are willing to talk about personal things – even though they are strangers./They give you the feeling that they'd listen to you and be interested in everything you say.

   Hinweis: Auch wenn die Antwort nicht direkt im Text enthalten ist, erklärt Molly, warum sie Deborah und Ari so wahrnimmt: "They're nice in the way therapists are – like, you get the impression they'd be up for hearing your thoughts about life and humanity." (Z. 16/17). *Daraus geht hervor, dass die beiden sehr offen, interessiert und warmherzig sind und dass man sich in ihrer Gegenwart schnell wohlfühlt und öffnet.*

h) She wants to appear competent/professional on her first day at work./She does not want to lose her job./She wants to make a good impression on her first day of work./She does not want to admit that she has forgotten how to use it.

   Hinweis: Der gesamte Text beschreibt, wie sehr sich Molly über ihre Anstellung bei Deborah und Ari freut, wie sehr sie die beiden bewundert und wie aufgeregt sie ist. Deborah erwartet, dass Molly sich aus dem Vorstellungsgespräch daran erinnert, wie man die Kasse bedient (vgl. Z. 22/23: "Hmm, so I guess we probably went over most of this stuff at the interview. You remember how to use the register?"), *daher möchte Molly sie nicht enttäuschen, zumal es die allererste Aufgabe ist, die sie in ihrem Job erhält.*

C Use of Language

1. Mediation – Interview with a YouTuber

Hinweis: In der Mediation sollst du zwischen Sabine und der US-amerikanischen YouTuberin vermitteln.

Achte immer genau auf die jeweils geforderte Zielsprache, die in eckigen Klammern angegeben ist. Du musst dabei nicht alles Wort für Wort übersetzen, sondern nur die wichtigsten Informationen. Oft gibt es mehr als eine Möglichkeit, etwas auszudrücken.

Beachte, dass zwischen Hauptaussagen und weiteren Aspekten unterschieden wird. Die Hauptaussage musst du immer in die andere Sprache übertragen. Nennst du die Hauptaussage nicht, wird der jeweilige Gesprächsbeitrag mit null Punkten bewertet, selbst wenn die Nebenaspekte richtig sind.

Damit du dich gut zurechtfindest, sind in den Lösungen die Hauptaussagen mit Sternchen (*) gekennzeichnet. Außerdem ist in Klammern angegeben, für welche Aussagen du Punkte erhältst.

Gibst du Antworten in der falschen Sprache bekommst du ebenfalls keinen Punkt. Verwendest du eine falsche Perspektive (egal ob einmalig oder mehrfach) wird dir von der Gesamtpunktzahl der Mediation einmalig ein Punkt abgezogen.

Kommentare wie „Das hätte ich jetzt nicht erwartet", „Das wundert mich" oder „Das klingt sehr überzeugend" sind keine zentralen Informationen, daher brauchst du sie nicht zu übertragen.

Sabine: Nochmals danke, dass du mir hilfst! Ich bin ganz aufgeregt. OK, frag doch bitte als Erstes, wie lange sie schon Videos macht und warum sie damit überhaupt angefangen hat.

Du [Englisch]: **How long have you been making (YouTube) videos (1*) and why did you start in the first place? (1*)**

YouTuberin: Ah, for quite a while now. I started my YouTube channel about four years ago. And I didn't think of money or fame, as people sometimes think. I did it because I've always loved to entertain. I guess it is just the right thing for me to do.

Du [Deutsch]: **Sie macht das seit ungefähr vier Jahren. (1*) Sie hat es schon immer geliebt, zu unterhalten, deshalb hat sie (damit) angefangen. (1*) Als sie anfing, ging es ihr aber nicht um Geld oder Ruhm./Das passt einfach zu ihr. (1)**

Sabine: Ah, so lange schon! Das hätte ich jetzt nicht erwartet. Kann sie denn davon leben?

Du [Englisch]: **Can you make a living doing this/from it? (1*)**

YouTuberin: Haha, I can only dream of that. I do it in addition to my regular job.

Du [Deutsch]:	**Nein, sie macht es zusätzlich zu ihrem normalen Beruf. (1*)**
Sabine:	Oh, das wundert mich, dass sie das zeitlich hinbekommt. Ich habe gelesen, dass die Produktion von Videos sehr zeitaufwendig ist. Was motiviert sie denn dann, immer neue Inhalte zu produzieren?
Du [Englisch]:	**What motivates/drives you to produce new content all the time? (1*)**
YouTuberin:	What drives me? That's really easy to explain! I do it because it is great fun. For example, I really enjoy the process of coming up with ideas, filming, and editing. Seeing the responses from my viewers is what really keeps me going.
Du [Deutsch]:	**Sie macht es, weil es ihr Spaß macht. (1*) Der Prozess, Ideen zu entwickeln, zu filmen und zu schneiden macht ihr (wirklich/große) Freude. (1) Die Reaktionen ihres Publikums zu sehen motiviert sie, weiterzumachen. (1*)**
Sabine:	Toll! Das klingt sehr überzeugend! Ich kann ihre Begeisterung spüren. Frage sie doch mal nach typischen Reaktionen ihrer Fans. Ich finde das sehr interessant.
Du [Englisch]:	**How do your fans typically react? (1*)**
YouTuberin:	I love communicating with my viewers. Some people have sent me pictures of drawings they've made for me. Many send me fanmail telling me how much my videos have inspired them to try something new. It's times like those that make my efforts worthwhile.
Du [Deutsch]:	**Ihre Fans schicken ihr Bilder von Zeichnungen, die sie für sie angefertigt haben. (1) Sie schicken ihr Fanpost und berichten davon, wie ihre Videos sie dazu inspiriert haben, etwas Neues auszuprobieren. (1*)**
Sabine:	Faszinierend. Das zeigt, wie wichtig ihre Videos für sie sind. Das war ein sehr informatives Gespräch. Danke ihr bitte dafür und sage ihr, dass sie heute einen neuen Fan gewonnen hat.
Du [Englisch]:	**Thank you for your time and Sabine says that you gained a new fan today. (1*)**
YouTuberin:	No problem, that was fun! Great to hear – see you on YouTube then. Bye and take care.

2. Words and structures – How Garfield telephones ended up on French beaches

Hinweis: Diese Aufgabe überprüft deine Kenntnisse in Wortschatz und Grammatik in Form eines Lückentextes. Lies den Text zuerst einmal komplett, bevor du mit der Bearbeitung der Aufgaben beginnst. Für jede Lücke sind vier Antwortmög-

lichkeiten vorgegeben, die du genau anschauen solltest – oft sind nämlich zwischen den einzelnen Optionen nur kleine Unterschiede. Wenn du dich für eine Antwort entschieden hast, überprüfe deine Wahl noch einmal anhand des Ausschlussverfahrens. Für jede richtige Antwort gibt es einen Punkt.

1.		2.		3.		4.	
☐	When	✓	People	☐	was coming	☐	Of
☐	For	☐	Peoples	✓	were coming	☐	At
✓	Since	☐	People's	☐	are coming	☐	In
☐	Because	☐	Peoples'	☐	will be coming	✓	On
5.		6.		7.		8.	
☐	as	☐	They	☐	out	☐	polluted
☐	unlike	☐	Anybody	☐	of	☐	pollutant
✓	like	☐	Everybody	✓	off	✓	pollution
☐	similar	✓	Nobody	☐	over	☐	polluting
9.		10.					
✓	where	✓	doesn't				
☐	were	☐	don't				
☐	while	☐	hadn't				
☐	who	☐	haven't				

✎ Hinweise:

zu 1: *In diese Lücke passt nur* since, *da es sich um einen Zeitpunkt in der Vergangenheit handelt.* For *steht bei Zeitspannen und passt daher nicht; die anderen beiden Möglichkeiten ergeben keinen grammatisch richtigen Satz.*

zu 2: *Das Nomen* people *ist ein Pluralwort und wird mit „Leute", „Menschen" übersetzt. Das Wort* peoples *ist hier falsch, da es „Völker" bedeutet. Die Wörter* People's *und* Peoples' *haben jeweils ein Genitiv-s, aber an diese Stelle passt kein Genitiv.*

zu 3: *Wegen der Zeitangabe* for three decades *und der Vergangenheitsform* no one knew *muss in diese Lücke eine „past tense"-Form. Da das Wort* phones *im Plural steht, ist* were coming *die richtige Lösung.*

zu 4: *Bei Datumsangaben wird immer die Präposition* on *verwendet.*

zu 5: *Das Wort* like *bedeutet „wie (z. B.)" und ist das einzige, das in diesen Satz passt, denn* as *bedeutet „als, wie",* unlike *„unähnlich, anders als" und* similar *„ähnlich".*

zu 6: *In diese Lücke passt inhaltlich nur* Nobody *(„niemand"), da es in dem Text darum geht, dass seit Jahrzehnten niemand genau weiß, wo die Garfield-Telefone herkamen.*

zu 7: *Hier kann nur* off *stehen, da* to fall off *die englische Entsprechung für „herunterfallen" ist.*

zu 8: *Hier passt nur das Nomen* pollution *(„Verschmutzung"). Das Partizip Perfekt* polluted *bedeutet „verschmutzt", das Partizip Präsens* polluting *„verschmutzend" und das Nomen* pollutant *„Schadstoff".*

zu 9: *Da hier ein Ort näher beschrieben wird, kann nur* where *richtig sein. Achtung: Verwechsle nicht* where *(„wo") und* who *(„wer")!*
zu 10: *Die richtige Form ist* doesn't, *da es sich um die dritte Person Singular handelt und da eine „simple present"-Form benötigt wird, weil es um eine allgemeingültige Tatsache geht.*

D Text Production

Hinweis: Im letzten Teil der Prüfung, der Textproduktion, kannst du 25 Punkte, also ein Viertel der Gesamtpunktzahl, erreichen. Du darfst aus zwei Aufgaben eine auswählen: Du kannst entweder einen Text zu dem vorgegebenen Bild oder einen zum Thema „Digital Detox" schreiben.
Für beide Themen gilt die Vorgabe, dass du ungefähr 150 Wörter verwenden und auf mindestens vier der fünf vorgegebenen Fragen eingehen musst.
Neben den Punkten für Inhalt (10 Punkte), Grammatik (5 Punkte) und Wortschatz (5 Punkte) kannst du 5 Punkte für die Organisation deines Textes bekommen. Achte daher darauf, dass dein Text gut strukturiert ist. Es muss ein „roter Faden" durch Einleitung, Hauptteil und Schluss zu erkennen sein und dein Text sollte durch Absätze eine Struktur erhalten.
Im Lösungsvorschlag stehen als Hilfe bei jedem Absatz am Rand kurze Stichpunkte zur Orientierung. Auch wenn du andere Formulierungen oder Argumente verwendet hast, kannst du so vergleichen, ob du deinen Text sinnvoll strukturiert und die wichtigen Aspekte bedacht hast.
Zähle die Wörter, wenn du mit dem Schreiben fertig bist. Wenn dein ganzer Text sinnvoll ist und keine Wiederholungen enthält, darfst du auch mehr als 150 Wörter schreiben. Die Lösungsvorschläge sind ein wenig länger; so erhältst du Anregungen für die inhaltliche Ausgestaltung und für gute Formulierungen, die man immer wieder verwenden kann.

What is the story behind the picture?

Hinweis: Lasse deiner Fantasie freien Lauf! Du musst nur darauf achten, dass du mindestens vier der fünf Fragen beantwortest und das Bild genau anschaust, damit dein Text plausibel ist. Der abgedruckte Text ist nur ein Vorschlag; deine Lösung kann auch dann sehr gut sein, wenn sie inhaltlich davon abweicht.

The couple in this picture are my grandparents, the cutest and happiest couple I have ever known.

Einleitung: Wer?

Here you can see one of their first selfies. It was taken on our last family holiday to the Alps. Before we got there we had some chaotic weeks because my parents and I had moved to a bigger apartment

Was ist vorher passiert?

and my grandparents helped us pack our stuff into boxes. While packing I found my old smartphone and it still worked. So I gave it to my grandparents. I showed them how to use it especially for videocalls because our new apartment is further away from theirs and I'll probably see them less now. But what they loved most was taking selfies, so after our move the fun started!

This picture was taken at their favourite place – on top of the mountain where my grandfather asked my grandmother to marry him 40 years ago. You can see in their faces how happy they are and I hope they will have many more happy years together. *172 words*

Wo?

Schluss: Wie fühlen sie sich?

Digital detox

Hinweis: Stell dir vor, du wettest mit deinem besten Freund oder deiner besten Freundin, dass du es schaffst, zwei Wochen ohne Internet und Handy zu leben. Überlege dir Antworten auf mindestens vier der Fragen und schreibe dann einen Text über deine Zeit ohne Internet und Handy.

Here I am, day five of 14 and I am still going strong! I made a bet with my best friend Susie that I can live without the Internet and my phone for two weeks. I have always wanted to make this kind of digital detox and this is my chance.

Einleitung

I really miss chatting with my friends and reading their posts about their feelings and experiences. I am getting used to it but at the beginning it was my personal nightmare: I felt bored and had no idea what to do.

Was vermisse ich am meisten?

However, now I have restructured my days and started some new free time activities: I go to the gym and I often meet friends in person. I also read more and play games with my little sister. And it is fun – I feel positive and happy. I am really confident about finishing this challenge. If I lose I will have to invite Susie for dinner, but believe me, I am going to win and it is she who will invite me to dinner! *175 words*

Wie verbringe ich die Zeit?

Wie fühle ich mich?

Schluss: Wetteinsatz

A Listening Comprehension

Hinweis: Der Hörverstehensteil der Abschlussprüfung 2022 besteht aus drei Teilen. Alle Texte werden zweimal vorgespielt. Du kannst während des Abspielens jederzeit mit deinen Eintragungen beginnen. Im ersten Teil hörst du zwei Nachrichten, der zweite Teil ist eine Umfrage und Teil 3 ein Interview.

Part One

Hinweis: Du hast zunächst 20 Sekunden Zeit, dir die Aussagen zu „News Item 1" durchzulesen. Beim ersten Hören kannst du mit Bleistift mögliche Antworten ankreuzen, aber vergiss nicht, deine endgültigen Antworten mit Füller oder Kugelschreiber festzuhalten. Jede richtige Antwort ergibt einen Punkt. Wenn du bei einer Teilaufgabe mehrere Antworten ankreuzt, bekommst du null Punkte.

Das erste „News Item" handelt von Versteigerungen, bei denen Gegenstände aus berühmten Hollywood-Filmen erworben werden können. Du musst die Umstände der ersten Versteigerung herausfinden (a), außerdem musst du herausfinden, wie viel Geld ein Schwert aus dem Film Der Herr der Ringe einbrachte (b), welche Farbe Dorothys Schuhe im Buch Der Zauberer von Oz haben (c) und die Waffe welchen James-Bond-Darstellers versteigert wurde (d).

Bevor du „News Item 2" hörst, hast du noch mal 20 Sekunden Zeit, die vier Aussagen zu lesen. Es geht um die Insektenart der Zikaden. Du musst beantworten, für wie viele Jahre diese Insekten unter der Erde leben (a), wann sie an der Oberfläche auftauchen (b), wo weibliche Zikaden ihre Eier ablegen (c) und was mit ihnen am Ende ihres Lebens geschieht (d).

News Item 1

a) MGM Studios started selling famous items from films
- ☐ in 2014.
- ☑ to save money.
- ☐ to Hollywood stars.

Hinweis: "in the 1970s […] the president of MGM Studios decided to auction off thousands of items from past films in order <u>to save some money</u>." (Z. 4–7)

b) At one sale, a weapon from *The Lord of the Rings* made
- ☑ $510,000.
- ☐ $660,000.
- ☐ $256,000.

🖋 *Hinweis:* *"Aragorn's sword from* The Lord of the Rings *was put up for auction. It sold for an amazing $510,000"* (Z. 9–11)
Achtung: Die anderen beiden Summen werden auch genannt, beziehen sich aber auf Schuhe aus Der Zauberer von Oz *($660,000) und auf eine Waffe aus* James Bond *($256,000).*

c) In the book *The Wizard of Oz*, Dorothy's shoes were originally
- ☑ silver.
- ☐ yellow.
- ☐ red.

🖋 *Hinweis:* *"In the book, which came first, the shoes were actually silver but the colour was changed to ruby red for the film"* (Z. 15–17)

d) In 2020, a gun used by James Bond was purchased by
- ☐ Sean Connery.
- ☐ Dr. P. Walther.
- ☑ an unknown buyer.

🖋 *Hinweis:* *"The buyer wishes to remain anonymous"* (Z. 22/23)

News Item 2

a) The cicadas have been underground for _____ years.
- ☐ 10
- ☑ 17
- ☐ 64

🖋 *Hinweis:* *"which have been underground for the past 17 years"* (Z. 6/7)

b) These insects will appear
- ☐ when the air temperature is 17 °C.
- ☑ at night-time.
- ☐ when it is rainy and windy.

🖋 *Hinweis:* *"The ground temperatures must be 64 degrees Fahrenheit, or 17 degrees Celsius, and it must be a humid night, but free of rain and wind."* (Z. 8–10)
Hier musst du genau hinhören: Die Antwort „when it is rainy and windy" ist falsch, da es eben keinen Regen und Wind geben darf („free of rain and wind"), und die 17 °C beziehen sich auf die Boden- und nicht auf die Lufttemperatur.

c) The female cicadas lay their eggs

☑ on trees.

☐ underground.

☐ at the end of the summer.

🖉 **Hinweis:** *"the female cicadas will then lay their eggs <u>in the branches of young</u> <u>trees</u>." (Z. 15/16)*

d) At the end of their lives, cicadas

☐ feed on plant roots.

☐ burrow into the soil.

☑ are eaten by other animals.

🖉 **Hinweis:** *"their parents die and become <u>a tasty treat</u> for cats, dogs, birds, and even for some people." (Z. 21/22)*

Part Two

🖉 **Hinweis:** *In Teil 2 werden sieben Personen zum Thema „The royal family" befragt. Die Aussagen stehen in Sprechblasen und du musst sie den richtigen Personen zuordnen. Für jede richtige Zuordnung erhältst du einen Punkt. Beachte, dass eine Aussage zu viel ist und niemandem zugeordnet werden kann.*
Du hast 40 Sekunden Zeit, um die Aussagen zu lesen. Unterstreiche Schlüsselwörter in den Sprechblasen, auf die du dich während des Zuhörens konzentrieren kannst.

Jeanette	Irene	Dominic	Leo	Alice	Henry	Dave
B	H	E	D	G	A	F

🖉 **Hinweise:**
zu Jeanette: *"I don't think they do enough for the money they get from the government." (Z. 9–11)*
zu Irene: *"there are a lot of depressing things going on in the world right now and the royals bring some glamour and sparkle into our lives." (Z. 20–22)*
zu Dominic: *"They are a part of our history and define us as a nation." (Z. 28/29)/ "The royal family represents stability and gives us a sense of identity." (Z. 31/32)*
zu Leo: *"The work they do for charities is essential." (Z. 40/41)*
zu Alice: *"but at the end of the day, it was £ 1.24 per person in the UK. So, not giving them this money anymore doesn't make the ordinary man any richer." (Z. 48–51)*
zu Henry: *"This interest in the royal family generates a lot of money and jobs. Over 2.7 million tourists visited Buckingham Palace and Windsor Castle last year, bringing in more than 550 million pounds." (Z. 56–60)*
zu Dave: *"Although the Queen is the head of the state, she does not run the country" (Z. 63/64)*

Part Three

✏ **Hinweis:** *Im dritten Teil wird Julian Musgrove, Mitarbeiter der UK Food Group, zum Thema Essensverschwendung interviewt.*
Lies die Aufgabenstellung sorgfältig und ergänze die gesuchten Informationen. Du sollst in jeder Tabellenzeile nur eine Information angeben und kannst dafür einen Punkt erhalten. Wenn du mehrere Angaben machst, von denen eine falsch ist, erhältst du keinen Punkt. Du kannst Stichpunkte schreiben und musst Zahlen nicht ausschreiben. Sprachliche Fehler führen nicht zum Punktabzug, solange der Inhalt verständlich und korrekt ist.

(1) who Julian works for	**UK Food Group**
(2) amount of water needed to grow one apple	**125 litres**
(3) what food waste produces	• **greenhouse gas** • **methane** • **biogas** • **dangerous gas**
(4) where the majority of UK food waste comes from	**homes / households**
(5) positive effect of food waste if properly recycled	**It creates a biogas / energy / electricity.**
(6) what you can do with the energy generated from one banana skin	**(You can) charge a smart phone (twice).**
(7) one tip to reduce food waste at home	• **(write) a meal plan** • **only buy what you need** • **freeze food**
(8) what a 'use-by' date means	• **It's about safety.** • **Food is not safe to eat after this date.** • **It's not eatable anymore.**
(9) how you freeze eggs	**(You must) crack and beat them first.**
(10) what some supermarkets do with unsold food	**(They) donate it (to charities / food banks.)**

✏ **Hinweise:**
zu 1: *"Julian Musgrove, who works for the UK Food Group." (Z. 5/6)*
zu 2: *"One apple needs an average of 125 litres of water." (Z. 14/15)*
zu 3: *"Food waste also produces the dangerous greenhouse gas methane." (Z. 21–23)*

zu 4: "In the UK, most food waste comes from our homes." (Z. 30/31)
zu 5: "But we can use this food waste to create energy. [...] if your food waste is recycled properly, it [...] produces a biogas which can generate electricity." (Z. 38–43)
zu 6: "The energy created by recycling one banana skin can fully charge a smart phone twice!" (Z. 44/45)
zu 7: "I recommend that you write a meal plan for the week and only buy what you need." (Z. 48/49)
zu 8: "'Use-by' is about safety and food isn't safe to eat after this date." (Z. 51–53)
zu 9: "Most foods can be frozen – even eggs if you crack and beat them first." (Z. 59–61)
zu 10: "Some supermarkets donate unsold food to charities." (Z. 65/66)

B Reading Comprehension

1. "Go, Captain Tom!"

Hinweis: Im ersten Teil des Leseverstehens geht es darum, die Überschriften A–G den Abschnitten des Textes zuzuordnen. Es gibt sieben Überschriften, aber nur fünf Textabschnitte. Für jede richtige Zuordnung bekommst du einen Punkt. Lies zunächst die Textabschnitte durch und suche nach Schlüsselbegriffen, die sich in den Überschriften wiederfinden. Achte bei der Zuordnung darauf, dass die Überschrift alle Aspekte des jeweiligen Textabschnitts berücksichtigt.

part of the text	❶	❷	❸	❹	❺
Heading	F	D	G	B	C

Hinweise:
zu 1: Dieser Textabschnitt beschreibt, wie der 99-jährige Thomas Moore 100 Runden in seinem Garten ging, um während der Covid-19-Pandemie Geld für das britische Gesundheitswesen zu sammeln. Lass dich nicht von dem Wort gripped verunsichern, das sowohl in der ersten Zeile des Textes als auch in Überschrift A vorkommt. Sie passt hier nicht, da es im ersten Abschnitt hauptsächlich um Captain Toms Vorhaben geht und nicht um die Pandemie an sich.
zu 2: Der gesamte Abschnitt befasst sich mit der militärischen Karriere von Thomas Moore: Er schloss sich 1940 der Britischen Armee an, stieg bis zum Hauptmann (captain) auf und schätzte sich glücklich, den Zweiten Weltkrieg unversehrt überlebt zu haben. Wichtig ist hier auch, dass von einem Auslandseinsatz („abroad") nirgends die Rede ist (es wird nur „Cornwall" erwähnt).

zu 3: In Abschnitt 3 geht es um Captain Toms Familienleben von der Kindheit bis ins hohe Alter.

zu 4: Textabschnitt 4 zeigt auf, dass Captain Tom nach einer eigenen Erkrankung dem medizinischen Personal im Krankenhaus sehr dankbar war ("gratitude" = Dankbarkeit) und ihm etwas zurückgeben wollte, um den Kampf gegen das Coronavirus zu unterstützen.

zu 5: Hier werden der Ruhm und alle Ehren beschrieben, die Captain Tom zuteil-wurden: Er wurde durch seine Challenge weltbekannt, brachte ein sehr erfolgreiches Lied heraus, wurde zum Ritter geschlagen und nach seinem Tod mit Glockengeläut und Feuerwerk geehrt.

2. Soccer

Hinweis: Hier ist immer nur eine der vier Antworten richtig. Die Reihenfolge der Aufgaben entspricht der Reihenfolge, in der im Text die Informationen gegeben werden.

Du solltest den Text einmal ganz lesen, bevor du mit dem Bearbeiten der Aufgaben anfängst. Wenn du auf Anhieb nicht alles verstehst, lass dich nicht verunsichern. Wenn du dich intensiver mit den einzelnen Abschnitten beschäftigst, lässt sich vieles aus dem Zusammenhang erschließen.

Unterstreiche Schlüsselwörter sowohl in den zu vervollständigenden Sätzen als auch im Text. Auf diese Weise findest du die entsprechenden Textstellen schnell wieder, wenn du die Lösungen am Ende noch einmal überprüfst.

a) The birthplace of soccer as we know it today is
- ☑ Britain.
- ☐ China.
- ☐ Rome.
- ☐ Greece.

Hinweis: "the birthplace of modern soccer is Britain" (Z. 2/3)

b) In former times, folk football was played to
- ☐ develop ball games.
- ☐ develop ball rules.
- ☐ celebrate special customs.
- ☑ celebrate the new season.

Hinweis: "to celebrate the return of spring" (Z. 7)

c) Images suggest that the games were played
- ☐ exactly like rugby.
- ☐ with the hands only.
- ☑ with all needed means.
- ☐ by only a small number of players.

Hinweis: "*Images […] suggest that there was a huge number of players who could move the ball by any means necessary*" (Z. 9/10)

d) During the competition, many people
   - [ ] scored goals for their villages.
   - [ ] left the chaotic contest.
   - [✓] were injured.
   - [ ] managed to be clever.

Hinweis: "*These games involved full body contact and often turned bloody.*" (Z. 13/14)

e) _____ attempted to abolish the game in Ashbourne.
   - [ ] Derbyshire
   - [✓] The police
   - [ ] Fierce clashes
   - [ ] Some tourists

Hinweis: "*In Ashbourne in Derbyshire […] the police attempted to forbid the game*" (Z. 16/17)

f) Monarchs wanted to _____ their men's fighting techniques.
   - [✓] increase
   - [ ] prove
   - [ ] show
   - [ ] decrease

Hinweis: "*Kings and Queens wanted their men to improve their fighting skills*" (Z. 20)

g) At respected schools, students played football according to _____ rules.
   - [ ] ordinary
   - [✓] varying
   - [ ] noble
   - [ ] privileged

Hinweis: "*none of them was ready to play by the rules of someone else's school because each school had its own variations.*" (Z. 24/25)

h) With the Cambridge Rules, football became _____ rugby.
   - [ ] connected to
   - [ ] similar to
   - [✓] different from
   - [ ] equal to

Hinweis: "*This was the first attempt to distance football from its shared roots with rugby*" (Z. 26/27)

i) Many factory workers could
- [ ] play football all Saturday.
- [ ] attend matches every afternoon.
- [ ] be kept from work by playing the exciting game.
- [✓] play football in the afternoon at weekends.

Hinweis: "*Industrial workers increasingly had Saturday afternoons off [...] So many began to watch and play the exciting game of football.*" (Z. 28–30)

k) The word soccer was formed by
- [ ] adding one letter to a word.
- [ ] shortening two words.
- [ ] using a shortened form of a letter.
- [✓] shortening letters of a word and adding others.

Hinweis: "*students at Oxford University created a slang word for the word 'association'. They shortened it to 'SOC' and added 'ER', so the word 'soccer' was finally created.*" (Z. 34–36)

3. Preparing for a date

Hinweis: Lies den Romanauszug einmal komplett, bevor du anfängst, die Fragen zu beantworten. Lies dann konzentriert die Fragen und markiere beim zweiten Lesen des Textes die Stellen, an denen die Antworten stehen.
Du brauchst keine vollständigen Sätze zu schreiben. Für sprachliche Fehler gibt es keinen Punktabzug, sofern deine Aussage inhaltlich richtig und verständlich ist.

a) Trevor needs to up his game. / Trevor cannot go to the dance looking the way he does. / Trevor has a date.

Hinweis: "*because he has a date*" (Einleitung), "*You need to up your game*" (Z. 1/2), "*You cannot go to the dance looking the way you look*" (Z. 2)

b) She gives him money / 2,000 rand.

Hinweis: "*She finally relented and gave me 2,000 rand*" (Z. 5)

c) You only buy one expensive item and the rest must be basic, good-looking quality stuff.

Hinweis: "*The trick to looking rich [...] is to have one expensive item, and for the rest of the things you get basic, good-looking quality stuff.*" (Z. 7/8)

d) – black pants
   – suede / square-toed shoes
   – a cream-white sweater / a knitted sweater
   – a (black) leather jacket

Hinweis: "*we bought a calf-length black leather jacket [...] Then we finished the outfit with a pair of simple black pants, suede square-toed shoes, and a cream-white knitted sweater.*" (Z. 8–11)

e) He talks to some girls from his street.
   Hinweis: "and we went to talk to some girls from his street" (Z. 16/17).

f) His hair must be relaxed./His hair is like sheep's wool.
   Hinweis: "I can't work with this sheep" (Z. 26), "You have to relax it." (Z. 28)

g) She says he looks like a girl/his hair looks too pretty.
   Hinweis: "it is way too pretty. You do look like a girl." (Z. 45)

You cannot find the answers to the following questions directly in the text:

h) She is keen for her son to go to the dance/to look good at the dance.
   Hinweis: Trevors Mutter zögert erst, ihm Geld für sein Schulball-Outfit zu geben (vgl. Z. 4/5). Ihr Einlenken zeigt, dass es ihr wichtig ist, dass ihr Sohn mit gutem Gefühl und angemessen gekleidet zum Schulball gehen kann.

i) (He realizes that) women go through a lot of trouble to look good.
   Hinweis: Im zweiten Salon werden Trevor die Haare geglättet und die Prozedur ist schmerzhaft. Er ist der einzige Mann im Salon und bekommt dadurch einen Einblick in das, was Frauen durchmachen, um gut auszusehen (vgl. auch Z. 36: "It was a window into what women experience to look good on a regular basis.").

C Use of Language

1. Mediation – Hitchhiking USA

Hinweis: In der Mediation sollst du zwischen Jason, einem Anhalter in den USA, und deinen Eltern dolmetschen.

Achte immer genau auf die jeweils geforderte Zielsprache, die in eckigen Klammern angegeben ist.

Du musst nicht alles Wort für Wort übersetzen und auch nicht immer vollständige Sätze schreiben. Manchmal gibt es mehr als eine Möglichkeit, etwas auszudrücken.

Du bekommst keine Punkte abgezogen, wenn du sprachliche Fehler machst, es sei denn, die Fehler machen deine Aussage unverständlich.

Beachte, dass bei der Mediation zwischen Hauptaussagen und weiteren Aussagen unterschieden wird. Die Hauptaussage musst du immer in die andere Sprache übertragen. Nennst du die Hauptaussage nicht, so wird der jeweilige Gesprächsbeitrag mit null Punkten bewertet, selbst wenn die Nebenaussagen richtig sind. Damit du dich gut zurechtfindest, sind in den Lösungen die Hauptaussagen mit *einem Sternchen (*) gekennzeichnet, wenn ein Gesprächsbeitrag mehrere Aussagen enthält. Außerdem ist in Klammern angegeben, für welche Aussagen du Punkte erhältst.*

Gibst du Antworten in der falschen Sprache, bekommst du ebenfalls keinen Punkt. Halbe Punkte werden nicht vergeben.

Achte auf die Perspektive (Jason, Mutter, Vater). Verwendest du eine falsche Perspektive (egal ob einmalig oder mehrfach), wird dir von der Gesamtpunktzahl der Mediation einmalig ein Punkt abgezogen.

Persönliche Kommentare wie „Ich habe das als Jugendliche auch gemacht" oder „Mir wäre das zu gefährlich" gehören nicht zu den wichtigsten Informationen und du kannst sie deswegen weglassen.

Jason: Thanks a lot for giving me a lift. I really appreciate it. It's pretty hot out there today and I had been waiting for about two hours already.

Du [Deutsch]: **Er ist sehr dankbar, dass wir ihn mitnehmen. (1*) Er hat schon etwa zwei Stunden in der Hitze gewartet. (1)**

Mutter: Keine Ursache! Ich bin, als ich jünger war, auch per Anhalter durch halb Europa gefahren. Allerdings dachte ich immer, dass das in den USA illegal ist. Frag ihn doch bitte mal danach.

Du [Englisch]: **Isn't it illegal to hitchhike (in the United States)? (1)**

Jason: Yes and no. It's illegal to stand on the side of a major highway and stop cars because it is a danger to other drivers on the road. However, standing at the entrance before a highway is legal in most states.

Du [Deutsch]: **Es ist illegal, am Rand der Autobahnen/Highways zu stehen und Autos anzuhalten. (1*) Aber in den meisten Bundesstaaten darf man an den Einfahrten zu den Autobahnen stehen. (1*)**

Vater: Also, ich würde das niemals machen. Man liest so viel über die Gefahren und man weiß nie, wer einen da mitnimmt. Denkt er nicht, dass es gefährlich ist?

Du [Englisch]: **Don't you think it's dangerous? (1)**

Jason: Before I started, I was told numerous times that I would have to be careful. Based on my own experience, I can say that you don't have to worry too much. Most of the people I met were friendly, fascinating and full of entertaining stories.

Du [Deutsch]: **Er hat die Erfahrung gemacht, dass man sich nicht zu viele Sorgen machen muss. (1*) Die meisten Menschen, die er getroffen hat, waren freundlich, faszinierend und hatten viele unterhaltsame Geschichten zu erzählen. (1)**

Vater:	Na, das klingt jetzt aber fast zu schön, um wahr zu sein. Er muss doch sicher einiges beachten, damit er sicher unterwegs ist. Frag ihn doch mal nach den wichtigsten Sicherheitsregeln, die er beachtet.
Du [Englisch]:	**What are the most important safety rules? (1)**
Jason:	Well, you have to be prepared for everything, really. I think it's important to look confident, so I always look drivers in the eye and smile as they pass. Also, I don't get into every car that stops for me – I trust my instincts. Most importantly, I always snap a quick photo of the back of the car and send it to my twitter account.
Du [Deutsch]:	**Er sagt, es ist wichtig, selbstbewusst zu wirken, deshalb schaut er den Fahrern immer in die Augen und lächelt sie an. / Außerdem steigt er nicht in jedes haltende Auto ein und vertraut auf seine Instinkte. (1) Am wichtigsten ist, dass er immer ein Foto vom Heck des Autos macht und an sein Twitterkonto / seinen Twitteraccount schickt. (1*)**
Mutter:	Das ist mir gerade alles viel zu ernst hier! Ich habe damals auch nur tolle Menschen getroffen und die lustigsten Sachen erlebt. Frage ihn bitte, was bisher sein lustigstes Erlebnis war.
Du [Englisch]:	**What has been your funniest experience so far? (1)**
Jason:	Oh my gosh, that was only two days ago. There was the cutest puppy ever, which I got to hold on my lap for the ride. There was, however, a catch to its cuteness. It was the first car trip for the puppy and she was feeling car sick: after a few bends on the road, the car filled with a disgusting smell. We stopped and checked her fur, but fortunately, they were just farts. We had to ride the rest of the way with the windows down …
Du [Deutsch]:	**Das war vor zwei Tagen, als er während der Fahrt einen ganz süßen Welpen auf dem Schoß hatte. (1) Der Welpe war Autofahren nicht gewohnt und pupste deshalb. (1*)**
Alle:	Ha, ha, ha …

2. **Words and structures – Record trip to Mount Everest summit**

Hinweis: Diese Aufgabe überprüft deine Kenntnisse in Wortschatz und Grammatik in Form eines Lückentextes. Lies den Text einmal sorgfältig, bevor du beginnst, deine Häkchen zu machen. Schau dir auch die vier Antwortmöglichkeiten zu jeder Lücke genau an. Wenn du dich für eine Antwort entschieden hast, überprüfe deine Wahl auch noch einmal anhand des Ausschlussverfahrens. Für jede richtige Antwort bekommst du einen Punkt.

1.		reaches	2.		words	3.	✓	were	4.		on
	✓	has reached			world			was			at
		will reach			worlds'			will		✓	in
		didn't reach		✓	world's			want			for
5.	✓	whose	6.		at	7.	✓	head	8.		assist
		who			with			tail			assists
		who's		✓	for			arm			assisting
		what			about			leg		✓	assisted
9.		rarely	10.	✓	from	11.		street			
	✓	few			by			path			
		little			at			alley			
		small			with		✓	way			

Hinweise:

zu 1: Das Signalwort recently *verrät dir, dass hier das* Present Perfect *stehen muss, also* has reached.

zu 2: Es fehlt ein Nomen im Genitiv Singular („der höchste Gipfel der Welt"), *sodass nur die Form* world's *passt;* worlds' *ist zwar auch Genitiv, aber Plural, und kann daher hier nicht stehen.*

zu 3: Da die beschriebene Handlung in der Vergangenheit stattgefunden hat, muss eine Simple past-*Form stehen. Und da der Satz mit dem Personalpronomen* they *(Plural) eingeleitet wird, wird die Pluralform* were *benötigt und nicht die Singularform* was. Will *und* want *können außerdem ausgeschlossen werden, da nach beiden Verben immer ein Infinitiv folgt.*

zu 4: Bei Jahreszahlen wird immer die Präposition in *verwendet.*

zu 5: Nur das Relativpronomen whose *ist richtig: Es bedeutet „dessen, deren" und danach stehen immer ein oder mehrere Nomen. Nach* who *müsste ein Verb stehen und* who's *(Kurzform für* who is*) und* what *(„was") passen inhaltlich nicht.*

zu 6: In diese Lücke passt nur die Präposition for, *da* essential for *ein feststehender Ausdruck mit der Bedeutung „wesentlich für" ist.*

zu 7: Hier stehen nur Wörter zur Auswahl, die Körperteile bezeichnen. Das Wort head *kann aber auch ein Verb sein und „gehen zu, sich begeben zu" bedeuten, daher passt es in diese Lücke.*

zu 8: Nur die Form assisted (Past Participle) *ist richtig, da hier eine Passivform vorliegt. Zur Erinnerung: Das Passiv besteht immer aus einer Form von* to be *und einem* Past Participle.

zu 9: Übersetzt heißt a few *„einige" und ist somit das passende Adjektiv, das eingesetzt werden muss, um das Nomen* periods *näher zu beschreiben. Das Adverb* rarely *und die Adjektive* little *und* small *(beide bedeuten „klein") können hier nicht stehen.*

zu 10: *Der feststehende Ausdruck* from far away *bedeutet „aus der Ferne".*
zu 11: *Das Nomen* way *wird in diesem Fall nicht mit „Weg" übersetzt, sondern mit „Art und Weise". Die anderen Möglichkeiten können also wegen ihrer Bedeutung ausgeschlossen werden.*

D Text Production

Hinweis: *Im letzten Teil der Prüfung, der Textproduktion, hast du eine Wahlmöglichkeit zwischen drei Aufgaben. Du kannst entscheiden, ob du eine Geschichte zu einem der zwei vorgegebenen Bilder oder einen Text zum Thema „The school of the future" schreiben möchtest.*
Die Textproduktion wird mit 25 Punkten, also einem Viertel der Gesamtpunktzahl, bewertet. Neben den Punkten für Inhalt (10), Grammatik (5) und Wortschatz (5) gibt es weitere 5 Punkte für die Organisation deines Textes. Achte deshalb beim Schreiben darauf, deinen Text klar zu strukturieren, d. h. Absätze einzufügen und einen „roten Faden" zu verwenden, der sich durch Einleitung, Hauptteil und Schluss zieht.
Du musst ungefähr 150 Wörter schreiben und in deinem Text mindestens vier der fünf vorgegebenen Fragen bearbeiten.
Zähle abschließend die Wörter. Du darfst die Wortzahl überschreiten, wenn dein Text durchgehend sinnvoll ist und es zu keinen Wiederholungen kommt.

What is the story behind the picture?

Hinweis: *Lass deiner Fantasie freien Lauf und beziehe die Fragen in deinen Text mit ein. Dein Text muss sich nicht auf eine Geburtstagsfeier beziehen, sondern kann auch einen ganz anderen Inhalt haben, wenn er schlüssig ist und zum Bild passt.*

Look, this is me with my two best friends, Tim and Lisa. And guess what: The picture was taken on my birthday! **[Einleitung: Wer?]**

It was my birthday last Wednesday and I wanted to have a little party on Saturday because I did not feel like celebrating during the week. But my two best friends were of a different opinion!

I was doing my homework when the doorbell rang and both surprised me with the funny hats you can see in the picture and with a birthday cake. **[Was ist vorher passiert?]** We sat down in the living room together and talked and took **[Wo?]** selfies to remember these perfect moments of our friendship. We posted them to our story on Instagram so all our other friends could **[Wie fühlen sie sich?]** see how much fun and what a great time we had. I felt very happy in that moment and I am sure that I have the best friends in the world! After taking and posting the photos we ate the cake, which was very **[Schluss: Was passiert als Nächstes?]** yummy.

166 words

What is the story behind the picture?

Hinweis: Du kannst deine Kreativität voll ausleben, solange du dich auf das Bild beziehst und an die Vorgaben hältst.

Yes, we made it! All our final exams are done and it is time to celebrate and say goodbye to our school and teachers. And we are arranging a motto-week so that they will not forget us too soon. Each day during this week has a different motto and the picture you can see is day four with the topic "changed genders".

Einleitung: Was ist vorher passiert?

The boys in the picture are from year 8 and are all wearing girls' school uniforms. They are standing in the school yard and most of them feel strange and a bit awkward because they have never worn a skirt before.

Wer? Wo? Wie fühlen sie sich?

However, the best will come tomorrow. We have organized that for one day, everyone can come to school without a uniform and wear whatever they want: typical girls' clothes, typical boys' clothes, neutral clothes or a mix! We want to break down gender stereotypes and I am very much looking forward to tomorrow!

Schluss: Was passiert als Nächstes?

156 words

The school of the future

Hinweis: In einem Projekt einer Universität werden Schülerinnen und Schüler gebeten, Ideen für die Schule der Zukunft zu sammeln. Bestimmt fallen dir viele Dinge ein, die man an der heutigen Schule noch verbessern kann oder die zum Beispiel aufgrund des technischen Fortschritts in Zukunft möglich sein könnten. Schreibe deine Ideen dazu auf und orientiere dich dabei an den vorgegebenen Fragen.

From the point of view of a student I can say we need a new kind of school. Our schools are old-fashioned and I have a lot of ideas for the school of the future.

Einleitung

To start with, the school of the future needs buildings with modern big rooms. In the future, we will not be taught in traditional classrooms anymore but in workplaces for individual and group learning. In future schools there will be more individual learning and teaching so the strengths of each student can be supported. And perhaps we will no longer be taught in subjects, but in topics we really need for life. The school of the future will be digitally equipped, we will work with tablets or laptops and wifi will be available everywhere.

Wie sieht die Schule der Zukunft aus?

Wo lernen die Schüler*innen?

Wie lernen die Schüler*innen?

To make all this come true, we will need good teachers who guide us and evaluate our skills.

Wer unterrichtet?

With this kind of future school, learning will be much more motivating and we will get more skills that are important for our adult lives.

Schluss: Was ist besser als heute?

172 words

Bist du bereit für deinen Einstellungstest?

Hier kannst du testen, wie gut du in einem Einstellungstest zurechtkommen würdest.

1. **Allgemeinwissen**
Der Baustil des Kölner Doms ist dem/der ... zuzuordnen.

a) Klassizismus   b) Romantizismus
c) Gotik   d) Barock

2. **Wortschatz**
Welches Wort ist das?

N O R I N E T K T A Z N O

3. **Grundrechnen**
-11 + 23 - (-1) =

a) 10   b) 11   c) 12   d) 13

4. **Zahlenreihen**
Welche Zahl ergänzt die Reihe logisch?

17 14 7 21 18 9 ?

5. **Buchstabenreihen**
Welche Auswahlmöglichkeit ergänzt die Reihe logisch?

e d f f e g g f h ? ? ?

a) h i j   b) h g i   c) f g h   d) g h i

Alles zum Thema Einstellungstests findest du hier:

www.stark-verlag.de   **STARK**